国家图书馆海外中国问题研究资料中心 编

国外中国研究著作选目提要

2014

国家图书馆出版社

图书在版编目（CIP）数据

国外中国研究著作选目提要. 2014 / 国家图书馆海外中国问题研究资料中心编. —北京：国家图书馆出版社，2020.12

ISBN 978－7－5013－7138－9

Ⅰ.①国…　Ⅱ.①国…　Ⅲ.①外文图书－专题目录－中国　Ⅳ.①Z88：G256.1

中国版本图书馆 CIP 数据核字（2020）第 263523 号

书　　名　国外中国研究著作选目提要・2014
著　　者　国家图书馆海外中国问题研究资料中心　编
责任编辑　许海燕　黄　鑫

出　　版　国家图书馆出版社（100034　北京市西城区文津街 7 号）
（原书目文献出版社　北京图书馆出版社）
发　　行　010－66114536　66126153　66151313　66175620
66121706（传真）　66126156（门市部）
E-mail　nlcpress@ nlc. cn（邮购）
Website　www. nlcpress. com→投稿中心
经　　销　新华书店
印　　装　北京武英文博科技有限公司
版　　次　2020 年 12 月第 1 版　2020 年 12 月第 1 次印刷

开　　本　787×1092　1/16
印　　张　19.25
字　　数　350 千字

书　　号　ISBN 978－7－5013－7138－9
定　　价　48.00 元

主编：李东屹

编委：陈颖艳　梁　婧　陈　宁

李　嘉　孙　圆　何念伦

李东屹　王　芬　王　安

李婷婷　潘　望　荆倩金

新时代海外中国问题研究资料中心的职能定位与思考（代序）

尹汉超（国家图书馆海外中国问题研究中心）

国家图书馆入藏中国学文献始于 20 世纪 20 年代。在近百年艰辛而辉煌的风雨历程中，几代国图人辛勤求索，不遗余力地发扬求全求精的搜采精神，终成今日中国学特色专藏。国家图书馆已成为国内最大的海外中国学文献收集地。为中央和国家机关提供有力的信息支撑和保障，及时传递揭示海外中国问题研究的最新动态和成果，为海内外从事中国学研究的机构和学者提供专业的文献信息服务，是国家图书馆建立海外中国学专题文献研究中心的初衷。2008 年 7 月 7 日，国家图书馆第 12 次馆长办公会研究决定①，立法决策服务部②中国学文献组对外可称海外中国学文献研究中心，它的成立标志着国家图书馆的中国学文献研究与服务工作进入一个新的历史发展时期。2011 年底，经国家图书馆第 28 次馆务会研究决定，将其更名为——海外中国问题研究资料中心（以下简称“中心”）③，中心仍然隶属于立法决策服务部，由科组建制上升为部门建制，由部门加挂中心称谓。从海外中国学到海外中国问题的称谓变化，也充分体现出国家图书馆新的规划目标，即从以学术性研究为主的中国学过渡到以现实性研究为主的中国问题。

在国家图书馆内部设立专题文献的研究中心并不多，较早的是 1988 年成立的“敦煌吐鲁番学北京资料中心”，该中心隶属于古籍馆④；稍晚建立的则是 2012 年“国家图书馆中国边疆文献研究中心”，隶属于立法决策服务部。2021 年是

---

① 图人字〔2008〕号．关于机构及人员调整的通知［B］．2008－07－08.

② 2020 年经第 58 次馆务会研究决定，立法决策服务部更名为立法和决策服务部。国图人发〔2020〕49 号．国家图书馆关于部分内设机构及职责调整的通知［B］．2020－11－26.

③ 国图发〔2011〕51 号．关于立法决策服务部内设机构调整的通知［B］．2011－12－05.

④ 刘波．国家图书馆与敦煌学［M］．北京：国家图书馆出版社，2018：206. 该中心由当时的北京图书馆（国家图书馆前身）与中国敦煌吐鲁番学会共同创办，在古籍馆设有“敦煌吐鲁番资料阅览室”对外提供服务。

“十四五”规划的开局之年，是开启全面建设社会主义现代化国家新征程的第一年。在这样的历史时刻，面对世界百年未有之大变局和中华民族伟大复兴战略全局，国家图书馆海外中国问题研究资料中心在新起点上即将踏上新征程。立足中心十余年的发展基础，全面把握之前发展状况，对中心的设立意义、职能定位以及“十四五”规划等内容进行深入思考，使之面向“十四五”时期发展需要，科学设计发展目标，充分明确主要任务，切实做好统筹谋划，进一步探讨未来的发展趋向，无疑具有积极意义。

一、新时代国家图书馆推进中心建设和发展的意义

自改革开放起，中国经济迅速发展，综合国力不断增强。党的十八大以来，中国日益走近世界舞台中央，积极推动构建人类命运共同体，为世界和平与发展不断贡献中国智慧、中国方案、中国力量。海外中国学研究既体现出不同文化之间的互动和影响，又为反观时代、把握世情、认清自身提供了多向度视角。

党和国家高度重视国外对中国问题的研究，陆续做出系列重要部署。2016年5月17日，习近平总书记在哲学社会科学工作座谈会上的讲话中提到：“要鼓励哲学社会科学机构参与和设立国际性学术组织，支持和鼓励建立海外中国学术研究中心，支持国外学会、基金会研究中国问题，加强国内外智库交流，推动海外中国学研究。”① 总书记的讲话对加强和推动海外中国学研究具有重要的指导意义，为海外中国学研究指明了新使命、新任务。

2016年3月17日，经第十二届全国人民代表大会第四次会议批准发布的《中华人民共和国国民经济和社会发展第十三个五年规划纲要》明确提出：推进国际汉学交流②。文化部（现文化和旅游部）2017年2月23日发布《文化部“十三五”时期文化发展改革规划》提出：加强国际汉学交流和中外智库合作。促进中外智库交流与合作，大力推动国际汉学和中国研究的发展，培养一批具有发展潜力的青年汉学家、翻译家③。

国家图书馆建馆110周年之际，习近平总书记给国家图书馆八位老专家回信，为新时代国家图书馆事业发展方向和重要任务提出新指示。深入贯彻落实习近平总书记给国家图书馆老专家回信精神，继承传扬百年国图精神，推进中心的新发展，培育新优势，发挥新作用，对于服务国家战略、维护国家安全、

① 习近平．在哲学社会科学工作座谈会上的讲话［N］．人民日报，2016－05－19（2）．

② 中华人民共和国国民经济和社会发展第十三个五年规划纲要［N］．人民日报，2016－03－18（11）．

③ 文化部法规司．文化部“十三五”时期文化发展改革规划［EB/OL］．http：//zwgk. mcprc. gov. cn/auto255/201702/t20170223＿491392. html［2021－02－18］．

厘清学术谱系、传播中国故事、促进文化互鉴、提升中国的软实力和国际影响力都具迫切的现实意义和深刻的文化意义。

（一）服务国家战略，响应总体方针政策

在世界多极化、经济全球化、文化多样化、国际关系民主化的时代背景下，中国的和平崛起，日益激发各国政府、智库、专家学者研究中国的动力，极大拓宽了海外中国学研究的广度和深度。党的十八大以来，习近平总书记提出“连接中外，沟通世界”的对外宣传方针，对海外中国学研究工作从学科体系建设到具体操作环节提出了新的任务和要求。

推进中心向纵深发展，既有利于国家图书馆更好统筹国内国际两个大局，积极响应国家重大战略决策和方针，又有利于充分发挥国家图书馆法定职能，从而更好地担负起为国家立法和决策服务的职能。

（二）认清自身方位，应对复杂多变局势

在全球经济增长有所放缓、大国单边主义回潮、国际恐怖主义连绵不绝等外部不稳定因素影响下，中国的改革与发展面临着诸多海外挑战，特别是国外某些反华势力在国际舆论中营造对华不利氛围、在各国推动反华政策议程，给中国发展建设乃至国家安全都带来严重威胁。

推进中心建设，不仅有利于借助外界帮助深入认识当今全球化体系下中国自身的问题，增加多向度的观察视角和广阔开放的参照系，从而不断升华自我认知、认清自身方位，有效超越“只缘身在此山中”的时代和历史局限，而且有利于全面掌握海外对中国的评论、研究和报道，有助于了解不同文化背景、思维向度的观察者对当下中国的认识，从而为国家立法和决策提供更加客观、准确、详尽的信息支持，有效应对国内外复杂多变的局势，为维护我国发展环境与国家安全提供有力的信息保障。

（三）厘清发展脉络，服务学科建设体系

海外中国学研究反映了世界不同国家和地区对中国的认知和研究，其研究历史悠久，研究机构遍布全球，研究队伍规模庞大，研究成果既有对中国传统历史文化的研究，又有对当代中国政治社会的研究，日益呈现出明显的跨学科特点。有计划、多途径地收集、整理，进一步开发和研究中国学文献，为海外中国学学科建设提供有力的基础和保障，成为海外中国学界共同的期望。

推进中心建设，厘清当今海外中国学的发展谱系，加强各研究机构之间的学术交流与合作，时刻关注研究学者最新成果，努力整合古今中外的各种学术资源，从而积累国家图书馆学术资源，助力于海外中国学学科建设体系，对提升国家图书馆影响力具有重要的学术意义。

（四）讲好中国故事，创新对外话语表达

中外交流必然存在眼界和文化背景的制约。中国学者评析外国人如何看中国，不免受到中方理论体系和分析框架的影响，而外国人对中国历史和现实的观察，是在已有文化背景中，将中国放在全世界范围进行的。两者都存在一定的偏颇和局限，给中国对外传播带来显著障碍。对此，习近平总书记在党的新闻舆论工作座谈会上的讲话中提到，讲好中国故事，“要创新对外话语表达方式，研究国外不同受众的习惯和特点，采用融通中外的概念、范畴、表述，把我们想讲的和国外受众想听的结合起来，把‘陈情’和‘说理’结合起来，把‘自己讲’和‘别人讲’结合起来，使故事更多为国际社会和海外受众所认同”①。

推进中心建设，为国内外研究者搭建一个学术交流的平台，在互动过程中创新对外话语表达方式，把我们“想讲的”和外国受众“想听的”结合起来，以争取更大的国际话语权，培养新时代中国与世界关系的良性重塑，从而争取更多的文化认同者、支持者、同行者。

（五）密切交流合作，促进中外文化互鉴

中国的发展需要吸收国际经验，聆听海外的声音；世界也渴望破解中国成功的秘诀。中国需要世界，世界也需要中国。作为沟通中外相互理解的重要而特殊的渠道，海外中国学研究有助于大力推介中华文化，巩固国际社会认识和理解中国的基础。注重挖掘中华文化的底蕴和内涵，宣介中华文明讲仁爱、重民本、守诚信、崇正义、尚和合、求大同的文化基因。

推进中心建设，有助于加强中国和各国之间的相互交流、相互切磋，推动不同文明交流对话、和谐共生，从而在传播中华文化过程中塑造国家软实力，让中国优秀传统文化同世界各国优秀文化一道造福人类。

二、新时代中心职能定位的再思考

中心创立之初得到国家图书馆馆领导的大力支持，将中心设立在2008年独立建制的立法决策服务部之下，由当时的中国学文献组负责具体工作，为中心明确了目标和职责，指出中心的服务对象应为国家立法与决策机构及相关部门、中国国内的中国学研究机构、国外的中国学研究机构和大学图书馆的东亚图书馆②。经过十余年的探索、实践和发展，中心在继承国家图书馆中国学文献收

---

① 中共中央文献研究室．习近平关于社会主义文化建设论述摘编［M］．北京：中央文献出版社，2017：213.

② 詹福瑞．国家图书馆开展中国学研究的服务定位与目标实施［J］．国家图书馆学刊，2010，19（01）：40－42.

藏传统的基础上，积极促进中国学馆藏资源建设和文献研究利用，其服务定位更加明晰，服务职责的内涵更加丰富。

（一）为国家和立法决策服务

《中华人民共和国公共图书馆法》第二十二条明确规定，国家图书馆承担“为国家立法和决策服务”的职能①，因此为国家立法与决策机构提供文献信息支持和保障服务，是国家图书馆的重要职责，也是国家图书馆发挥其职能的外化表现形式。中心作为立法和决策服务部的重要业务单元，时刻关注海外研究中国的热点和动态，全面收集、深入分析海外研究中国的专题文献信息，将成果及时呈报决策者，为他们制定和调整内政外交政策提供富有价值的参考依据，从而推进决策的科学化与民主化。

（二）为教育科研机构服务

国家图书馆是综合性研究图书馆，历来将教育科研机构作为重点服务对象。近年来，海外中国学研究机构发展迅速，研究成果丰硕，各有特色。中心应当了解和掌握他们的最新研究动态，加强业务、文献和人员的交流与合作，不仅对主动开发利用馆藏中国学文献有重大裨益，而且有利于及时获取研究成果，间接为国家立法和决策职能的发挥提供智力支持。

（三）为图书馆界提供业务指导

国家图书馆承担着为国内其他图书馆提供业务指导和技术支持等职能。近年来，国内各地逐渐强化自身地方特性认同，日益重视本地区的文化影响力培育，各地方图书馆纷纷加强对海外研究本区域文献的收集和整理。中心利用馆藏资源，在海外中国地域研究方面加大对国内其他图书馆的业务指导，对于促进业界图书馆对海外本地域研究具有积极推动作用，进而能够彰显本地域对中华文化发展的历史贡献。

（四）为公众服务

为公众提供文化服务，是国家图书馆作为全国公益性文化机构的题中应有之义。在最初讨论阅览室服务对象时，考虑到文献的特殊性，中心阅览室原则上只供专业研究者使用②。后考虑到中国的特殊国情，完全遵循国际惯例只接待专业学者并不现实，遂将开放范围扩展到一般公众。中心阅览室曾就读者情况进行问卷调查，调查结果显示，前来中心查阅文献的读者中，研究生以上学

① 中华人民共和国公共图书馆法．[EB/OL]．http://www.gov.cn/xinwen/2017-11/05/content_5237326.htm [2021-2-18].

② 国图（09006）．业务专题办公会议纪要 [B]．2009-03-25.

历占到三分之二。这表明，将公众纳入阅览室服务对象中，既保持了服务于专业学者的初衷，又为公众提供了一个了解海外中国学的窗口。

（五）开展国际交流合作

从大文化的角度看，海外中国学研究本身就是不同文化之间的互动与影响，展示了世界文化的多元性。中心应当加强以海外中国学为研究对象的海内外学术交流和文化对话，活跃海外中国学研究的学术氛围，共同推进海外中国学研究文献的建设与发展，促进海外中国学研究的学术发展和国际交流。

中心职能定位的服务对象虽有不同，但并非彼此割裂，而是互相支持与转化的。立法和决策机构制定政策时的参考和依据、业界机构对区域专题中国学文献的需求，都可以为研究机构和专业学者提供新的研究方向，而研究机构的成果又能够转化为政府决策的重要参考，同时促进地方文献的开发和整理。社会公众对中心收藏和服务的认知，既体现了国家图书馆公益服务的特点，又为专业学者提供了交流学术研究成果的平台。加强不同文化间的交流，拓宽国际视野，可以带动中心研究能力和科研水平的提升，进而能够推进中心业务的整体发展。

三、新时代中心规划目标的再思考

国家图书馆系统入藏中国学文献时至今日已近百年，业已成为国内最大的海外中国学文献收集地，也是世界上著名的海外中国学文献收藏重镇。国家图书馆应依托宏富的馆藏资源，特别是百年传承下来的海外中国学文献特色资源，借助中心十多年的业务积累和品牌效应，力争通过五年的努力，在“十四五”时期将中心打造成为集文献收藏、文献研究、决策参考和文化交流于一体的多元立体化服务体系。

（一）夯实文献基础，成为文献收藏中心

世界主要发达国家的国家图书馆无不将以本国为研究对象的国外文献列为重点收藏对象。国家图书馆从20世纪20年代就开始系统收藏中国学文献，并将这一原则逐步确立为采访方针之一。2017年由国家图书馆业务管理处编制的《国家图书馆业务规范》中就明确规定：应“遵循《国家图书馆文献采选条例》的规定，在经费允许的情况下，对属于全面采选范围和有关中国学方面的图书，不得发生重大遗漏”①。

国家图书馆今后应继续保持中国学文献的收藏传统，在现有《国家图书馆

① 毛雅君．国家图书馆业务规范［M］．北京：国家图书馆出版社，2017：10.

采选条例》基础上，加强海外中国学文献的采访与征集，制定海外中国学文献补藏规划，并适应出版形势和数字化服务方式的多渠道采选，实施海外中国学数字资源建设规划。此外，中心应借助舆情监测平台，重点加强对国际社会涉华舆情信息的跟踪、收集、翻译和研判，逐步实现对国外网络涉华信息资源的全面采集与保存，不断完善实体馆藏与虚拟馆藏的协调互补机制。通过这些方式，国家图书馆将进一步夯实文献建设基础，增强文献信息服务保障能力，建立起文献类型多样、语种齐全、学科完备的海外中国学文献馆藏体系，逐步成为世界一流的海外中国学文献收藏中心。

（二）立足专题服务，成为文献研究中心

国家图书馆作为综合性研究图书馆，其专题文献研究目的是提供更好的文献服务。戚志芬先生在20世纪80年代就提出：专题文献研究目的是为提高图书馆的藏书质量和情报服务质量①。海外中国学研究历史悠久，研究成果既有对中国传统历史文化的研究，又有对当代中国政治社会的研究，日益呈现出明显的跨语言、跨学科、跨文化的特点。因此，海外中国学专题文献研究应始终立足于专题服务的目标，系统整合海外中国学研究学术成果与信息，做好文献揭示与开发，为用户提供专题化、情报化的文献服务。

《公共图书馆法》第二十二条明确规定，国家图书馆承担国家书目和联合目录编制的职能。因此，作为国家馆，国家图书馆不仅应编制本国所有出版物书目，而且应编纂世界上所有国家和地区出版的涉及中国问题的书目。国立北平图书馆曾出版《北平各图书馆所藏关于中国问题书籍联合目录》，拉开了中国学者对中国学文献进行整理研究的序幕。前馆长袁同礼先生（1895—1965）曾编撰《西文汉学书目》（*China in Western Literature*），成为海外中国学研究的必读书目。中心应继承和发扬图书馆编辑书目索引的专长，推进海外中国学馆藏书目建设，加强与全国公共图书馆和专业图书馆在此领域的联合目录编辑，调查海外中国学文献发表与出版情况，编辑出版专题书目②，形成中心系列出版物。中心还应重视运用现代信息技术手段开展文献信息收集，大数据分析、智能化信息研究，深层次整合中国学文献资源，以海外中国问题研究资料中心网站③为依托，逐步实现海外中国学文献资源揭示重点从文献层转向内容层和关系层，提供高质量资源统一检索与发现服务，打造出一站式中国学文献检索服务平台，努力将自身打造成为海外中国学文献的研究中心。

---

① 戚志芬．参考工作与参考工具书［M］．北京：书目文献出版社，1988：48.

② 目前已出版《国外中国研究著作选目提要》（2012、2013），即将出版《1978—2018年海外中国研究中文书目》，希望在不久的将来能够编纂出版《西文中国学文献书目1958—2018》。

③ 海外中国问题研究资料中心网站．［EB/OL］．http：//csc.nlc.cn［2021-11-16］.

（三）服务国家战略，成为决策参考中心

在世界多极化、经济全球化、文化多样化、国际关系民主化的时代背景下，和平崛起的中国日益激发各国政府、智库、专家学者的研究兴趣，由此极大拓宽了海外中国学研究的广度和深度。推进国家图书馆海外中国学研究向纵深发展，有利于借助外界的知识成果，深入认知当今全球化体系下中国自身的问题，为中国的发展增加多向度的观察视角和广阔开放的参照系，使中国的决策者和研究者更好统筹国内国际两个大局。

中心作为立法和决策服务部的重要业务单元，应积极响应国家重大战略决策和方针，充分发挥国家图书馆法定职能，更好担负起为国家和立法决策服务的职责。因此，中心需要全面掌握海外对中国的评论、研究和报道，了解不同文化背景、思维向度的观察者对当下中国的认识，系统调查海内外中国学研究机构、研究人员及其研究成果，并在此基础上形成专题数据库；及时关注海外研究中国的热点和动态，持续建设智库报告专题数据库，不断提升品牌影响力；加强对海外涉华重点领域和重大问题的研判分析，增强研究的针对性、前瞻性、预测性，深化专题研究水平，形成国家图书馆特色的文献信息报送。通过相应努力，中心将进一步强化决策参考服务能力，为决策实施提供可靠的信息跟踪和更为系统、精确、客观的参考依据，逐步打造成为海外中国学研究领域的决策参考中心。

（四）促进文明互鉴，成为文化交流中心

任何一种文明都是在与其他文明的碰撞、融合、交流中认识自己的，海外中国学研究本身就体现出不同文化之间的互动与影响，展示了世界文化的多元性。国家图书馆从20世纪30年代开始，不仅以其中西合璧的建筑风格闻名遐迩，而且作为中西学术交流重镇享誉海外。因此，中心应立足于增强国家文化软实力，提升中华文化国际影响力，推动中国文化“走出去”的战略高度，加强以海外中国学为研究对象的海内外学术交流和文化对话，活跃海外中国学研究的学术氛围，共同推进海外中国学研究文献的建设与发展，促进海外中国学研究的学术发展和国际交流，从而为世界深入了解中华文化提供新视角，提升国家图书馆的国际影响力。

中心应当充分发挥国家图书馆具有开展国际文化交流的职能，关注国家重大发展战略，尤其是在“一带一路”倡议下，依托丝绸之路图书馆联盟、金砖国家图书馆联盟等，巩固和加强与周边国家、重点地区图书馆间在海外中国学领域的双边与多边交流机制，树立中国学研究学术化与国际化发展战略，为国外研究中国的学者提供学术便利，实施国内外访问学者项目，邀请国内外知名学者和相关领域的研究专家到馆研究，加强对馆藏中国学文献的利用与开发；

邀请国内外著名中国学家参加中心工作坊，及时交换研究信息与成果，以举办讲座、展览、会议等多种形式进行沟通交流。加强与海内外中国学研究机构与收藏机构之间的业务交流，开展形式多样的合作项目，推介传播中国精神和中国价值，促进文明交流互鉴，成为海外中国学研究领域的文化交流中心。

国家图书馆海外中国问题研究资料中心作为中国学文献收藏、研究和服务机构，在长期服务实践过程中发挥了一定的作用，但仍需不断思考发展过程中存在的问题，不断紧贴图书馆事业发展，切实谋划未来发展，以期辅弼决策研究，推动学术繁荣，增进公众认知，促进文明互鉴，进而打造具有世界影响力的中国学中心，为推进社会主义文化强国建设、开启全面建设社会主义现代化国家新征程做出自己的贡献！

编辑说明

本书承接《国外中国研究著作选目提要·2013》，搜集整理了2014年国外出版的中国研究著作目录，并选择其中有代表性的著作撰写提要。

本书收录的著作以人文和社会科学类学术研究著作为主，共撰写图书提要156篇，包括英、日、法等三个语种的著作；收录书目共1718条，涵盖英、日、法、韩、俄、意、德、匈等八个语种。

本书分为提要和附录两部分。

提要部分按语种依次分为英文著作提要、日文著作提要和法文著作提要三类。各语种提要又按“外交·国防·安全”“政治·社会·环境”“经济·资源·发展”和“历史·思想·文化”四个主题进行排列。提要的内容包括书目信息、书影、提要和作者简介。如收录同一作者的两部或两部以上著作，则只在第一部著作的提要下对作者进行介绍，其余从略。

附录部分为书目，按语种分为英、日、法、韩、俄、意、德、匈八类。其中，数量较多的英、日文书目按“外交·国防·安全”“政治·社会·环境”“经济·资源·发展”和“历史·思想·文化”进行主题分类，数量较少的其他语种的书目则不再细分。各类下的书目依作者姓名首字母（或音序）排序。书目内容包括著（编）者、书名、出版者和出版年。书目的著（编）者超过三人时，只著录第一人，并加［et al.］（英文书目）、［etc.］（法文书目）、［ほか］（日文书目）、［등］（韩文书目）或［и др.］（俄文书目）。凡撰有提要的著作在书目中均用＊号标出。

编　者

2020年7月

目　　录

附录：2014 年国外出版的中国研究著作目录

英文著作提要

外交·国防·安全

Chau, Donovan C. *Exploiting Africa: the influence of Maoist China in Algeria, Ghana, and Tanzania*. Annapolis, Maryland: Naval Institute Press, 2014.

开发非洲：毛泽东时代的中国在阿尔及利亚、加纳以及坦桑尼亚的影响

如今，中国已经取代美国，成为非洲最大的贸易伙伴，中非关系的发展令世界瞩目。但实际上，这一成就并非朝夕之功，早在20世纪50年代，中国就开始在非洲开展各种建设活动。

为了准确地把握中国当下和未来的政策，就必须了解它过去在非洲的所作所为；同样，理解中国与非洲的真实关系，不只需要展望未来，还需要回顾过去。本书考察了1950年至1970年间中国在阿尔及利亚、加纳和坦桑尼亚等非洲国家的影响，描述了中国最初怎样默默无闻地来到非洲，务实地完成了大量建设工作；无论中国官方在支援非洲建设的表述上使用了何种修辞方式，中国对非援助的目标始终是使非洲成为世界格局中的重要力量。书中还详细论述了中国巧妙地利用其有限的外交、情报和经济手段来维护它在非洲大陆持续性的影响。

Donovan C. Chau，美国加州州立大学圣伯纳迪诺分校（California State University, San Bernardino）政治学副教授，主要研究方向为国际政治，尤其关注亚洲和非洲地区。

Cheung, Tai Ming. *Forging China's military might: a new framework for assessing innovation.* Baltimore: Johns Hopkins University Press, 2014.

打造中国军事力量：评估创新的一种新框架

从21世纪初开始，中国通过加强技术创新和科技发展，彻底改变了其国防工业的面貌。近年来，中国的国防科技水平逐渐跻身世界前列，这种变化及其带来的影响吸引了全球的目光，已经成为当今国际安全领域最重要的事件之一。

本书是2011年加州大学圣迭戈分校全球冲突与合作研究所举办的中国国防经济研究会议的成果，其目标在于，尝试通过以一种全球比较的视角来观察和评析中国国防工业的发展。书中收录的论文涉及历史、社会科学、商业和国防战略等多个学科，对中国国防工业的最新状况进行了概述，并涵盖了一系列有争议的重要议题，如：评价中国军事及国防创新的分析框架建构、中国国防创新体系、军用—民用技术整合，以及中国在全球国防经济中的地位等。

对于中国国防工业的发展前景，本书提出了与其他相关论著不同的判断。例如，本书认为，中国在导弹、太空和网络等领域的优势会继续扩大，但在航空发动机等领域的发展则会面临挑战。书中还指出，中国的创新成就源于技术进步而非理论改革或组织机构变化。

Tai Ming Cheung（张太铭），加州大学圣迭戈分校全球冲突与合作研究所（Institute on Global Conflict and Cooperation, UC San Diego）主任，主持中国国防科技与创新研究项目。

Evans, Paul. *Engaging China: myth, aspiration, and strategy in Canadian policy from Trudeau to Harper.* Toronto: University of Toronto Press, 2014.

接触中国：从特鲁多到哈珀，加拿大对华政策中的迷思、愿望和战略

四十多年来，“保持接触”一直是加拿大对华政策的基石，渥太华长期支持中国融入国际体系，以推进对华商贸议程。加拿大不仅将“对华接触”确立为高层政策，将其与贸易和外交同等重视，并在反复阐述这一政策的过程中，将“改变中国”视为一项重要事业。然而，当中国的经济和外交影响力在全球范围内不断扩展的时候，加拿大的决策者们却没有做出有效反应，拿不出应对世界权力转移和加拿大公众对华舆论的有力战略。

本书简练地解释了加拿大对华政策的历史演变与现状，评析了其政策得失和当前困境。本书围绕加拿大对华政策的讨论，不仅阐述了“接触”这一外交理念的演变过程，也评估了其内部的矛盾与可能性；对于中国在世界权力转移中扮演的核心角色，本书提供了一种全面而具有战略性的解释方法。本书希望通过介绍加拿大对华政策的历史，提醒加拿大新一代领导人重视对华关系，努力推动双边关系健康、稳定地发展。

Paul Evans，加拿大不列颠哥伦比亚大学（UBC）教授、亚洲研究院前院长，加拿大亚太基金会前负责人，主要研究兴趣为世界政治和加拿大国际地位。

Godehardt, Nadine. *The Chinese constitution of Central Asia: regions and intertwined actors in international relations.* Basingstoke: Palgrave Macmillan, 2014.

中国对中亚的建构：地区与相互交织的国际关系行为者

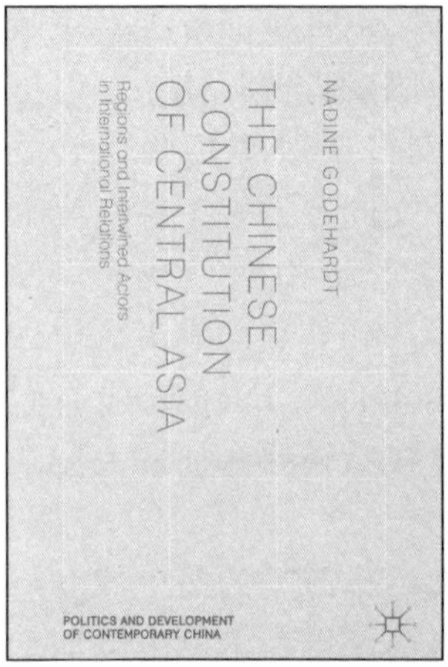

中国的崛起已经改变了亚洲。人们过去所熟知的亚洲地理和政治很快将出现巨大变化，尤其是在中亚地区。中国在中亚承担的义务说明了地区外交政策发挥作用的过程，也说明了中国外交原则可能会在不久的将来发生怎样的变化。

本书观察了中国有关中亚政策的讨论，分析了中国专家们在谈论与中国西部邻国有关的政策议题时，是如何界定“中亚”的。通过这种方式，本书对中国发出的声音做出了深刻的解析，填补了关于中国的国际关系研究中的空缺。

本书围绕核心议题逐次展开：第一章是对核心议题的简介；第二章讨论国际关系理论中的地区研究，主要是对与本书议题相关的地区主义理论成果的回溯；第三章论述地区政治体制，讨论在地区理论中的政治因素；第四章解释相互交织的行为者的地区嵌入性，将行为者放到地区层次的讨论中，并将中国引入这一讨论；第五章描述和分析了中国与中亚二十年关系史，探讨中国与该地区关系的性质及关键点；第六章进入核心议题，即中国对中亚的建构。

Nadine Godehardt，德国国际及安全事务研究所（the German Institute for International and Security Affairs）助理研究员，研究兴趣包括中国外交政策、国际关系的政治理论、国际政治中非西方描述及空间的政治构建。

Hachigian, Nina. *Debating China: the U.S.-China relationship in ten conversations.* New York, NY: Oxford University Press, 2014.

激辩中国：中美关系十谈

作为全球事务中最强大的两个行为者，中国与美国对“合作还是竞争”的选择影响到千千万万人的生活，任何其他双边关系都无法与之比拟。但中美关系是复杂和微妙的，许多关键问题需要中美协作应对，一旦处理不好，往往会导致严重灾难。合理地把握易变的中美关系很困难，而要理解两国为何在影响双边关系稳定的诸多重要问题上存在巨大分歧，则显得更加困难。本书正是致力于解决上述难题。

本书包含中美之间的十次谈话。每一次都由中美双方派出专家学者，针对一个特定的双边问题进行讨论；他们会首先交流彼此的观点，然后着重对观点的分歧之处进行争论。本书总结和分析了中美双方学者关于中美经贸、人权、气候变化、军事动态、亚太安全、媒体网络等一系列问题的观点，为读者提供了理解这些问题的双重视角。在某些问题上，中美双方有许多共同点，比如，他们都认为中美关系由于彼此的不信任而受到困扰；但是，在对中国军事现代化、中国人权、台湾问题以及地区安全等问题进行交流时，双方之间存在着显著的，甚至是根本性的分歧。通过本书，读者可以感受到专家们在探讨中美政治、价值观、历史和战略框架时的希望和失望，对中美关系产生更深的理解。

Nina Hachigian（赫齐建），美国洛杉矶市副市长，原美国驻东盟大使。编辑本书时，任美国智库美国进步中心（the Center for American Progress）高级研究员。

Helleiner, Eric; Kirshner, Jonathan. *The Great Wall of money: power and politics in China's international monetary relations.* Ithaca: Cornell University Press, 2014. 1st Edition

金钱长城：中国国际货币关系中的权力与政治

作为一个超级经济大国，中国在国际货币体系中的角色越来越重要。由于中国拥有世界上最大的外汇储备，其汇率政策也成为国际经济外交的重要议题。人民币国际化在国际政策圈引发了一些很关键的问题：中国在国际货币关系中获得的是一种怎样的权力？中国政府的政策优先考虑是什么？什么因素能解释其政策偏好？

本书集结了来自全球诸多研究机构的专家学者，从不同视角解释了上述问题，揭示了中国的选择和全球货币事务将在多大程度上由内部政治因素塑造，又会对世界政治有何种影响。人民币在未来几十年里可能会是美元的竞争对手，作为一种重要的国际货币，它将对中美之间的权力平衡造成实质性影响。通过阐述中国国际货币关系的政治内涵，本书为全球经济、人民币在国际关系中的角色以及中国未来数十年持续上升的策略等议题提供了一个正当其时的解释。

Eric Helleiner，加拿大滑铁卢大学政治科学系和巴斯里国际事务学院（Department of Political Science and Balsillie School of International Affairs, University of Waterloo）教授。

Jonathan Kirshner，美国康奈尔大学国际政治经济学的史蒂芬＆巴巴拉·弗里德曼教席教授（Stephen and Barbara Friedman Professor of International Political Economy at Cornell University）。

Kaplan, Robert D. *Asia's cauldron: the South China Sea and the end of a stable Pacific*. New York: Random House, 2014.

亚洲大熔炉：南海问题与太平洋稳定局面的终结

南海位于西太平洋边缘，是欧亚海上交通中心、全球商业活动主要航道，具有重要的地缘战略意义；不仅如此，南海已探明拥有数十亿桶的原油储量和估计达到900万亿立方英尺天然气储量。随着过去十年来世界权力中心悄然向亚洲转移，南海这片各国竞相提出领土主张的海域已变成了暗流涌动的大熔炉，而该地区日益活跃的军事活动更意味着，它可能成为未来全球战争与和平的关键点。

本书将地缘政治理论与历史叙事相结合，描绘了一幅南海周边各国的生动图景，深刻解析了21世纪初这一地区正在酝酿的冲突及其对全球和平与稳定的意义。作为著名的外交政策专家，作者在书中提出了诸多颇具争议的个人观点。比如，本书解释了在中国越来越具有进取心的背景下，美国在亚洲的利益何在，并出人意料地将中国在南海的维权行为与美国一个世纪前在加勒比海的扩张行动进行对比，建议美国在某种程度上允许中国在南海发挥相称于其大国地位的作用。本书还认为，短时间内中国不太可能与美国在南海问题上摊牌，更可能的做法是在现有国际机制基础上，调整与东南亚各国政府的关系；对于南海问题的出路，本书强调了南海主权争端的极端复杂性，认为可期待的最佳结果将会是实现中美力量均衡，从而维持一种微妙的和平局面。

Robert D. Kaplan，美国新安全中心（Center for a New American Security）高级研究员，《大西洋月刊》（*The Atlantic*）特邀编辑，美国海军学院（United States Naval Academy）客座教授，美国国防部国防政策委员会（the Defense Policy Board）成员，曾被美国《外交政策》（*Foreign Policy*）杂志评选为“100位全球顶级思想者”之一，著有十余本国际事务畅销书，并被译成多种语言。

Kurian, Nimmi. *India-China borderlands*: *conversations beyond the centre.* Los Angeles: SAGE, 2014.

中印边界：中心地区之外的对话

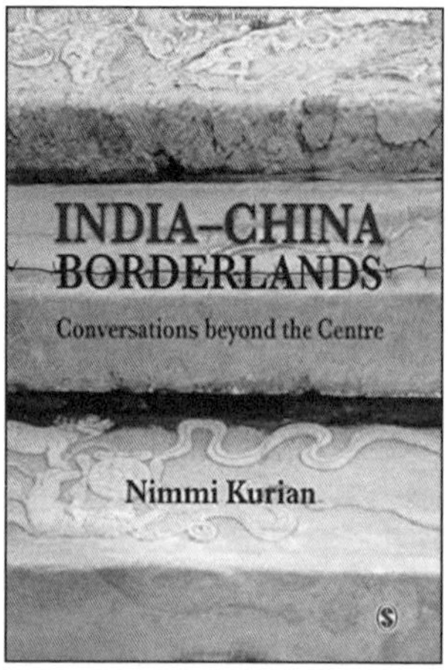

自 1962 年印度和中国因边界争端爆发了一场战争之后，两国政府一直在积极探索解决边界问题的方法，但至今未能取得实质性进展。目前，中印两国的边界是通过一条长 4056 公里的实际控制线划分的。但有意思的是，每当人们提及中印两国，通常都会联想到北京和新德里，而忽略了边界区域。

事实上，印度与中国相邻的东北部地区占其整个国家 8% 的地理面积，并拥有至少全国 4% 的人口；而中国的西部地区更是占其全国土地面积的 64%，拥有超过全国 8% 的人口，并同印度的东北部地区一样，存在丰富的民族和文化多样性。但直到今天，中印边界地区仍然没有成为主流的政策和学术研究主题，这些跨文化地区的社会、经济和文化历史大多被令人遗憾地忘记了。

本书正是在次区域的层面上，通过对中印关系的批判性比较分析来解读这一现象。本书为中印关系研究提供了一个新的方向，即让人们回归到对这些次区域对话的关注上来。书中审视了由两国政府主导的促进发展的大量举措，并重点分析了正得到逐渐强化的边界贸易、旅游和交通等领域的发展潜力，试图借此探寻在中印两国不断变化的外交政策定位中，边界地区应该扮演的角色。

Nimmi Kurian，印度新德里政策研究中心（the Centre for Policy Research）副教授，其研究方向主要包括边界研究、比较区域主义、跨界治理和中国国内政治。

Lai, Yew Meng. *Nationalism and power politics in Japan's relations with China: a neoclassical realist interpretation.* London; New York: Routledge, Taylor & Francis Group, 2014.

日本对华关系中的民族主义和权力政治：新古典现实主义的解释

尽管中日经济交往蓬勃发展，相互依赖也在不断加深，但两国目前的政治和外交关系顶多算不温不火。中日双边关系于2005年春到了前所未有的低点，而到2012年秋，中国城市的大规模反日游行引发了日本报复行动，使中日关系跌至新的低点。

本书系统地探索了塑造当今中日关系的复杂因素，并专门分析了后冷战时代日本民族主义的“复苏”、日本民族主义重新界定对外政策取向的逻辑及其对中日双边关系氛围的影响。

此外，本书在国家偏好问题上采用新古典现实主义的解释方式，分析了两个最具代表性的中日关系案例：一是中日在日本首相参拜靖国神社问题上的冲突；二是中日在中国东海上的多层冲突，包括钓鱼岛领土争端、两国海上冲突及两国对能源资源的争夺。借由这些案例研究，本书分析了民族主义是否真的重要，民族主义在何时、何种情况下会变得最为突出，还阐明了民族主义情感在何种程度上最为深刻地改写了日本决策。

Lai Yew Meng，马来西亚沙巴大学知识与语言学习促进中心（Universiti Malaysia Sabah, Centre for the Promotion of Knowledge and Language Learning）政治学与国际关系副教授。

Lee, Yong Wook; Son, Key-young. *China's rise and regional integration in East Asia: hegemony or community?* London; New York: Routledge/Taylor& Francis Group, 2014.

中国崛起与东亚地区一体化：走向霸权还是共同体？

东亚各国在政治、经济、社会制度、文化宗教等方面都存在着具有深刻意义的多样性和差异性，这使得该地区如同国际社会的一个缩影。21 世纪之初，东亚地区经历了独特的历史演变：中国崛起为地区和全球最重要大国之一，并且，东亚各国采取了一系列集体行动，以将本地区整合为一个和谐的共同体。

本书从战略、政治、经济和历史的角度叙述了中国在东亚地区的角色变化和东亚地区主义的发展，分析了域内国家的外交政策行为以及各国之间的关系，对中国崛起和东亚格局转换提出了新的观点。在这些分析中，本书阐释了中国崛起的原因和方式，以及中国崛起是如何塑造新的东亚地区结构和体系的。此外，考虑到东亚地区的独特环境，即世界第二、第三大经济体与诸多小国共存，以及中国仍将持续崛起的趋势，本书对流行的“霸权—共同体”两分法提出了质疑。这有助于更全面、细致地解释中国的地区角色及其不断变化的地区政策，证明霸权下的合作并不必然导致地区秩序走向霸权形态。

Yong Wook Lee，韩国高丽大学政治和国际关系副教授。
Key-young Son，韩国高丽大学亚洲研究所教授。

Lewis, Jeffrey. *Paper tigers: China's nuclear posture.* Abingdon, Oxon: Routledge, 2014.

纸老虎：中国的核立场

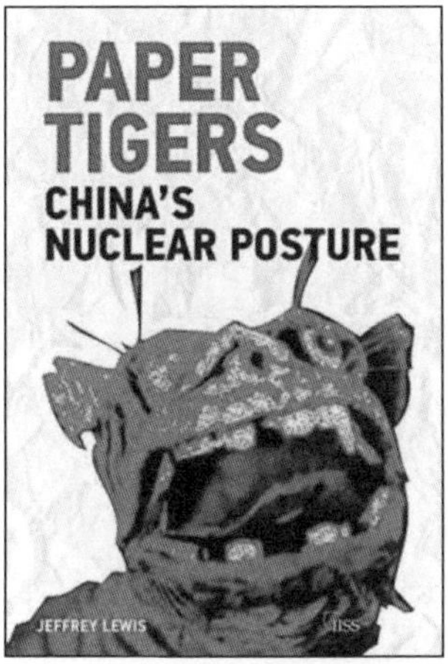

从1964年第一颗原子弹爆炸到现在，中国核武器的研究和发展已经有五十多年的历史。作为世界五大有核国家之一，中国的核立场一直受到西方国家的关注与质疑。从1946年毛泽东提出"原子弹是美国反动派用来吓人的一只纸老虎"的著名论断，到中华人民共和国成立初期克服困难下定决心发展原子能技术，再到20世纪90年代加入《核不扩散条约》，中国对核武器的态度由蔑视转为发展，再由发展变为防止扩散。本书从政策和实践两个方面，系统地介绍了中国核武器的发展史，回顾了中国领导人对核武器的观点变化并剖析此种变化背后的深层原因。本书指出，虽然中国对核武器的态度随着国内外形势风云变幻而几经转折，但其背后的战略逻辑——保护国家安全及追求国际尊重——却始终如一。书中还指出，中美两国应该积极展开核对话，以免陷入核对抗的困境。

全书共分为七章，分别是：引言；中国的核态度；核武器的设计与试验；核裂变材料的生产；导弹部队；战略稳定和区域安全；结论。

Jeffrey Lewis，美国詹姆斯·马丁核不扩散研究中心（James Martin Center for Nonproliferation Studies）东亚项目负责人，主要研究领域为核不扩散、国际安全、裁军与武器控制等。

Lim, Yves-Heng. *China's naval power: an offensive realist approach.* Farnham: Ashgate, 2014.

中国的海军力量：进攻性现实主义的分析

中国海军力量的快速现代化是后冷战时期无可争议的事实。在20年的时间里，中国人民解放军海军从一支主要由陈旧舰艇和落后装备组成的近海海军，发展成一支高度现代化的远洋海军，这种变化已经明显撼动了东亚地区的海上力量平衡。但与此同时，中国海洋实力崛起背后的理论依据和动力至今不够明确，也很少有人深入研究当今国际体系如何影响和塑造中国的选择。

本书试图在进攻性现实主义理论框架下解读中国海军现代化，由此得出的结论是，中国海军力量现代化的主要驱动力源于中国在东亚地区追求应有国际地位的目标。

本书将学术理论应用于现实信息分析，表现出两个显著优点：一方面，本书基于对中国海军发展的详尽而客观的分析，得出了许多深入的见解；另一方面，本书也大量利用汉语语言分析，对中国海军在原则和战略上的变化进行了评估。本书的独特之处还在于，完全通过新现实主义视角分析近期南海、东海和朝鲜半岛问题，并由此思考了中国在解决这些海上争端时可能采取的海军作战部署。

Yves-Heng Lim（林一凡），中国台湾辅仁大学助理教授。

Steinberg, James; O'Hanlon, Michael E. *Strategic reassurance and resolve: U. S. -China relations in the twenty-first century.* Princeton, New Jersey: Princeton University Press, 2014.

战略保障与决心：21 世纪的中美关系

中美两国在维持了 40 年大致合作性的双边关系之后，开始面临着紧张冲突日盛的局面。有人预测，由于守成大国和新兴大国之间不可避免的竞争，中美冲突即将到来，并催促本国领导人立刻为未来的摊牌做好准备；另一些人却认为，在未来几十年里，中美经济的相互依赖及在其他领域的共同利益会推动两国关系更加和谐。

针对中美关系前景的问题，本书作者提出了第三种观点，也是相对灵活的观点：强有力的国内外因素，特别是军事安全领域的因素，可能将中美推向军备竞赛和军事对抗，但这种情况对中美双方来说都是非常不利的；只有中美采取深思熟虑的政策，解决了守成大国和新兴大国之间的安全困境，才能切实避免中美战争的悲剧场景。本书提出了一系列政策建议，以实现可持续的、相对和谐的中美关系，这要求两国在核武器、导弹防御、太空及网络领域、军事基地和军队部署等关键领域建立战略性的相互保障，同时还要表明捍卫本国重要利益的战略决心。

James Steinberg，美国雪城大学（Syracuse University）麦克斯韦公民和公共事务学院院长，社会科学、国际关系和法律教授，曾任奥巴马政府副国务卿。

Michael E O'Hanlon，美国布鲁金斯学会高级研究员，专长于国家安全政策研究。

Turner, Oliver. *American images of China: identity, power, policy.* New York, NY: Routledge, 2014.

美国对中国的印象：身份、力量、政策

中美两国可谓21世纪初期最具全球影响力的两大行为体，而且在可预见的将来，这一状态有望继续维持下去。这两个重要国家之间的关系理应得到全面、深入的理解。

本书独辟蹊径，试图通过解答三个关键问题，来说明在整个中美关系史中，美国对中国的印象与美国对华政策之间的联系：第一，在中美关系史中，美国对中国与中国人的主要印象是什么？第二，过去和今天的美国对中国与中国人的印象如何影响了美国对华政策的制定与调整？第三，美国对华政策在美国对中国印象的塑造与再塑造过程中扮演了什么样的角色？

本书以1882年美国颁布《排华法案》、1949年新中国成立和1979年中美建交为时间节点，将1776年至今的中美关系史分为四个时期，逐一探讨了在不同历史时期美国对中国印象的变迁。本书探索和评估了数量庞大的信息资源，包括电影和电视节目、报纸与期刊文章、政治家和外交家日记等档案资料，以及一些重要讲话、法律声明等政府文件，并将影像资料与政策文献这两类此前很少交叉的资源巧妙地结合起来。本书研究指出，美国在历史上曾认为中国是一个理想化、充满机会、不文明并且会带来威胁的国家，这四种主要印象直到今日仍在美国社会不断复制和传播，影响着美国对华政策的制定，而美国对华政策反过来又重塑了美国对中国的印象。

Oliver Turner，英国曼彻斯特大学研究员。

政治·社会·环境

Andrews, Bridie; Bullock, Mary Brown. *Medical transitions in twentieth-century China*. Bloomington: Indiana University Press, 2014.

中国医疗卫生事业在20世纪的变迁

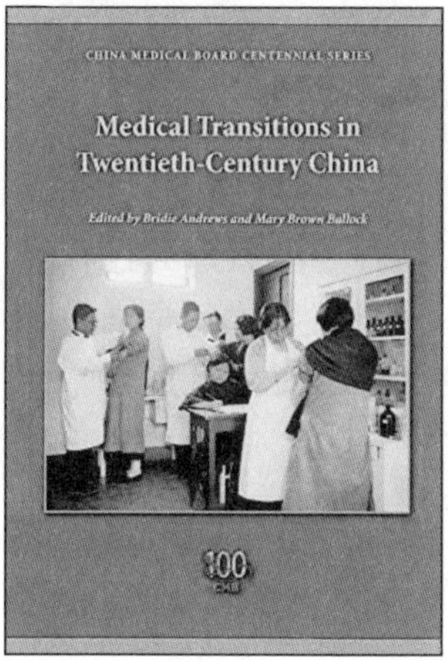

本书全面审视了一个世纪以来中国人民为探求务实有效的医疗保健而做出的一系列重要努力。

关于中国如何解决人类社会最核心的问题之一——公民的健康与福祉，本书提供了多种独到的观点。书中对20世纪中国医疗卫生事业的考察，是围绕着疾病与治疗、冲突与调解、机构与职业、人民健康这四个主题展开的。围绕这四大主题，本书选择了血吸虫病、肺结核、精神健康、烟草与健康等典型案例进行深入的研究和讨论，并从这些案例中得出一些重要结论，例如，赤脚医生对西方医学在中国的传播发挥了重要作用，漫长的抗日战争期间中国的医疗服务水平得到很大提升，医疗消费者对卫生事业的促进作用不容小觑等。

Bridie Andrews（吴章），美国本特利大学（Bentley University）历史学副教授。

Mary Brown Bullock，美国中华医学基金会（China Medical Board）理事，昆山杜克大学（Duke Kunshan University）常务副校长。

Bai, Ruoyun. *Staging corruption*: *Chinese television and politics*. Vancouver: UBC Press, 2014.

上演腐败：中国的电视与政治

电视剧已成为中国最有影响力的大众文化形式，但相关学术研究却并不多见。因此，本书重点关注电视剧这一课题，并以20世纪90年代中期以来中国反腐剧热潮作为研究的出发点。

本书回顾了在复杂的政治、经济、社会背景及各种思潮的推动下，中国反腐剧从兴起、低潮到再次崛起的历程。在电视台、制作公司、媒体监管政策和政治审查机制的层层把关下，反腐剧走向荧幕的过程反映了权力、媒体和社会之间的复杂关系。反腐剧在兴起之初就成为中国反腐斗争的一个重要组成部分，在历经社会变迁之后，它仍然扮演着批判现实的角色，同时，商界人士和渴望成为中产阶层的年轻人也从中学习社会生存之道。

全书共分六章：第一章从历史角度概述了中国电视剧的制作与监管；第二章以1995年上映的中国反腐剧《苍天在上》为例，分析了反腐题材电视剧是如何进入中国电视台黄金档的；第三章关注的是21世纪以来商业化氛围加重导致的反腐剧低潮期，同时深入分析了反腐剧审查机制的成因和具体做法；第四章从反腐剧的剧本内容入手，分析了官方对于反腐剧模式的定位，并指出导致反腐剧衰落的因素；第五章进一步阐释了腐败现象在电视剧中的呈现方式，关注反腐剧在风格上的转变；第六章则以2009年上映的电视剧《蜗居》为例，分析了观众如何参与构建反腐剧的叙事框架。

Ruoyun Bai（白若云），加拿大多伦多大学士嘉堡校区（University of Toronto, Scarborough）媒体研究与比较文学专业副教授，研究领域为全球化背景下中国的媒体与大众文化，长期关注大众媒体，特别是电视与新媒体的发展所带来的政治影响。

Berg, Per Olof; Björner, Emma. *Branding Chinese mega-cities: policies, practices and positioning*. Cheltenham: Edward Elgar, 2014.

中国大城市的品牌化：政策、实践和定位

本书全面梳理了中国大城市品牌化建设所涉及的政策、实践和定位策略，并从理论角度加以概念化。

以北京、成都、重庆、上海和深圳这五个大城市为例，本书深入分析了中国大城市品牌化及传播策略，不仅从跨学科角度详细阐述了中国大城市发展的经济、文化和社会背景，也揭示了其城市治理和经济发展策略。此外，本书在与其他国家对照下，重点探讨了中国城市品牌化建设和城市发展的最新实践，包括相关团体和个人参与城市品牌建设的方式、影响城市品牌建设过程的“社会力量”、中国大城市参与国际竞争的方式，以及大城市如何实施品牌建设以落实自身战略定位等。

本书论述视野广阔，不仅从商业、市场、地理、政治学和城市研究等视角探讨了中国大城市建设，还涉及城市品牌建设与推广、区域创新和增长策略研究、城市规划与城市建筑、旅游营销与推广等领域。

Per Olof Berg，瑞典斯德哥尔摩大学（University of Stockholm）商学院教授，研究兴趣包括城市品牌化、区域创新战略、战略管理过程、战略营销与管理等。

Emma Björner，瑞典斯德哥尔摩大学商学院博士，从事中国城市品牌化研究。

Brødsgaard, Kjeld Erik. *Globalization and public sector reform in China.* Milton Park, Abingdon, Oxon; New York, NY: Routledge, 2014.

全球化与中国公共部门改革

本书从政府官僚主义、公共服务机构到国有企业等问题领域，全面分析了中国的公共部门改革。

本书首先肯定，中国的领导者非常关注公共部门改革，并将行之有效的公共管理视作确保政权稳定和国家长治久安的关键所在。接着，本书阐释了中国公共部门改革近年来是怎样由单纯在量上精简冗余机构的“小政府”政策，转向在质上强调管理效率的改革的。本书认为，尽管西方关于公共部门改革的观点对中国有一定影响，但中国改革的特点在于，中国政府拥有的大型国有企业仍然在国民经济增长中发挥着无可替代的重要作用。此外，本书还特别指出，中国国有企业的发展现状要求它们停止充当铁饭碗，不再提供从摇篮到坟墓的所有福利待遇，因此中国需要尽快找到一个合理的替代方案，通过更恰当的方式提供基本的社会福利和医疗保健，这正是中国公共部门改革面临的重大挑战。

Kjeld Erik Brødsgaard，丹麦哥本哈根商学院（Copenhagen Business School）教授，主要研究方向为中国经济改革和亚洲经济关系。

Cabestan, Jean-Pierre; deLisle, Jacques. *Political changes in Taiwan under Ma Ying-Jeou: partisan conflict, policy choices, external constraints and security challenges.* London; New York, NY: Routledge, 2014.

马英九治下台湾政治变化：党派冲突、政策选择、外部制约与安全挑战

2008年马英九当选中国台湾地区领导人，这也意味着在民进党掌权八年之后，国民党终于重新上台。自当选以来，马英九和国民党面临诸多问题：经济增长迟缓、社会两极分化、海峡两岸关系处理方式备受台湾社会质疑，等等。本书汇聚了来自专业人士的观察，描绘出马英九主政时期台湾政治变化全景。

本书对国民党回归台湾政坛进行了全面分析，并审视了自2008年马英九上台后台湾地区在政治、经济、社会、对外关系等方面的变化和挑战。全书主要内容包括：台湾的政党体系和选举制度；“总统”和“立法委员会”的角色分工；台湾经济发展；台湾社会运动；台湾的身份政治；海峡两岸关系进展；台湾安全环境与防卫政策；台湾地区与美国、日本的联系。如作者所言，本书的主要目的是“评估马英九任期内台湾形势，指出台湾未来发展方向以及可能影响台湾未来发展的因素”，对研究台湾问题的学者以及相关政策制定者具有一定借鉴意义。

Jean-Pierre Cabestan（高敬文），中国香港浸会大学（Hong Kong Baptist University）教授、政治与国际关系学系主任，长期专注于中国政治制度、中国外交与安全政策、海峡两岸关系研究。

Jacques deLisle，美国宾夕法尼亚大学（University of Pennsylvania）法学院教授、东亚研究中心（the Center for East Asian Studies）主任、当代中国研究中心（the Center for the Study of Contemporary China）副主任，以及美国著名智库外交政策研究所（Foreign Policy Research Institute）亚洲项目主任，主要研究领域为当代中国法律与政治。

Carpenter, Joel A. ; Dulk, Kevin R. den. *Christianity in Chinese public life: religion, society, and the rule of law.* New York: Palgrave Macmillan, 2014.

中国公共生活中的基督教：宗教、社会与法治

当今中国有大量人口信仰某种主流宗教，国家对宗教事务深表关心。西方倾向于从较为极端的角度看待中国的“宗教—政府”关系问题，即所谓“异见者的反抗与政府的压制”。然而，正如本书所指出的那样，在中国，宗教、社会和治理之间的关系远比西方的极端化视角更加微妙和复杂。

本书以基督教在中国的发展为主题，分析了相关社会和政治变革的前景。民主化研究者认为，当公民摆脱贫困之后，就会寻求更大程度的言论自由，并建立相应的渠道来表达其价值观。由此应运而生的“公民社会”能帮助普通民众协调自身与国家之间的利益，并通过非政府的方式来实现公共利益。基于这种认识，在本书中，来自中美两国的学者共同探讨了中国日益增多的宗教活动对社会、治理及民主化的意义。

全书除导言外，共包括六章，分别探讨了：中国城市未注册的新教团体与公民参与网络；中国东北地区朝鲜族的基督教信仰及其民族、国家身份；中国人权研究和教育的兴起；中美宗教活动用地的比较分析；《中华人民共和国宪法》第三十六条与保护宗教信仰自由；从跨国视角解读中国的宗教与权利革命。

Joel A. Carpenter，美国加尔文学院（Calvin College）历史学教授，内格尔世界基督教研究所（the Nagel Institute）所长，研究领域为美国宗教史和文化史，近期主要从事基督教在非洲和亚洲的历史研究，以及基督教高等教育研究。

Kevin R. den Dulk，美国加尔文学院政治科学教授，亨利基督教与政治学研究所（the Henry Institute for the Study of Christianity and Politics）所长，主要研究领域为宗教与政治学的跨国研究、宗教自由、美国政治与政策、公共法律与法庭、政治理论等。

Fincher, Leta Hong. *Leftover women: the resurgence of gender inequality in China*. London: Zed Books, 2014.

剩女：中国性别不平等死灰复燃

一百多年前，中国女权主义者争取妇女解放的斗争助推了颠覆清王朝的共和革命。1949 年新中国成立后，毛主席也提出了倡导男女平等的著名口号“妇女能顶半边天”。在中华人民共和国成立初期，中国共产党就通过在计划经济中为城镇妇女分配工作等方式，致力于提升妇女地位、改变性别关系。然而，在后社会主义时代，这些成就正遭到逐渐侵蚀。与某些媒体的说法不同，中国女性相对于男性经历了诸多社会权益上的倒退。

近年来，中国出现了一种“剩女”现象，媒体将那些超过 27 岁仍然单身、并且自身条件比较优越的女性划入“剩女”行列。本书认为，中国一些媒体对“剩女”问题的频繁报道，使得女性对于这一问题产生了过度焦虑，甚至为了避免沦为“剩女”，以放弃房产证署名等代价而仓促结婚。这种实际上是为了掩盖中国男女比例失衡而刻意为之的社会舆论环境，将在中国家庭关系、女性权利等方面产生连锁反应，给中国的经济、政治和社会发展带来广泛影响。除了“剩女恐慌症”和与此相关的财产权问题，书中还论及备受争议的中国性别不平等现象，包括女性在就业方面遭遇的歧视、面对家庭暴力时的态度以及整个社会就性别平等问题产生的分歧等。本书对“剩女”现象的分析揭示了当今中国女性发展的困境，并指向了中国经济、社会与发展等领域的更多问题。

Leta Hong Fincher（洪理达），美国记者、社会学者，任教于香港中文大学。本书已出版中文译本（《剩女时代》，李雪顺译，鹭江出版社，2016 年）。

Fisher, Gareth. *From comrades to bodhisattvas: moral dimensions of lay Buddhist practice in contemporary China.* Honolulu: University of Hawai'i Press, 2014.

从同志到菩萨：当代中国佛教活动的道德维度

本书是一部研究当代中国汉地佛教发展情况的著作。作者运用人类学的研究方法，在超过十年的实地调研基础上，生动地描绘了一群北京地区新入门的佛教信徒。

本书运用人类学关于道德伦理的理论指出，这些信徒们聚集到一起，是为了寻找到重塑自己与他人的伦理资源。他们相信，在这个急剧变化的国家，道德传统遭到了严重破坏；而当受到传法者与之分享的各种信息的刺激之后，他们将毛泽东时代的道德因素与佛教关于业力和慈悲的教诲创造性地结合起来，试图为21世纪盲目追求消费和财富积累的中国人找到一剂道德良方。由此，在中国新经济社会中常处于社会边缘的佛教信徒们转向了新的道德角色。

本书每一章聚焦于一个核心议题，详细描述了这些信徒塑造新道德认同的努力。本书认为，虽然这些信徒将道德愿景嵌入新兴公共领域的能力受到一定限制，但他们毕竟成功地构建了自我话语空间，其特点包括，对人类同胞和动物们的道德关怀，以及对目前尚未被社会大环境所认可的、其成员的组织能力和教学天赋的承认。此外，正如本书后面几个章节所讨论的那样，这些当代的佛教信徒通过创作、复制和分发佛教资料，创建了全国同道网络，从而在当代中国城市社会形成了一个非主流文化的群体。

本书对中国当代佛教徒有很多生动的描绘，以极强的可读性再现了许多真实的生活场景，论述了宗教和文化变迁之间的关系。

Gareth Fisher，美国雪城大学（Syracuse University）宗教与人类学副教授，主要关注佛教在中国大陆的复兴，并在中国进行了十余年的人类学实地调研。

Gijselinckx, Caroline; Zhao, Li; Novkovic, Sonja. *Co-operative innovations in China and the West*. New York: Palgrave Macmillan, 2014.

中国与西方的合作社创新

联合国大会将2012年宣布为首个国际合作社年，这凸显了合作社对社会经济发展的贡献，特别是对减少贫困、创造就业和社会融合的影响。自合作社运动发端以来，它涉及的各个合作社始终差异极大，其目标、治理和财务结构都不相同。这一点可以用西方与中国合作社传统的区别为证。

本书观察到，重大的经济与社会变革促成了中国和西方的合作社在管理和资本结构上的彻底创新。中西合作社之间的差异尚存，而同时一些有趣的趋同现象也很明显。时至今日，二者的对话仍然十分有限，基于此，本书收录了15篇文章，分别介绍西方和中国合作社的发展趋势与演变过程，以帮助读者更深入地了解中西合作社状况，并为学者、合作社的领导者和政策制定者提供能促进合作社长远发展的参考信息。

Caroline Gijselinckx，任职于比利时布鲁塞尔弗莱芒政府教育培训部门。曾任比利时鲁汶大学劳动与社会研究中心（Research Institute for Work and Society, KU Leuven, Belgium）研究主管，负责合作社与公益创业、社会运动与非营利部门等领域研究工作。

Li Zhao，比利时鲁汶大学研究员。

Sonja Novkovic，加拿大圣玛丽大学（Saint Mary's University）经济学教授，主要研究方向为合作与劳工管理企业、社会经济、比较经济体系等。

Heath, Timothy R. *China's new governing party paradigm: political renewal and the pursuit of national rejuvenation.* Farnham, Surrey, UK; Burlington, VT: Ashgate, 2014.

中国执政党新范式：政治革新与对民族复兴的追求

在过去的十年里，中国共产党第一次转换了自1921年成立以来所坚持的一个“革命党”的身份定位，而将自己在中国的角色重新定位为“执政党”，承诺满足人民群众的不同需求，以及实现中华民族的复兴。为了增强自身实力、努力实现上述目标，中国共产党进行了广泛的政治和意识形态改革，其中最重要的就是在党的发展方向以及监督机制上的变化。但目前关于中国共产党新的身份定位及其政治影响的研究并不多，本书正好弥补了这一缺失。

要准确理解中国共产党的新角色定位，首先需要对中国的执政规划、相关文件、实施战略及政策如何改善党的领导、促进民族复兴有一个清楚的认识，本书对此提供了非常有价值的信息。此外，书中还对中国共产党执政新范式的历史背景、动力和意义进行了解读，分析了中国共产党是如何通过采取执政党新范式改变其战略发展和决策过程的。本书与其他著作的不同之处还在于，它是第一本主要通过研究权威中文资料而得出结论的相关著作，不仅运用了大量的一手材料，还提供了一系列极有价值的参考资料，包括大事年表、主要战略文件列表以及词汇表等。

Timothy R. Heath，美国兰德公司（Rand Corporation）国际防务高级分析家，帕蒂兰德研究生院（Pardee RAND Graduate School）教员，是美国知名的中国战略和政治军事专家。

Huang, Youqin; Li, Si-ming. *Housing inequality in Chinese cities.* Abingdon, Oxon: Routledge, 2014.

中国城市住房不平等

近年来，中国城市经历了深刻的社会、经济和空间转型。其中尤其值得一提的是，中国城市见证了有史以来最大的房地产繁荣和前所未有的住房商品化。中国现在已成为业主之国，超过 70% 的城市居民拥有所住房屋的产权，高于很多发达国家。

然而，本书指出，中国在住房发展方面取得的重大成功并没有为社会整体所共享。在过去住房差别不大的中国城市，如今住房不平等现象迅速蔓延，住宅区域的高低档格局也日益普遍。本书关注住宅格局的两极分化，揭示了中国城市居住水平的巨大差距：一方面是住在“城中村”简陋房屋中的低收入居民，另一方面则是住在独门独院别墅区的新兴富裕阶层。

全书分四部分，分别探讨如下话题：住房不平等现象对中国城市的影响程度、住房水平的差异化程度；为城市低收入群体，特别是为农民工提供的住房；迅速增长的中国中等阶层和新兴富裕阶层的住房情况；城市居住区的管理。

Youqin Huang（黄友琴），美国纽约大学阿尔巴尼分校（University at Albany, SUNY）地理系副教授，主要从空间和人口学角度研究人类行为和城市现象。

Si-ming Li（李思名），中国香港浸会大学地理学教授，林思齐东西学术交流研究所所长，专注于中国城市与住房研究。

Lee, Haiyan. *The stranger and the Chinese moral imagination*. Stanford, California: Stanford University Press, 2014.

陌生人和中国人的道德想象

在过去20年里，中国已经急剧转型为一个城市化程度更高的社会，成千上万人在这一过程中迁徙居住地。在曾经属于“熟人社会”的中国，传统的家庭与社会纽带都发生了断裂。当经济改革使越来越多人迁入附近的大都市中心或类似的二线城市，如何同这里过去不相识、未来可能也无关的陌生人相处，成为亟待解决的一个问题。传统的儒家道德准则带有来自等级制度的偏见，无法对这一社交灰色地带提供有意义的指导，而过去试图用一种“同志”关系来应对陌生人身份的做法也不再普遍。因此，当代中国正经历一场道德危机的时候，新的市场经济并没有给这一问题提供解决方案。

本书对当代中国社会道德危机进行了细致研究。通过对当代中国文学作品、影视作品以及博物馆文化的分析，本书调查了在性别、阶层、种族、意识形态等方面各不相同的一系列陌生人形象，包括外国人、农村移民、中产阶级知识分子、未婚女性等。书中将文学与政治理论相结合指出，文学和艺术在中国加强道德职能方面发挥了关键作用，可以引导受众学会与陌生人相处的艺术。

Haiyan Lee（李海燕），美国斯坦福大学汉语与比较文学教授，其作品《心灵的革命：1900—1950中国恋爱谱系》（*Revolution of the Heart: A Genealogy of Love in China, 1900–1950*）一书获2009年列文森中国研究著作奖（the Joseph Levenson Prize in the field of modern Chinese literature）。

Lu, Yingjun; Abeysekera, Indra. *Social and environment disclosure in Chinese firms.* Abingdon, Oxon: Routledge, Taylor & Francis Group, 2014.

中国企业的社会与环境信息披露

在中国企业社会与环境问题日益突出的背景下，本书构建了一种由利益驱动的三维信息披露指数，用于调查负有社会责任的中国上市公司的社会与环境信息披露情况。

本书的研究包括三个部分：第一部分探讨了企业社会与环境信息披露现状；第二部分通过实证研究，检验了企业社会环境信息披露与各种影响因素（如股东的权力、企业特征）之间的关系；第三部分研究企业社会责任报告（如企业社会责任报告的发布及其质量）和企业社会责任声誉之间的联系。

本书发现，企业社会责任报告比企业年度报告提供了更多企业相关方的社会与环境信息；不仅如此，从统计数据上看，企业特征，如公司规模、盈利能力及产业归类都是影响中国企业社会与环境信息披露的重要因素。股东对企业的社会和环境信息披露有着显著影响，而债权人对与环境相关的公司信息披露更有影响力。本书最后还指出，企业社会责任报告的发布及其质量对企业社会责任声誉有着积极的影响，而企业管理者与拥有者的二元性对企业社会责任声誉会有消极的影响。

Yingjun Lu（鲁瑛均），上海对外经贸大学会计学讲师。

Indra Abeysekera，澳大利亚卧龙岗大学（the University of Wollongong）会计学副教授。

Osnos, Evan. *Age of ambition: chasing fortune, truth and faith in the new China.* New York: Farrar, Straus and Giroux, 2014.

雄心时代：在新中国追求财富、真相和信念

从外部观察中国，人们通常会觉得像看漫画一样：中国或者被描绘成由务实的富豪和无私奉献的普通人构成的、命中注定要统治世界经济的国家，或者会被视为一个模糊不清的巨人。人们没有看到的是，在中国发生戏剧性变化的同时，中国的精英阶层和普通百姓的生活又是如何改变的。

作为《纽约客》驻北京记者，本书作者在北京生活多年，亲眼看见了中国在政治、经济和文化上的深刻变迁。本书不仅描述了中国发生的最重要变化，如个体的崛起及其面临的冲突，还提出了一些探索性问题，比如，为什么成千上万的中国年轻人一边操着流利的英语、喜爱西方流行文化，一边自称"愤青"，极度抗拒西方的影响？在20年不懈地追求财富之后，各个阶层的中国人是怎样探求生活的意义的？等等。本书包含大量生动的描写，体现了作者对社会发展的敏锐触觉；书中记叙的中国人日常生活的感人故事表明，在新的中国社会，新现象和旧环境的不断冲突必将带来前所未有的结果。

本书获得美国2014年度国家图书奖（the 2014 National Book Award）。

Evan Osnos（欧逸文），《纽约客》（*The New Yorker*）特约撰稿人及布鲁金斯学会研究员。他出生于伦敦，就读于哈佛大学，早在20世纪90年代中期就开始在北京学习中文，2005年成为《芝加哥论坛报》（*The Chicago Tribune*）驻京记者，2008—2013年间又任《纽约客》驻京记者。他曾两次获得海外新闻社奖（Overseas Press Club Awards），以及亚洲协会的奥斯本·埃利奥特杰出新闻奖（the Asia Society's Osborn Elliott Prize for Excellence in Journalism on Asia）；在为《芝加哥论坛报》工作期间，他所在的小组还获得过2008年的普利策奖（Pulitzer Prize）。

Qian, Jiwei; Blomqvist, Åke. *Health policy reform in China: a comparative perspective.* New Jersey: World Scientific, 2014.

比较视野下的中国卫生政策改革

现存有关中国卫生体制改革的研究仅限于考察改革进程的一部分，如农村地区的财政改革、药品采购新制度等，或是仅针对特定城市或地区开展实证研究。本书则全面论述了中国卫生体制改革的进程。

本书广泛借鉴了卫生经济学领域的西方文献，以及美国、英国、荷兰、日本等国医疗改革的经验，并将中国医疗改革方式与其他国家进行了比较。此外，作者还将中国卫生体制改革置于中国经济政策重新定位的背景下，在研究中进一步强调了公平和收入分配，分析了中央与地方政府在改革设计和实施方面的互动。全书共分四部分：一、概述；二、卫生改革的主要内容；三、中国的医疗保障与和谐社会发展；四、中国医疗体制的未来走向。

Jiwei Qian（钱继伟），新加坡国立大学东亚研究所研究员，研究领域包括卫生经济学、政治经济学和发展经济学。

Åke Blomqvist，加拿大卡尔顿大学（Carleton University）经济系兼职研究员，加拿大经济政策智库克拉伦斯·迪·豪研究所（C. D. Howe Institute）的卫生政策专家。2009—2011 年曾任职于中国中央财经大学中国人力资本与劳动经济研究中心。主要研究领域为发展中国家经济学、社会政策（特别是医疗改革领域）经济学，近年来重点关注中国和加拿大两国的卫生政策和卫生体制改革。

Ryan, Jennifer; Chen, Lincoln C.; Saich, Tony. *Philanthropy for health in China*. Bloomington: Indiana University Press, 2014.

中国的医疗慈善事业

本书总结了中西方学者及业界人士的专业经验，旨在帮助人们更深入地理解20世纪中国的医疗慈善事业，并指明其未来面临的挑战和机遇。

本书考察了政府、非政府组织领导者、国内慈善家，以及外国基金会在中国医疗慈善事业中的作用，回顾了中国慈善事业发展的历史渊源和不同阶段，也指出了在医疗卫生领域开展慈善事业需要面对的挑战。此外，书中还讨论了国际医疗慈善事业的战略和做法、慈善事业在中国卫生体系发展中的作用，以及慈善事业在中国走向公民社会的过程中的发展前景。

本书的三位编者均就职于美国中华医学基金会（China Medical Board）。该基金会始于1914年，由约翰·洛克菲勒捐资成立，其宗旨是通过资助医学、护理及公共卫生研究和教育，提高中国及亚洲邻国人民健康水平。

Jennifer Ryan（阮志贞），美国中华医学基金会项目主管，主要负责项目开发和管理，以及基金会在中国和东南亚地区的特殊项目及活动，其研究重点是中国及西方医疗发展史。

Lincoln C. Chen（陈致和），美国中华医学基金会主席，哈佛公共卫生学院（Harvard School of public health）国际健康教授。

Tony Saich，美国中华医学基金会理事长，目前的研究主要集中在后毛泽东时代中国的政治和治理、中国的城市化和城乡不平等、亚洲国家和社会间的相互作用等领域。

So, Bennis Wai Yip; Kao, Yuang-kuang. *The changing policy-making process in Greater China: case research from Mainland China, Taiwan and Hong Kong*. London; New York, NY: Routledge, Taylor & Francis Group, 2014.

大中华地区决策过程的转变：中国大陆、台湾及香港的案例研究

本书主要探讨的是，在现代社会不断变化的背景下，中国大陆、台湾地区和香港特区的决策过程是如何做出调整和改变的。

首先，本书考察了决策过程转变的总体背景条件：大陆在经济迅猛发展多年后需要进入再平衡时期，台湾地区经历了治理转型和民主制度的巩固，香港特区政府则面临执政和施政的诸多挑战。

其次，全书审视了决策过程中的各类行为主体，涉及普通民众的民主参与、立法机关的作用、大众媒体以及官僚机构，并探讨了这些因素如何在不同的政策议题下进行互动。

最后，通过对中国大陆、台湾地区和香港特区所采取的不同决策方式的比较，本书评估了决策过程正在发生的变化，并预测了今后进一步变化的可能。

Bennis Wai Yip So（苏伟业），中国台湾政治大学公共行政系副教授，研究兴趣包括政府人事管理、公共行政、政治经济学、中国大陆研究等。

Yuang-kuang Kao（高永光），中国台湾政治大学社会科学学院教授、院长，兼任台湾研究中心主任、“国防事务研究中心”主任，主要从事政党与选举、宪政体制、大陆基层民主等领域研究。

Takeuchi, Hiroki. *Tax reform in rural China: revenue, resistance, and authoritarian rule.* New York, NY: Cambridge University Press, 2014.

中国农村税制改革：税收收入、阻力和威权统治

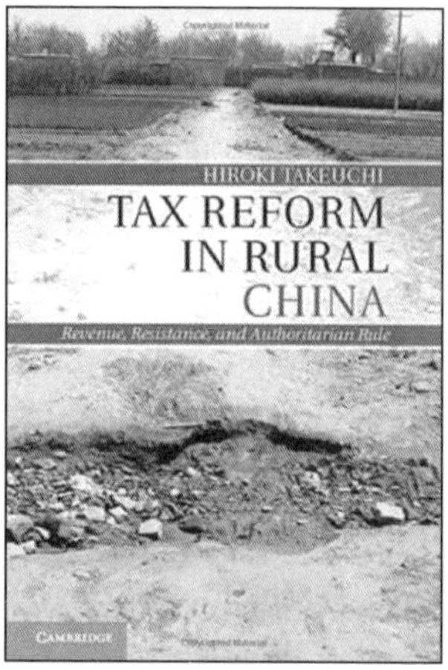

中国始终坚持市场经济的改革方向，这种决心背后的一个现实问题是，如何保持政治稳定。始于2000年的中国农村税制改革，就是中央政府在改革与稳定之间进行权衡后做出的决策。本书通过系统性地分析中央和地方政府在农村地区的关系，考察了中国农村的税费改革和政治参与问题。作者在运用博弈论规则与中国农村官员和农民进行深度访谈的过程中发现，对于中国中央政府而言，与农村地区财政危机、公共福利缺乏等问题相比，由地方政府不当规定导致的农民经济负担过重以及由此引发的农村社会问题更加值得重视，因为后者直接威胁到政权稳定和经济体制改革成功。

全书共设七章，可分为三个部分：第一部分介绍了不同历史时期中国农村税收政策及其阻力；第二部分分析了不同主体在税收政策下的行为策略，包括地方政府从过度征税到土地买卖的转变，村民移民、上访与征税之间的关系等；第三部分探讨了农村地区治理规则和民主选举制度。

Hiroki Takeuchi，美国南卫理公会大学（Southern Methodist University）政治学副教授。

Teets, Jessica C. *Civil society under authoritarianism: the China model.* Cambridge: Cambridge University Press, 2014.

威权主义下的公民社会：中国模式

在以中国公民社会为主题的著作中，公民社会组织受到怎样的限制往往成为研究重点。本书则另辟蹊径，聚焦于中国地方官员与公民社会组织的互动，并指出这种互动关系有助于彼此认知和适应，在过去20年里，这样的互动正是政府官员认识公民社会组织优势和不足的过程。

本书重点分析了公民社会组织如何与政府官员沟通，让政府认识到建设一个有活力的公民社会组织的益处。透过这样一个全新的视角，人们看到了公民社会组织管理政策的变化，以及政府服务方式越来越多的转型。然而，公民社会组织在支持地方官员提供社会服务、改善公共政策的同时，也可能涉及一些影响社会稳定和发展的活动。公民社会组织的这种二元性促使中国的地方官员构建了一种名为“协商式威权主义”的社会管理体系，对公民社会组织采取扬长避短的方式加以管理。

本书结合对北京、云南、江苏和四川的案例分析指出，公民社会组织推动了公民与政府之间的更多对话，这种对话构成了中国政治活动的一部分。与西方国家公民社会组织与政府体制彼此对立的社会治理模式相比，中国的做法是一条更有效地实现“善治”的途径。不以民主化为目标，而旨在实现“善治”，这正是威权主义下公民社会发展的中国模式。

Jessica C. Teets（赵娜），美国明德大学（Middlebury College）政治学系副教授，主要从事威权体制下的治理研究，重点关注非营利组织、非政府组织、协会等公民社会组织的作用，特别是上述组织对中国政治的影响。

Tomba, Luigi. *The government next door: neighborhood politics in urban China*. Ithaca; London: Cornell University Press, 2014.

政府在隔壁：中国城市的邻里政治

社区是中国政治活动的重要舞台，它们绝大部分是由城镇居委会改名而来，少部分是由并入城镇的村委会改名而来。在当代中国，社区已经成为国家和政府传递政策、了解民情的关键阵地。随之而来的疑问是，上级政府的目标是如何一步步在基层市民的日常生活中实现的？本书对这一问题进行了深度探讨。

本书采用人类学研究方法，考察了北京、沈阳、成都三地的社区生活和邻里政治，描绘并解释了各项政策“从政府到基层社区”这一传递转化是如何发生并顺利进行的。本书认为，社区的出现及邻里政治的发展，反映了中国社会治理实践的变化。政府行为的出发点是维护社会政治稳定，而政府公权力的行使必须建立在尊重公民私人空间、适应新的社会力量的基础之上。此外，经过长期观察研究，作者还发现，不同居民群体的管理会因其社会身份而有所差异，具体表现在，高失业率群体仍然采取社会主义传统治理模式，而高收入群体则拥有更多的自主权。不过，无论是在何种社区，为了防止给政府带来系统性风险，居民内部的矛盾纠纷往往都能够在社区内部解决。

Luigi Tomba，澳大利亚国立大学（Australian National University）高级研究员，主要研究方向是城市政治、劳工改革、住房商品化的影响、中国中产阶级的形成及其对城市管理的意义。

Wang, James Jixian. *Port-city interplays in China.* Farnham: Ashgate, 2014.

中国“港口—城市”的互动

自1978年改革开放以来，中国经济社会发展取得了巨大进步。中国从封闭的、几乎没有海上贸易的计划经济体，发展成为拥有世界上最大集装箱装运量的全球第二大经济体，这一过程只用了30年。中国主要沿海城市在经历了快速的城市化和港口建设之后，如今已成为连接中国与世界的门户。

这些港口是如何在强大的国家控制和干预之下，实现快速成长的？这些港口与城市是如何相互影响的？中国的港口城市可以向其他国家、地区和城市学习什么经验？在全球化时代，中国港口与城市的相互作用将进入什么样的新阶段？本书从地理角度回答了上述问题，并调查了中国“港口—城市”关系的四个方面：港口与城市之间的经济和功能关系、“港口—城市”的空间关系、城市通过港口建立的外部网络关系，以及“港口—城市”治理。这些关系构成的概念框架不仅可以用来解释单个“港口—城市”关系，也能解释多港口地区，如珠江三角洲地区港口与城市的互动。基于本书作者18年来的研究积累，以及对超过25个中国港口城市的实地调查，本书提供了一卷生动的中国报道，也对港口发展的既有理论提出了挑战。

James Jixian Wang（王缉宪），中国香港大学地理系主任，副教授。

Xu, Ting. *The Revival of Private Property and Its Limits in Post-Mao China*. London, England: Wildy, Simmonds & Hill Publishing, 2014.

后毛泽东时代私有制的复苏及其局限性

本书审视的目标是，在当今急速变化的中国社会，私有产权复苏的性质和意义。为了阐明这一议题，本研究探索了中国法律中非常关键的一组对立概念，即“公有—私有”，以及中国界定所有权的方式，并强调了公私产权之间缺乏清晰界线的重要意义。

本书对中国社会私有产权复苏的性质及其社会政治意义的分析有助于丰富对当今中国重大问题的研究。产权的“现代”概念和理论出现于晚清以来的国家建构背景中，这些概念和理论曾经，而且迄今仍然服务于管控和治理的目的，但它们在社会实践和公众思维中经常遭遇抵制，并导致异化和冲突。虽然中国一定程度上承认了不动产私有产权，但本研究也表明，法律意义上的所有权和在社会意义上得到理解并实践的所有权通常是极为不同的。正式的法律支持单一而排他的产权，而与此不同的是，中国财产制度的现实状况表现为各种产权的复杂性。

Ting Xu（徐婷），英国贝尔法斯特女王大学（Queen's University Belfast）法律讲师。

Yao, Jianhua. *Knowledge workers in contemporary China: reform and resistance in the publishing industry.* Lanham: Lexington Books, 2014.

当代中国的知识工作者：出版业改革及其阻力

中国经济实力的增长和全球地位的提升推动了其传媒产业的改革。但事实上，在西方对这一市场化转型评论不断增多的同时，中国国内对它的讨论仍然较少。本书正是在中国市场化转型的大背景下，聚焦于传媒产业劳动问题的研究成果。

本书以中国知识经济枢纽——上海的出版产业为例，通过广泛研究和深入采访，并结合调查问卷的有效数据，勾勒出中国出版产业中以编辑为重要代表的知识工作者劳动过程的变化轨迹，包括他们不断转变的社会、经济和政治角色，以及当前社会转型给他们带来的困境、挑战和机遇。

本书在传播政治经济学的视野下，着重阐释了由社会转型引发的中国出版产业中三个不同却又相互关联的过程，即商品化、结构化和空间化过程，并考察了劳动组织和工会在当前的出版业改革中是否能有效代表编辑们的合法权益。本书希望通过这些对中国出版产业中知识工作者的政治经济学分析，帮助读者更好地理解中国自 20 世纪 70 年代末以来的宏观社会经济转型，特别是中国知识工作者们在这场转型中所处的权力关系网络与制度环境。

Jianhua Yao（姚建华），加拿大皇后大学（Queen's University）社会学博士，现就职于上海浦东干部学院，主要研究方向包括政治经济学、大众传媒和劳工问题。

Yu, LiAnne. *Consumption in China: how China's new consumer ideology is shaping the nation.* Cambridge: Polity, 2014.

中国的消费：新消费者意识正在怎样塑造这个国家

中国的消费活动正以前所未有的速度变化。在计划经济时代，国家几乎管理着从日常生活必需品到娱乐、媒体等所有方面的消费；而今天，货品单调、口碑不佳的国营商店已经让位于摆满各种产品的奢侈品商场和大卖场。

本书主要探讨的是，在中国这个世界上增长最快的经济体，消费者身份有着怎样的意义。作者不仅从多个角度描绘了消费增长对城市空间、社会状态、生活方式、身份及言论的影响，也探讨了中国消费者行为发展的普遍性和独特性，调查了中国消费市场与世界上其他已成熟的消费市场存在的差异。在令人震惊的中国消费市场统计数据之外，本书还讲述了一些关于消费者个体的故事，凸显了消费行为背后的情感和社会因素。

对于有兴趣深入了解商品化浪潮中中国消费者面临的推动因素和阻碍因素的研究者和专业人士来说，本书具有独特的参考价值。

LiAnne Yu，美国独立消费顾问，专长为新兴市场研究，曾为微软、谷歌、惠普、易趣、时代华纳等客户提供消费研究服务。

Zhang, Jijiao; Duncan, Howard. *Migration in China and Asia: experience and policy*. Dordrecht: Springer, 2014.

中国和亚洲的移民：经验与政策

长期以来，移民研究一直是由经济、社会和地理研究者主导的学科领域，而本书则从人类学或民族学的视角切入这一领域。本书还用一些理论性较强的章节说明了研究亚洲国家移民问题的最重要原因：在不久前，移民研究已经在欧洲向北美移民的经验基础上，发展完善了其理论观点，而现在亚洲移民现象则对它提出了新的理论挑战。因此，本书致力于增进对全球移民现象的把握，从多个主题、以多种方式分析东南亚和东亚的移民现象，对有趣而又令人意外的亚洲移民现象提出了一些独到见解。

本书提醒人们注意移民统计研究中往往遭到忽视的移民生活细节、移民现象的经济学问题，或更令人熟知的城市地理方面的问题。作为一部实证研究，本书详尽地描述了诸多有趣细节，如寻求避难者采取的策略、婚姻移民现象、母语在教育中的作用、少数民族企业家的工作方式、媒体在维系华人社群方面发挥的作用，以及有助于鼓励回国潮的激励措施。

Jijiao Zhang（张继焦），中国社会科学院民族学与人类学研究所民族社会研究室主任，主要研究方向为企业人类学、都市人类学、生态环境研究。

Howard Duncan，加拿大公民及移民局国际大都市组织（the Metropolis Project at Citizenship and Immigration Canada）执行总干事，研究方向为移民融合理论、多元文化主义理论、全球化与移民。

Zhao, Yong. *Who's afraid of the big bad dragon? Why China has the best (and worst) education system in the world.* San Francisco: Jossey-Bass, a Wiley brand, 2014.

谁害怕大恶龙?：为什么中国有世界上最好的（和最坏的）教育体制?

中国中学生在经济合作与发展组织（OECD）主办的国际学生评估测试（PISA，The Programme for International Student Assessment）中多次取得优异成绩，由此成为世界教育界的领头羊。美国教育工作者对此感到震撼，认为要学习和借鉴中国的教育体制，以维护美国教育强国的地位。美国学校很多改革措施的确借鉴了中国教育体制，例如更重视标准化测试，日益强调阅读和数学等核心科目的重要性。然而，在追随中国脚步的同时，美国人也在质疑，这是否是一个正确的方向。

本书作者生长于四川，在国内任教多年，对中国文化和教育有着独到见解。从中美教育比较研究的视角，本书指出了中国教育体系的优势和弊端。本书详细生动地揭示了中国教育体制的矛盾性：一方面，中国培养出了在阅读、数学和科学科目的世界比赛中取得高分的学生，而另一方面，中国的家长、教师和官员们却对教育体制感到不满，普遍对西方教育抱有更为欣赏的态度。结合案例和数据，本书细致入微地考察了中国的教育体制，同时也冷静地分析了存在的问题。

Yong Zhao（赵勇），美国俄勒冈大学教育学院（College of Education, University of Oregon）副院长、教授，国际教育学会（International Academy of Education）研究员，研究领域主要包括信息技术在教育中的应用、计算机辅助语言教学、教育国际化、网络学习环境及信息技术教育，目前主要关注21世纪全球化和数字革命背景下的学校发展战略研究。

Zhou, Kate Xiao; Rigger, Shelley; White, Lynn T., III. *Democratization in China, Korea, and Southeast Asia?: local and national perspectives.* London: Routledge, 2014.

中国、韩国和东南亚的民主化：地方与国家的视角

东亚地区快速的经济多元化使地方以及某些社会中间群体的实力都得到了提升。在此背景下，有必要重新思考一些常见观点，例如关于“民主”如何产生或者“公民”如何获得更多权力的观点。对中国、韩国和东南亚当前发展的反思表明，人们对于民主和民主化的理解已经有必要进一步拓展了。

本书首先研究了在诸多实施竞争性选举的亚洲国家和地区（韩国、中国台湾地区、印度尼西亚、马来西亚、菲律宾和泰国）“民主”含义的极大差异。随后，本书将重点转向中国，分析了推动中国政治变革的一系列基层力量，并指出了中国政治改革进程的加速器和制动器。本书认为，中国政治模式的未来既根植于内部因素，也受到外部因素的影响，如其他东亚国家、国内各地方以及各个行业都对当今中国政治形成制约。

本书挑战了思考和评价地方政治机制以及国家政体的传统方式，论证了从亚洲的经验来看，民主及其初始状态的实现形式比大多数自由主义者所想象的要更加多样。本书通过回顾东亚各国近年来的经验证明，东亚国家的民主和民主化与西方国家的相似性比“标准”民主化理论所以为的要少得多。

Kate Xiao Zhou（周晓），美国夏威夷大学（University of Hawaii）政治系教授，主要从事东亚政治经济学、发展经济学等领域的教学研究。

Shelley Rigger，美国戴维森学院（Davidson College）政治学教授，主要从事东亚政治研究与教学。

Lynn T. White III（白霖），美国普林斯顿大学政治学与国际事务专业荣誉教授，中国华南理工大学公共政策研究院荣誉教授、国际顾问委员会委员，主要从事中国政治、比较改革和比较组织研究。

经济·资源·发展

Abrami, Regina M.; Kirby, William C.; McFarlan, F. Warren. *Can China lead?: reaching the limits of power and growth.* Boston, Massachusetts: Harvard Business Review Press, 2014.

中国能否领导世界?:抵达权力和增长的极限

30多年来,中国一直保持着接近10%的经济增长率,取得了非凡的经济发展成就。而如今,中国面临的一系列重要挑战很可能给它的发展带来深远影响,比如中国企业问责制和透明度问题,以及受到打击的高层腐败,这些问题使国内外经营者对“中国模式”的前景更加关注。本书正是针对上述问题,解析其深刻的历史和机制渊源。

本书根据作者在哈佛商学院开设的热门课程编写,汇集了30多个中外公司在华业务案例,包括招商银行、中国移动、万向集团、微软等。本书针对中国发展面临的挑战指出,中国私营部门的发展是中国经济可持续增长的源泉,但在当前环境下还面临很多困难;不仅如此,虽然中国也致力于研发,并确实通过技术改良实现了一些创新,但由于相关机制有待进一步完善,中国的研发活动在突破性创新上的能力仍有不足。

本书经由其案例研究引出了一个关键问题:中国能领导世界吗?本书认为,中国正处在一个不容忽视的转折点上,虽然中国在基础设施、创业和教育领域大步迈进、颇有值得称道之处,但中国还需要深化改革,解除制约长远发展的阻碍。

Regina M. Abrami(雷影娜),美国宾夕法尼亚大学(the University of Pennsylvania)沃顿商学院管理系高级研究员、政治科学高级讲师,劳德管理与国际研究所全球项目主任。

William C. Kirby(柯伟林),美国哈佛大学T. M. Chang中国研究教授、哈佛商学院史宾格勒家族工商管理教席教授,哈佛中国基金主席。

F. Warren McFarlan,美国哈佛商学院贝克基金教授及工商管理阿尔伯特·戈登教席荣休教授。

Bergsten, C. Fred et al. *Bridging the Pacific: toward free trade and investment between China and the United States.* Washington, D. C.: Peterson Institute for International Economics, 2014.

连接太平洋：迈向中美自由贸易与投资

随着亚洲、欧洲和北美开始谈判新的贸易协议，世界贸易体系的版图正在发生变化。然而，这些谈判并没有包含世界上最大的两个经济体——中国和美国。中美之间的自由贸易和投资协议可以给中美两个经济体带来巨大收益，也有助于维护世界其他地区的安全和福祉，本书所做的开创性研究正是致力于探讨这一复杂问题的效益和障碍。

本书共分六个部分，除序言和结论外，正文部分主要探讨了潜在的自平衡独立协议、潜在的泛化协议的组成部分、投资集群、平行议题等内容。本书指出，太平洋两岸的中美两国都将从双边自由贸易和投资协议中大受裨益，若能通过全面推进或针对核心问题逐步谈判的方式实现更高程度的中美贸易投资一体化，两国都有望在应对内部经济挑战方面取得进展，比如美国可以借此缓解低储蓄率问题。此外，本书还呼吁美国推动对于中美协议至关重要的中国服务业自由化，并指出，诸如网络情报、货币操纵等容易引发争议的问题可通过并行的谈判而非中美协议本身来解决。

C. Fred Bergsten，美国彼得森国际经济研究所（the Peterson Institute for International Economics）高级研究员及名誉理事，兼任美国总统贸易政策谈判顾问委员会（the President's Advisory Committee for Trade Policy and Negotiations）成员、印度—美国贸易政策论坛私营部门顾问团联合主席（the Private Sector Advisory Group to the U. S. -India Trade Policy Forum）。

Bian, Jing. *China's securities market: towards efficient regulation.* London; New York: Routledge/Taylor & Francis Group, 2014.

中国证券市场：迈向高效监管

本书分析了中国证券市场的发展，并评估了中国大陆、英国以及中国香港的信息披露制度。

中国证券市场已经在一个相对较短的时期内建立起来，并取得了明显进步。然而，由于信息披露监管机制仍处于发展之中，中国证券市场仍在发展的初级阶段。本书审视了中国大陆、英国以及中国香港的上市公司、证券交易所、证券公司、金融中介机构、金融监管机构以及投资者保护体系，特别着眼于证监会的作用和功能，对中国证券市场信息披露制度的过去和现在进行了详细说明和评估。通过探讨证券市场存在的问题、剖析问题背后的具体原因，本书提出了一系列完善证券监管的方法，特别是中国信息披露体系的完善方法。

Jing Bian（卞静），任教于英国伦敦大学亚非学院（SOAS, University of London）法律与社会科学系。

Chen, Yaning. *Water resources research in Northwest China*. Dordrecht: Springer, 2014.

中国西北水资源研究

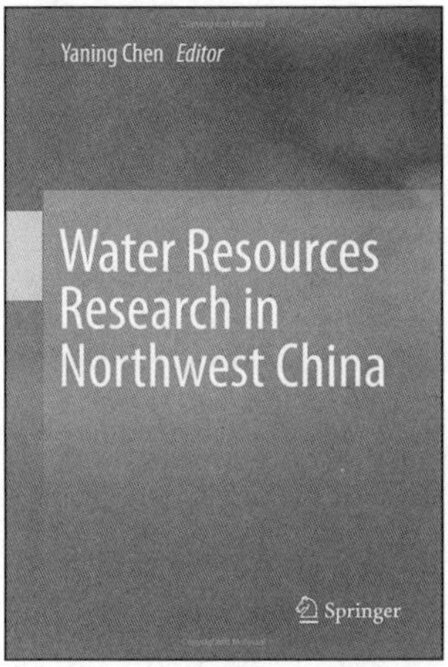

本书研究了气候变化对世界最大旱区之一——中国西北广阔干旱区的水文与水资源可能带来的影响。

本书各章内容包括：第一章初步探讨了中国西北地区的自然地理和社会经济条件；第二章至第七章讨论了中国西北地区气候和水文系统的变化，并通过遥感、地理信息系统、统计分析的测量，评估了这些变化对积雪、冰川的潜在蒸发量、水文周期和时空变化的意义；第八章和第九章聚焦于模型描述与实验设计，通过田野调查和电脑模拟，解释水文气候过程，强调水、气候和陆地生态系统的统一性；第十章调查了一些极端水文事件，提出了一种特别的研究方案，即用历史趋势法来调查中国西北部极度干旱区不断变化的温度和极端降水事件包含的时空变异性；最后一章讨论了可持续流域治理应采用的策略。本书对了解世界其他干旱区也具有实用性。

Chen Yaning（陈亚宁），中国荒漠与绿洲生态国家重点实验室（中国科学院新疆生态与地理研究所）主任，中国科学院绿洲生态与荒漠环境重点实验室主任、新疆生态与地理研究所绿洲生态与绿洲农业研究室主任，973 首席科学家。

Cheng, Chu-Yuan. *China's economic development*, 1950 – 2014: *fundamental changes and long-term prospects.* Lanham: Lexington Books, 2014.

中国的经济发展，1950—2014：根本转变和长远前景

郑竹园教授研究中国大陆经济长达50多年，本书正是他对当前全球瞩目的中国经济改革的研究成果。

本书全面研究了1950—2014年的中国经济发展，提供了对这一主题的综合性论述以及时下最新的分析。书中涉及议题较为广泛，包括：影响中国经济发展的文化因素及意识形态因素等；中国从计划经济向市场经济转变的进程；中国的机械制造业，以及科研人才、工程人才的情况；21世纪中国新的发展计划，以及"无声革命"的过程与结果；包括中美、中日经济关系在内的国际经济关系，以及中国加入世贸组织；海峡两岸经济关系与大中华经济圈的形成；21世纪及以后中国经济发展的长远前景。

Chu-Yuan Cheng（郑竹园），美籍华人、著名经济学家，美国波尔州立大学经济学名誉教授，主要研究兴趣为比较经济体系、经济理论史和经济发展，尤其关注中国大陆经济发展。他已出版中、英、日文专著40多种，在《纽约时报》（*New York Times*）及《中国季刊》（*China Quarterly*）等权威刊物上发表论文近千篇。由于其精深的经济学造诣，郑竹园教授受到中外广泛尊重，并多次为中国经济发展建言献策。

Dutta, Dilip. *Inclusive growth and development in the 21st century: a structural and institutional analysis of China and India.* New Jersey: World Scientific, 2014.

21 世纪包容性增长与发展：中国和印度的结构与制度分析

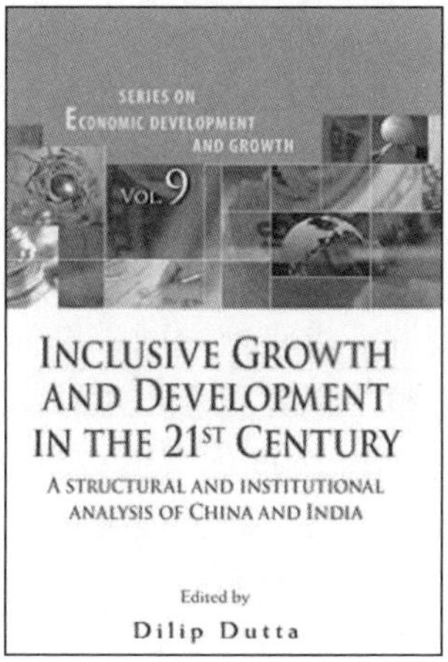

本书通过各种渠道大量采集中国和印度两国最新经济数据，对其中涉及的包容性增长问题，特别是对某些社会经济领域、某些地理区域或整体经济体系中缺乏包容性的现象进行了批判性分析。

全书分为三个部分：首先，回顾和反思了发展经济学研究中结构主义和制度主义的融合现象；其次，从结构和制度的角度对当今中国经济增长进行分析，不仅将对中国经济增长的讨论重点转移到质量而非速度上来，还讨论了与包容性增长相关的地区不平衡影响因素、国有企业财务与包容性增长的关系、中国服务业部门增长等议题；最后，同样从结构和制度的角度对当今印度经济增长进行分析，讨论了印度信息产业地区增长的社会经济动力、印度妇女职业问题、安德拉邦包容性增长倡议等议题。

本书结合中国和印度两国包容性增长的案例分析，有力地论证了结构与制度因素不仅是相互关联的，其互动模式也总是处于变化之中，就此而言，经济增长与国家经济发展的过程自然是动态、有机的。这一特征在中印两国经济转型期更为明显。

Dilip Dutta，澳大利亚悉尼大学（University of Sydney）经济学院副教授，悉尼大学中国研究中心执行委员会成员及南亚研究小组主任，《国际发展问题杂志》（*International Journal of Development Issues*）创始编辑，研究兴趣包括应用经济学、发展经济学、发展中国家经济发展政策等。

Economy, Elizabeth C.; Levi, Michael. *By all means necessary: how China's resource quest is changing the world.* New York: Oxford University Press, 2014.

利用一切必要手段：中国的资源需求怎样改变着世界

在过去30年里，中国从一个农民占人口多数的贫穷国家，发展成了一个中产阶级不断扩大、大城市数目达到全球首位的经济强国。这种巨大转变自然需要大量资源，于是，中国也开始像现代史上其他大国一样，向外寻找资源。

本书全面介绍了中国的资源需求将把中国带至何方，以及这种需求对中国乃至整个世界将会产生什么样的影响。中国现在致力于在全球范围内寻找燃料、矿石、水以及农业用地，开发其经济、政治以及军事领域所需的任何资源，确保能源、资源安全。与此同时，中国军方力求保障海上安全，中国外交官也在努力维护国家的海外利益。中国在全球范围内寻找自然资源、重组市场、推动商品价格的行为，在改变世界的同时也改变了自身：通过投资和贸易，中国正转变为资源丰富的国家，而中国企业越来越多地进行海外投资，他们必须学会应对国外各种政治制度、参与国际市场、采用外国标准和做法，这对中国国内也产生了深远的社会和政治影响。

Elizabeth C. Economy（易明），美国对外关系委员会亚洲研究中心主任、高级研究员。

Michael Levi，美国对外关系委员会莫里斯·格林伯格地缘经济研究中心（the Maurice R. Greenberg Center for Geoeconomic Studies）主任、能源和环境问题高级研究员。

Gallagher, Kelly Sims. *The globalization of clean energy technology: lessons from China*. Cambridge, Massachusetts: The MIT Press, 2014.

清洁能源技术的全球化：来自中国的经验教训

清洁能源技术的发展与应用已经成为全球现象。然而，即便能源相关产品在国际贸易中的比重已经超过10%，决策者、学者以及商界人士仍然认为，这些新兴技术在全球的扩散面临着诸多障碍，比如知识产权因素、贸易壁垒，还有发展中国家有限的技术和资金来源等。

本书采用来自中国太阳能光伏发电、燃气轮机、先进电池、煤气化等行业的案例，分析了清洁能源技术转移存在的障碍和激励因素。本书研究表明，技术障碍并非如很多人想象的那样令人畏惧，这些技术已经通过外商直接投资、授权许可、合作研发以及其他途径跨越了国界；侵犯知识产权也并非像商界领袖们担忧的那样普遍，现实情况是可控的；同时，发展中国家在合法获得技术方面表现得相当睿智；融资同样不是问题，特别是新清洁能源技术与传统技术展开竞争时更是如此。本书指出现存的最大障碍是缺乏合理的政策激励措施，而书中案例也表明，如果在市场的基础上形成有效的政策激励，是可以释放全球市场动力的。除了对能源产业的政策价值，本书研究结论还具有独特的理论意义——作者提出了一个新的全球技术扩散模型，并对技术转让理论中的某些因素提出了质疑。

Kelly Sims Gallagher，美国塔夫茨大学（Tufts University）弗莱彻学院能源与环境政策专业副教授、国际环境与资源政策中心主任，曾于2014—2015年度担任美国白宫科技政策办公室高级政策顾问，研究兴趣包括中美能源与气候变化政策、技术创新进程、科技与公共政策的交叉融合等。

Gupta, Anil K.; Pande, Girija; Wang, Haiyan. *The Silk Road rediscovered: how Indian and Chinese companies are becoming globally stronger by winning in each other's markets.* San Francisco: Jossey-Bass, 2014.

重新发现丝绸之路：印度和中国公司如何通过赢得彼此市场而在全球变得更强

到2025年，中国和印度将在世界最大的四个经济体中占据两席，届时，两国经济关系也将成为世界上最重要的十大双边关系之一。本书是认识中国所面临商业挑战与机遇的路线图，也是首部研究中印两国日益紧密的商业联系的专著。

如今，印度的马恒达拖拉机有限公司已经是中国第五大拖拉机生产商，塔塔汽车公司的捷豹、路虎系列在中国是销量增长最快的豪华车品牌，印度国家信息技术学院也成为在中国极有影响力的信息技术培训机构；与此同时，中国的华为公司在班加罗尔建立了其第二大研发中心，在印度雇有五千多名员工，上海电气公司也在印度收获了海外市场的最高利润。正如这些发展所表明的那样，中印两国最前沿的企业正再次发掘古时候曾将中印联结在一起的、传说中的丝绸之路，赢得彼此的市场不仅令他们自身更为强大，也刺激了他们在全球扩张的抱负。

本书分析了塔塔咨询服务公司、马恒达拖拉机有限公司等印度企业在中国市场的发展历程，为其他印度企业提供借鉴；与之呼应，中国的联想、华为、特变电工等企业也致力于发展印度市场，并已取得初步成效。本研究得出结论，如果企业管理者能运用全球视野制定发展规划，并善于在实践中积累经验，企业取得成功的概率会大幅上升。

Anil K. Gupta，美国马里兰大学史密斯商学院（The University of Maryland's Smith Business School）战略与全球化研究主任，世界经济论坛全球议程理事会（the World Economic Forum's Global Agenda Council）成员。

Girija Pande，印度最大的战略咨询公司 Apex Avalon 新加坡分公司执行主席，曾任塔塔咨询服务公司（Tata Consultancy Services）亚太地区主席兼首席执行官。

Haiyan Wang，中国印度研究所（China India Institute）管理合伙人，曾任英士国际商学院（INSEAD）战略研究副教授。

Kimura, Koichiro. *The growth of Chinese electronics firms: globalization and organizations.* New York: Palgrave Macmillan, 2014.

中国电子企业的发展：全球化与组织

全球化对发展中国家本土企业的发展有益吗？现有研究认为，这些企业的发展有赖于通过贸易和投资等国际经济活动实现的、从发达国家流向发展中国家的技术扩散。但是，现实情况可能有所不同：在技术没有实现完全扩散的情况下，中国本土企业仍然实现了快速发展。本书正是从机构组织的层面勾勒了中国电子公司的独特发展方式。

本书评估了中国电子产业这一快速发展的制造业领域，同时，也通过它与中国市场上外国企业的对比，提供了一个系统理解中国本土企业组织形式的途径。尽管中国本土电子企业与外国企业之间存在技术差距，但它们通过采用外部技术，并发挥其熟悉国内市场情况的优势，抵消了这一差距，从而实现了增长。本书由此为本土企业组织形式提供了一个最佳选择，指出了企业组织实现多样化的三个因素，即技术差距、外部技术和内部知识。

Koichiro Kimura（木村公一朗），日本贸易振兴机构亚洲经济研究所（the Institute of Developing Economies, Japan External Trade Organization）副高级研究员，美国布兰迪斯大学（Brandeis University）访问学者，曾于2005—2007年间在中国社会科学院做访问学者；其研究关注中国公司对全球经济的影响，特别是中国对外直接投资和创新的影响。

Li, Minqi. *Peak oil, climate change, and the limits to China's economic growth.* Abingdon, Oxon: Routledge, 2014.

石油峰值、气候变化以及中国经济增长的极限

中国已经取代美国成为世界上最大的能源消费者和温室气体排放者。中国的能源消耗主要来自煤炭，这使得中国在世界二氧化碳排放总量中占了四分之一的比例。此外，下一个十年内，中国还将成为世界上最大的石油进口国。

本书深入研究了化石燃料的消耗及气候稳定性的需求给经济增长带来的限制，并特别关注中国这方面的情况。本书调查了不同能源资源的潜力和能源效率，包括石油、天然气、煤炭、核能、风能、潮汐能及其他可再生能源，并提出了一种与众不同的观点，即，尽管可再生能源拥有巨大潜力和很高的能源效率，但当世界从化石燃料转向可再生能源时，经济增长终究会被导向一个终结点。本书还深入思考了经济社会变化的广阔背景下，特别是资本主义世界体系历史变迁背景下的能源发展问题。在探讨历史教训的基础上，本书评估了经济体系发展面临的生态限制的意义，并论证了现存资本主义体系从根本上与生态可持续性的不相容性。

Minqi Li（李民骐），美国犹他州立大学经济学系副教授。

Minami, Ryoshin; Makino, Fumio; Kim, Kwan S. *Lewisian turning point in the Chinese economy: comparison with East Asian countries.* Basingstoke: Palgrave Macmillan, 2014.

中国经济的刘易斯拐点：与东亚国家的对比

近年来，围绕中国劳动力市场一直存在着激烈争论，许多经济评论家认为，随着中国沿海和城市地区出现“民工荒”、农民工工资上涨，中国经济发展已经度过了“刘易斯拐点”。本书则对此提出了质疑。

本书仔细审视了中国劳动力市场的历史演进，从理论和实证的角度全面分析了“刘易斯拐点”下中国劳动力市场的结构变化。此外，书中还将对中国劳动力市场的综合研究与其他东亚及南亚国家的经验进行了对比，如日本、韩国、印度尼西亚等国。通过上述研究，本书得出的结论是，中国农村仍然存在剩余劳动力，而城市产业也面临着劳动力持续短缺；调查结果还显示，中国经济发展过程中收入分配状况恶化是由于剩余劳动力的存在，以及制度性改革的不足。

Ryoshin Minami（南亮进），日本一桥大学经济研究所教授。

Fumio Makino（牧野文夫），日本法政大学经济学教授，研究经济史、日本经济、东亚国家经济发展。

Kwan S. Kim，美国圣母大学经济学名誉教授，研究发展经济学和全球政治经济。

Moe, Espen; Midford, Paul. *The political economy of renewable energy and energy security: common challenges and national responses in Japan, China and Northern Europe.* Houndmills, Basingstoke, Hampshire; New York, NY: Palgrave Macmillan, 2014.

可再生能源与能源安全的政治经济学：日本、中国以及北欧的共同挑战及国家对策

本书是挪威科技大学日本项目的首个政策研究成果。该项目旨在分析日本、中国与其他先进工业国家共同面临的政策挑战，能源安全与可再生能源利用问题正是其中之一。

本书选取了日本、中国和北欧这几个典型国家（地区）作为主要研究对象。其中，日本是一个能源短缺国家，并仍然受到2011年福岛核电站泄漏事故余波的影响；中国作为发展中国家，其可再生能源发展能力的增速已超过世界上任何其他国家；北欧则一直是非常重视可再生能源发展的地区，但其中既有丹麦和德国这样走在世界风能与太阳能发展前列的国家，也有像挪威这样仍然以石油为经济发展基础的国家。

本书从政治学和政治经济学视角出发，将关注技术变革的工程学、自然科学的观点，与关注技术如何影响社会、社会又如何反作用于技术的社会科学观点结合起来，深入分析了对象国（地区）可再生能源、能源安全以及可再生技术的发展状况。通过比较不同国家（地区）的经验，本书探究了其中形成障碍和带来成功的因素，也解释了某些国家在可再生能源利用上尤为成功的原因。

Espen Moe，挪威科技大学（Norwegian University of Science and Technology）副教授，主要研究方向包括经济结构变革的长期过程、能源政策与调整、可再生能源等。

Paul Midford，挪威科技大学教授、日本项目主任。

Rambourg, Erwan. *The bling dynasty: why the reign of Chinese luxury shoppers has only just begun.* Singapore: Wiley, 2014.

珠宝王朝：为何中国奢侈品消费者的统治才刚开始？

在中国大力治理腐败的背景下，媒体对世界奢侈品消费市场的前景做出了消极评估，很多观察家甚至开始怀疑中国的消费能力是否可以继续驱动世界奢侈品市场。那么，近年来中国奢侈品消费放缓的趋势究竟是值得担忧的预兆，或者仅仅是未来发展道路上的一个微小阻碍呢？

针对这一问题，本书不仅阐释了中国市场消费能力毋庸置疑的理由，还坚信中国奢侈品消费即将成为世界奢侈品市场的主导力量。本书指出，中国奢侈品消费的近期趋势实属正常现象，无须太过担忧；据其预测，2015 年中国奢侈品消费将占据全球销售额的35%，而到了 2025 年，这个比例将上升至 50%。本书相信，某些品牌经营者对中国市场的质疑，很可能是想要减轻对华依赖性的一种心理安慰，但实际上，奢侈品已经变得极度依赖中国市场了。

本书作者采访了诸多品牌高管、零售商、专家和消费者，并将其观点融入行文。根据他们的建议，企业应当了解和解决中国对奢侈品市场的支配性带来的新挑战。因此，本书各章节从不同的视角谈及奢侈品消费的各个层面，辅以插图和实际案例，揭示了西方品牌在亚洲的发展及面临的挑战、中国人在国外购买奢侈品的原因及对该行业未来的影响，以及没有中国奢侈品牌挑战西方模式的原因；基于这些深入分析，本书对世界奢侈品市场的蓬勃发展以及中国消费能力进行了全面审视，提供了新的研究观点。

Erwan Rambourg，香港汇丰银行（HSBC in Hong Kong）总经理，消费及零售行业研究主管。十多年来，他一直是该银行奢侈品与体育产品部门顶级分析师，在奢侈品行业市场研究上卓有成效。

Rein, Shaun. *The end of copycat China*: *the rise of creativity*, *innovation*, *and individualism in Asia*. New York: John Wiley & Sons, Inc. , 2014.

山寨中国的终结：创造力、创新和个人主义在亚洲的崛起

中国产品曾经长期被冠以“山寨”的帽子，如今这一固有形象有望被打破了。为了实现可持续发展，中国改变了发展策略，使经济增长从以投资出口驱动转向以服务和消费驱动。2013 年中国经济增长的一半来源于消费，中国政府正在上海建立自由贸易区，并逐步加强市场主体的多样性。

基于对企业家、风险投资家、私募投资者、中国私营企业、跨国公司进行的五万次访谈，本书描述了中国企业是如何越来越专注于创新而非单纯模仿美国产品的，以及消费者是如何与其期待、梦想和愿望共同前进的。本书不仅从内部视角展示了中国经济领域的创新，思考了应当采取何种模式来取代已经落后的原有增长模式，审视了在市场快速演进中涌现的消费趋势，还解析了中国崛起对邻国（如日本、越南、印尼、柬埔寨）的影响。

本书研究指出，外国企业能够在中国经济形势的剧烈变化中获得巨大机遇，但是传统战术已经过时了，因为来自中国本土的竞争者已经开始关注创新，向着价值链上游攀爬，而消费者们也在寻找新的消费品牌和类别——这意味着，想要跟上不断变化的监管和消费环境，就需要制定新的战略了，“一切照旧”是走不远的。本书围绕中国经济形势变化，为企业和投资者提供了一个新兴趋势路线图，也提供了关于中国创新情况的深刻见解和务实指导。

Shaun Rein（雷小山），世界顶级的战略市场情报公司——中国市场研究集团（China Market Research Group, CMR）创始人兼总经理。

Roach, Stephen S. *Unbalanced: the codependency of America and China*. New Haven: Yale University Press, 2014.

失衡：美国与中国的相互依存

在新的经济形势下，中美关系存在什么问题、需要怎样进行调整，一直是相关领域的研究热点。本书是美国著名经济学家探讨该问题的新作，表述了其独特观点。

本书认为，几十年来，中美两国凭借相互依赖建立了一种“权宜”式经济关系，这一方面确保了美国有巨大的出口市场，另一方面，作为交换，中国向美国提供廉价商品，并大量购买美国国债。但事实上，这种关系并不怎么令人舒服，如果它长期维持下去，可能使得中美双边关系逐渐失衡。

本书认为，美国和中国都需要找到管理本国经济的新办法，尤其是在2008年经济危机后，原有的“权宜”式关系已逐渐走向尽头的情况下。近几年来，中国坚定地实施“再平衡”战略，而美国不仅没有恰当的改革策略，还开始改变对中国的期待；这种不对称的做法给相互依赖的两国关系带来了风险和挑战。本书建议，美国应寻求一种合适的转型方式（比如开始增加储蓄），而目前通过拉动内需实现转型的中国则应从改善社会保障体系入手。

Stephen S. Roach，美国著名经济学家，耶鲁大学杰克逊全球事务学院（Yale University's Jackson Institute of Global Affairs）高级研究员，摩根·斯坦利亚洲区（Morgan Stanley Asia）前主席，近年来主要研究亚洲对全球经济的影响。

Shao, Ken; Feng, Xiaoqing. *Innovation and intellectual property in China: strategies, contexts and challenges.* Cheltenham, UK: Edward Elgar, 2014.

中国的创新与知识产权：战略、环境与挑战

中国正在从以制造业为主的经济向创新型经济转型，但外国政府与企业对这种变化背后的微妙背景缺乏正确理解。本书融合了来自中国“局内人”的观点与国际学者的分析，以深刻的见解回应了与中国创新经济相关的错误论点。

本书由中国、澳大利亚、美国、英国以及爱尔兰的专家们共同完成，他们来自学术、政府和司法机构，研究主题涉及法律、经济、国际关系、政府政策、现实问题、工业调查和比较研究等广阔领域。本书试图揭示并理解阻挠中国创新型经济的复杂局面及挑战，阐述推动这场转型的文化和历史背景、根本战略，以及中国为了保护知识产权所采取的措施。本书内容翔实且独特，对中国创新政策、知识产权战略以及工业发展趋势都做出了卓有意义的研究。

Ken Shao（邵科），西澳大利亚大学（The University of Western Australia）法学院教授。

Xiaoqing Feng（冯晓青），中国知识产权法学研究会副会长，中国政法大学教授，知识产权法研究所所长。

Taylor, Monique. *The Chinese state, oil and energy security*. Basingstoke: Palgrave Macmillan, 2014.

中国政府、石油和能源安全

作为中国经济的战略组成部分，石油在推动中国经济增长、维护社会稳定方面发挥着至关重要的作用。因此，与非国有部门不同，中国的石油部门是不可能脱离计划经济体制而实现私有化的。中国政府通过其制度能力和政策手段——即中国石油公司及其他强大的中央计划经济机构，维持着这种由国家主导的能源安全模式。

本书分析了从计划经济向市场经济转型的大背景下，中国国家主导式（或新重商主义式）石油战略的政策逻辑和制度基础，以及这一战略的发展情况。本书追溯了1949年至今中国石油产业的发展轨迹，将其分为1949—1977年石油自足的社会主义时期、1978—2002年石油部门的分散与私有化时期，以及2003—2013年间中国石油能力再建时期。历史追溯提供了一种精英主导式的制度变革论，它表明，中国执政党和政府在石油产业的战略发展方向上仍然保留相当大的影响力，其权威在过去的十年间得到了进一步增强。

Monique Taylor，新加坡南洋理工大学人文与社会科学院（School of Humanities and Social Sciences, Nanyang Technological University）博士后，曾任澳大利亚昆士兰大学政治学与国际研究学系（School of Political Science and International Studies, the University of Queensland）讲师。

Tong, Chee Kiong. *Chinese business: rethinking Guanxi and trust in Chinese business networks.* Singapore: Springer, 2014.

中国商业：反思中国商业网络中的“关系”和信任

本书探讨了中国商业网络取得突出成就的特性、制度基础，以及与之相关的一系列议题。通过探索中国商业网络中信任、人际关系与情感因素的性质，本书反思了诸如“关系”“信用”“感情”等重要概念。

关于中国商业研究的既有文献主要采用了两种研究路径：一是文化主义路径，主张用本质主义的说明方式来解释中国商业的成功；二是市场解释路径，认为中国商业本质上没有什么独特之处。在批判了这两派的研究方法和观点之后，本书根据从诸多国家收集到的丰富数据，以及中国商业运营的大量案例研究，采用了另一种研究路径——制度嵌入法，对中国商业以及商业网络的成败做出了独特解释。

Chee Kiong Tong（唐志强），新加坡国立大学社会学教授。

Wang, EurIng. Henry K. H. *Successful business dealings and management with China oil, gas and chemical giants.* London; New York: Routledge, 2014.

与中国石油、天然气和化工巨头成功交易

本书主要论述了如何成功地与中国石油、天然气和化工领域的大型企业开展交易，并就该主题提供了一些有关业务管理、合同谈判的真实商务案例。基于作者对中国石油、天然气和化工产业的广泛经验和见识，本书全面而切实地介绍了中国石油产业结构和重要石油企业，详解了中国的石油、天然气和化工市场，及其在全球最大的石油消费市场中的增长。此外，本书还考察了能源安全问题和减排战略下原油进口来源多样化问题。

本书还分析了中国最重要的国内和国际市场参与者，包括最大的国有和跨国石油企业。本书将注意力投向了中国最大的石油、天然气和化工企业，通过相关案例分析了它们的概况、业务、战略、领导者等。书中的商务案例分析主要致力于说明如何成功地与上述企业谈判和处理商务关系，以建立信任、促进合作，也说明了其中的风险和收益。

本书全面而广泛地介绍了中国石油和石化产业，有助于期待对华合作或投资的海外油气企业、个人更好地了解中国。

EurIng. Henry K. H. Wang，拥有丰富国内外高端商务经验的高级主管和国际顾问，曾在一流跨国企业和大型中外合资企业中担任董事和董事会职务，应邀为经合组织、发展中国家和国际机构提供咨询，在石油化工、天然气、清洁能源、战略、规划与技术等领域拥有超过30年的高级管理经验。

Wang, Jiangyu. *Company law in China: regulation of business organizations in a socialist market economy.* Cheltenham, UK; Northampton, MA, USA: Edward Elgar, 2014.

中国公司法：社会主义市场经济体制下的商业组织监管

现行《中华人民共和国公司法》于2005年10月27日经第十届全国人民代表大会常务委员会第十八次会议修订，自2006年1月1日起施行。该法对中国经济体制进行了多项改革，以鼓励创业、促进资本市场发展。

本书结合2005年通过的新《公司法》和中国最新的立法进展，对与商业组织相关的中国法律制度进行了全面的介绍。本书涵盖议题较为广泛，包括如何定义企业与企业组织形式、股东权利和法律补偿、公司的管理、公司金融、公司重大变化（包括并购、接管）、企业清算和破产以及最新的法规和商业惯例等，还特别介绍了在中国现有法律下，董事、监事和企业高管的具体工作。

本书由作者根据其在新加坡国立大学教授的课程“中国企业和证券法”以及其他相关课程发展而成，除了展现清晰有力的学理论析，还对中国独特的社会、政治和经济环境进行了深入思考。

Jiangyu Wang（王江雨），新加坡国立大学法学院副教授。1997—1999年在中国银行担任法务律师，曾参与多起重大诉讼及金融谈判，包括1999年作为中国代表参加联合国国际贸易法委员会有关公约的谈判，2006—2009年曾任教于中国香港中文大学。主要研究方向为国际贸易与投资法、国际金融法、国际商法、中国法律传统，以及中国公司证券法。

历史·思想·文化

Bachner, Andrea. *Beyond sinology*: *Chinese writing and the scripts of culture*. New York: Columbia University Press, 2014.

说文写字：汉字书写与文化的印迹

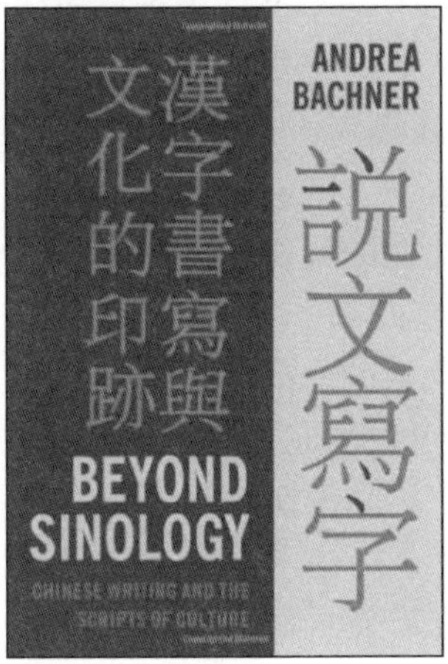

新的通讯和信息技术给汉字带来了显著挑战，也带来了独特的发展前景。这是因为，与字母或其他拼音文字不同，汉字是建立在多重表意规则之上的。在近几十年里，汉字的这种多样性在中西方文学、电影、视觉表演艺术、设计和建筑中得到了充分展现，形成了值得反思和研究的丰富语料库。

本书以批判的目光重审了一系列西方理论著作中对汉字书写体系的偏见，对大量汉语言文本做出了卓越的分析。本书从不同理论视角切入汉字书写史、对汉字进行反思，精确地分析了语言、字体、媒介表达、文化与民族认同之间的多重关联。通过对文化间表达、沟通与张力的综合研究，本书聚焦于文字书写的同一性和异己性，推进了对认同与媒介之间关系的理解，以及对单一、僵硬的书写形式的批判。

历史上，汉字书写在汉语和非汉语语境中都存在多种解读，在新媒体和全球化时代的今天，它也实现了自我革新。本书可以教导人们如何在多元文化背景下，更好地阅读、构建媒介与文化认同，以及如何审视、评论、赏析书写过程中的多元媒介创造性。

Andrea Bachner（白安卓），美国康奈尔大学比较文学副教授。

Bellezza, John Vincent. *The dawn of Tibet: the ancient civilization on the roof of the world.* Lanham, MD: Rowman & Littlefield, 2014.

西藏的黎明：世界屋脊上的古文明

本书基于实地考古、深入探访古老高原上的居民，从一个全新的视角展现了西藏的文化和历史，也革新了有关藏人起源的观点。

在数十年既有研究的基础上，本书利用种族学方法对大量考古发现、文献资料展开分析，描述了在青藏高原上存在过或仍存在的规模宏大的城堡、寺庙、陵墓群等遗迹，也讲述了许多动人的文学故事。这些真实的考古证据为研究西藏文明的起源和发展提供了一个有趣的视角。

本书作者是研究西藏文化史的前沿学者之一，也是著名的考古学家，在他开创性的研究之前，人们对史诗时期的西藏了解极少。他凭借与当地人的独特联系，带领探险队在过去几十年里走遍无数人迹罕至地区，在中国西部和北部高原上探访了数百个文化遗址，其中很多属于史前遗址。本书描述了佛教兴起前的繁荣西藏，对理解藏人世界产生了深远的影响。

John Vincent Bellezza，美国弗吉尼亚大学西藏中心（Tibet Center, University of Virginia）高级研究员，著名的考古学家和历史学家，主要关注西藏的佛教遗产和喜马拉雅地区文化。

Brashier, K. E. *Public memory in early China*. Cambridge, Massachusetts: Harvard University Asia Center, 2014.

早期中国的公共记忆

在大约秦汉时代的早期中国，人们对死者的铭记，是通过固定的表述形式与既有公共记忆联系在一起（而非通过吹嘘其与众不同的生前事迹）实现的。人们死后的名称选自一些预先设定的、源自儒家传统的固定表述，使其身份类比于文化传统中的英雄形象或上古先贤，由此被注入记忆模板，成为公共记忆的一部分。本书审视的正是这种中华帝国早期建构公共记忆的过程。

本书从一块名为“景云”的石碑入手，分析了中国古代将祖先置于预制模式和千篇一律的修辞中的过程。这块石碑热烈称颂了景云的成就，但又未提及细节；它将景云比拟于孔子或舜等先贤形象，使之进入公共记忆之中。本书指出，用套路化的修辞构建祖先的身份或许不符合现代个性理念，但对古人而言，将祖先的身份转换为一种公共形象，可使其简化、标准化，从而更长久地保存于公共记忆中。

本书可被视为一部有关早期中国身份认同的文化史，它在研究中华帝国早期公共记忆的基础上，将界定身份认同的三种因素（姓名、年龄与血缘关系）视为确立个体在公共意识中相对地位的途径，并考察了将身份认同嵌入汉代公共记忆结构中的有形（与无形）的媒介。

K. E. Brashier（白瑞旭），美国里德学院（Reed College）宗教学教授，长期致力于中国古代文化、公共记忆和宗教理论研究。

Cai, Liang. *Witchcraft and the rise of the first Confucian empire.* SUNY Press, 2014.

巫蛊之祸与儒家帝国的兴起

本书主要阐述了儒家帝国兴起的原因及实现过程，对儒家思想在中国汉武帝时期变得显赫的传统说法提出了质疑。

儒学是什么时候成为中华帝国占统治地位的政治思想的？一个普遍的说法认为，这一转变是在汉武帝统治时期（前141—前87）实现的。然而，本书认为这一说法还是不够准确，并为儒家地位的转变提供了新的解释。本书指出，司马迁《史记》中的一段隐晦叙事表明，儒家在汉武帝时期的政治领域仍然是一个影响力不足的少数派；著名的巫蛊之祸（前92—前87）导致西汉官场的权力结构重新洗牌，才为儒家提供了一个夺取权力、演变为新的精英阶层的良好机遇，并为此后数个世纪的政治话语奠定了基调。

Liang Cai（蔡亮），美国阿肯色州立大学（the University of Arkansas）历史系副教授。

Chin, Tamara T. *Savage exchange: Han imperialism, Chinese literary style, and the economic imagination.* Cambridge, Massachusetts: Harvard University Asia Center, 2014.

原始交流：汉帝国、汉语文学风格与经济想象力

本书探析了汉代（前206—220）特定重要时期的表述政治学。在那个时期，中国在欧亚大陆宣示了帝国权威，并拓展了本土与海外市场（“丝绸之路”）。

本书解释了为什么对立的政治派别会引入新的文学形式来描述新拓展的市场：为了推进对这些市场的描述，一些思想家创新了叙事形式和文学体裁；相反，传统主义者则重申经典文本的权威，倡导回归到其中描述的那种以伦理为中心、以婚姻为基础的农业经济。在此背景下，对边疆和市场的探讨成为对现实世界和文字描述之间关系的更广泛争论的一部分。汉代的这些争论帮助确立了今人界定和鉴赏早期中国文献的方式，并构成了中国经济思想的基础文本。

本书的每一章分别考察了一种思想流派重塑政治经济描述的重要体裁，或具有象征意义的实践（如哲学、诗赋、史学、金钱、亲属关系）。不仅如此，本书还将人所共知的文本与最新发掘出的文献、图像资料结合在一起，详细阐述了理解中国经济思想文献和文化的新途径。

Tamara T. Chin，美国布朗大学（Brown University）比较文学副教授。

Dong, Hongyuan. *A history of the Chinese language.* London; New York: Routledge, 2014.

简明汉语发展史

语言是人类交流的工具，也是民族的重要特征之一，在它的帮助下，人们才能保存和传承社会文明成果。中华文明之所以成为世界上唯一不曾中断的文明，正是因为中国语言所发挥的不可替代的作用。汉语言的发展源远流长，其中文言文作为官方书面语言，曾在两千多年的历史长河中散发出夺目的光辉。了解汉语发展过程中音韵、语义、句法的历史演变，对汉语学习大有裨益。本书即为系统介绍汉语发展历史的一部著作。

全书内容分为四个部分：第一部分，简述了汉语的起源和发展，指出汉语源于汉藏语系，并经历了“上古汉语—中古汉语—近代汉语—现代汉语”的发展历程；第二部分从音韵角度，以《论语》、唐诗和《马可·波罗行纪》为例，分别论述了上古汉语、中古汉语和近代汉语的发音特点；第三部分，围绕文言文语法和白话文书写，在众多哲学、历史、文学、宗教书籍中找寻例证；第四部分则论及语言多样性，介绍了现代标准汉语和现代汉语方言，包括湘语、赣语、客家语、粤语、闽语等。

Hongyuan Dong（董红源），美国乔治·华盛顿大学（The George Washington University）汉语语言学助理教授，研究兴趣主要在于形式语义学，比如疑问句的语义学、焦点语义学、形容词、量化词等等，最近的研究项目在于语义语音界面研究。

Ebrey, Patricia Buckley. *Emperor Huizong*. Cambridge, Massachusetts: Harvard University Press, 2014.

宋徽宗传

北宋的靖康之难让宋徽宗的形象染上了浓烈的失败者色彩。1127 年，宋徽宗及其子宋钦宗被南下的金国军队俘虏，北宋随之灭亡，而他们也在被金国囚禁九年后死于牢狱之中。

本书是第一本全英文的宋徽宗传记。作者在大量前期研究的基础上，试图描绘人物的复杂性，细致入微地勾勒出宋徽宗的形象。与传统观点不同的是，本书认为宋徽宗并非一无是处的君主，相反，他是个野心勃勃的统治者。本书重述了宋徽宗在位 25 年的事迹，比如，他曾推行行政制度改革，注重教育、扩展慈善事业，广建医院、孤儿院及穷人墓地等；不可忽略的还有宋徽宗作为杰出艺术家的身份，众所周知，他个人艺术修养极高，其书画作品对后世影响深远；此外，本书认为，道教在徽宗的政治生命中扮演了重要角色，他曾亲自对道教经义进行阐述，并将道教精神内化到统治行为中，但他对这种神化王权的道教观的痴迷疏离了儒家主流，大大损害了其统治根基。

在过去了许多个世纪之后，宋徽宗仍然能同时激起人们对他的钦佩和批判之情；本书则运用生动的语言重新描绘了宋徽宗的生平，更深刻地推进了对这个充满激情和矛盾的统治者的理解。

Patricia Buckley Ebrey（伊佩霞），美国著名汉学家，美国华盛顿大学（University of Washington）历史学教授，主要研究领域为早期中华帝国史、宋史，尤其擅长从妇女、家族和社会等视角展开研究，其于 1993 年出版的《内闱：宋代妇女的婚姻与生活》（*The Inner Quarters: Marriage and the Lives of Chinese Women in the Sung Period*）一书，堪称海外中国妇女史研究的开山之作。

Fiaschetti, Francesca; Schneider, Julia. *Political strategies of identity building in non-Han empires in China*. Wiesbaden: Harrassowitz Verlag, 2014.

中国历史上非汉族帝国身份构建的政治策略

一直以来，研究者分析非汉族王朝在中国历史上的角色时，常常会因为非汉民族逐渐被汉民族所同化或汉化的现象，而忽视了对非汉族的民族性和文化性的客观研究。如今，这种过于倾向汉族的理论正逐渐遭到质疑和反驳，许多学者针对中国历史上的非汉族王朝提出了新的见解。本书正是基于相关学术发展，试图从新的视角分析中国历史上非汉族统治者特点的著作，提出了挑战近代史传统研究的一系列新论点。

本书详细分析了中国历史上的非汉族统治者（诸如女真、蒙古、满族）是如何将自身民族文化影响施之于东亚地区的，也阐述了其身份构建过程的特征和具体方式。本书指出，这些民族在统治过程中注重以文化融合方式来处理多民族国家的问题，使征服民族与被征服民族由此成为彼此历史的一部分，其影响绵延至今，远远超越了本民族界限。

Francesca Fiaschetti，以色列耶路撒冷希伯来大学马丁·布伯协会人文与社会科学研究员（The Martin Buber Society of Fellows in the Humanities and Social Sciences, the Hebrew University of Jerusalem），主要研究兴趣为中国历史、蒙古帝国史、种族与身份研究等。

Julia Schneider，德国哥廷根大学（University of Göttingen）东亚研究系副教授，曾任比利时根特大学汉学研究所（Institute for Sinology, Ghent University）客座教授。

* 马丁·布伯学会（The Martin Buber Society of Fellows），由德国联邦教育与研究部资助的基金会，其研究设施位于耶路撒冷希伯来大学，宗旨是为所有人文社科领域的优秀年轻学者提供一个充满创造性和活力的学术环境。

Funnell, Lisa; Yip, Man-Fung. *American and Chinese-language cinemas: examining cultural flows.* New York; London: Routledge, 2014.

美国电影和华语电影：文化交流考察

美国电影产业极为发达，以致评论家们总是习惯于通过描述好莱坞及相关文化产业来阐释“美国”对其他国家的影响，这当然是一种文化帝国主义的交流模式。然而，这种单向的交流模式无法说明华语电影对美国电影市场的反向流动，以及中国电影制作人、电影明星与电影美学在好莱坞的影响力。

本书旨在考察华语电影和美国电影在跨国文化交流中复杂的动态联系。美国电影曾经对早期上海电影和战后香港电影产生过深远影响，而近几十年来，美国电影与华语电影的交流也在不断增强，本书希望能对这些事实投以应有的关注，为这个主题提供更加丰富的历史视角。此外，本书还强调了在跨文化交流中的借鉴和学习，考察了相关电影的制作、发行和评价。

Lisa Funnell，美国俄克拉何马大学（University of Oklahoma）妇女与性别研究专业副教授，研究议题包括女性主义、跨国明星、好莱坞的“亚洲化”、跨国合拍影片等。

Man-Fung Yip，美国俄克拉何马大学电影和媒体研究项目副教授。

Hinner, Michael B. *Chinese culture in a cross-cultural comparison*. Frankfurt am Main: Peter Lang, 2014.

跨文化比较中的中国文化

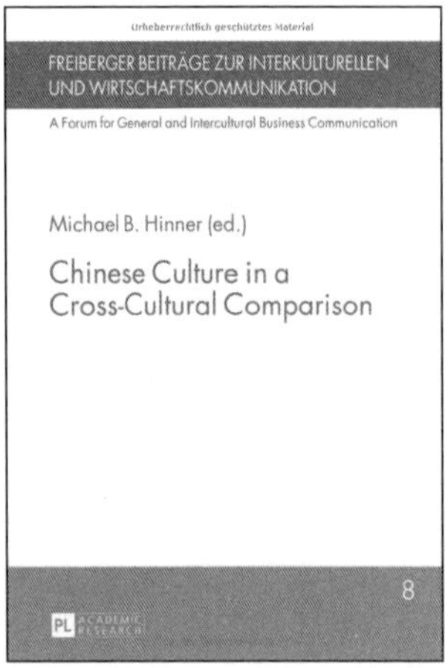

中国快速增长的经济和超十亿的人口规模使之成为全球各大公司无法忽视的重要市场。中国文化中源远流长、特色鲜明的传统观念很大程度上塑造了中国人的行为和沟通习惯，进而对中国消费者、企业甚至政府有着重要影响，因此，关注中国市场的海外投资者们迫切希望了解中外文化之间的差异，以避免国际商务合作中的摩擦和障碍，建立更加健康有效的合作机制。本书正是基于这一背景而创作的。

本书作者常年从事比较文化研究，并教授商务领域的跨文化交际课程。本书阐述了作者对中国文化的重要见解，围绕交流沟通、商务谈判、冲突管理等议题解释了中国文化的特征，以帮助海外投资者了解中国、改进与中国市场的关系。

Michael B. Hinner，德国弗莱堡工业大学及德累斯顿国际大学（the TU Bergakademie Freiberg and Dresden International University）教授，讲授商务沟通和跨文化沟通课程。他的另一部作品《商务世界的跨文化沟通》（*The Influence of Culture in the World of Business*）曾由上海外语教育出版社于2014年引进出版。

Horesh, Niv. *Shanghai, past and present: a concise socio-economic history, 1842 –2012.* Eastbourne; Chicago: Sussex Academic Press, 2014.

上海，过去和现在：社会经济简史，1842—2012

本书回顾了1842年以来上海崛起的历史，展现了上海如何从一座默默无闻的小城市发展成为全球闻名的金融和工业中心。

本书调查了上海近现代经济发展史，也分析了上海市的基础设施、市政机构、消费文化等如何在经济发展的推动下逐步成型。对于战后上海经济史，本书主要采取比较研究方法，分别考察了毛泽东时期和改革开放以来两个历史阶段，其中不乏对上海发展过程中重大事件的描述，如1991年浦东新区——上海经济增长的新引擎——的选址问题；此外，本书也将曾经烜赫一时的旧上海与如今矢志成为亚洲金融中心的新上海进行了比较。

全书涵盖了一系列主题，涉及上海社会生活的方方面面，如上海过去与现在的巨商富贾、二战前欧亚种族之间的联系和矛盾，等等。书中所引材料源于英国国家图书馆和伦敦大学亚非学院从未公开的第一手史料，为上海史研究提供了许多弥足珍贵的文献。

Niv Horesh，英国诺丁汉大学中国政策研究所（China Policy Institute, University of Nottingham）高级研究员，澳大利亚西悉尼大学（University of Western Sydney）中国研究副教授，主要研究议题包括中国经济改革、“一带一路”项目背景下中国在中东的存在、中国商业网络、中国与全球化等。

Hsiao, Kuo-Hung; Yan, Hong-Sen. Mechanisms in ancient Chinese books with illustrations. Cham: Springer, 2014.

中国古代典籍中的附图机械

中国古代典籍中存在大量附有图示的机械（机器）说明，但它们往往因为描述不清，使后人难以解读。本书针对这一问题提出了独特的研究方法。

本书阐释了中国古代机械的历史、文化和技术背景，介绍了古代典籍中绘有插图的各种机械。借助现代机械设计的思路，作者系统地整理了符合各历史时期技术标准，而又包含不明确构件的大量古代机械设计。中国古代的弩（原始弩和连弩）、纺织机械（缫丝机、纺纱机、织机），以及工匠们所使用的许多工具式器械都被作者用于案例分析。本书的论证为复原设计结构不明确的古代机械装置提供了一种合乎逻辑的方法，也为研究人员进一步利用古代文献中的图示来解读机械（机器）的原始结构提供了一个新的方向。

Kuo-Hung Hsiao（萧国鸿），中国台湾科学工艺博物馆搜藏研究组研究员，兼任财团法人中华古机械文教基金会董事。

Hong-Sen Yan（颜鸿森），美国普渡大学机械工程学系博士，历任美国纽约州立大学石溪分校副教授、中国台湾科学工艺博物馆馆长及大叶大学校长等职。

Johnson, Matthew D. [et al.]. *China's iGeneration: cinema and moving image culture for the twenty-first century*. New York: Bloomsbury, 2014.

中国电影的"I世代":21世纪的电影和动态影像文化研究

近年来，中国电影发展突飞猛进，全世界的影迷都惊叹于中国第五代、第六代电影人在世界各大电影节上频频获奖，并在电影美学方面做出了突出贡献。而另一方面，中国下一代电影人正在使用最新的数字文化技术（比如手机摄像头）来进行电影创作，他们的工作将对中国电影的未来产生影响。本书集中关注的正是这一新的主题。

本书内容来自世界各地的学者、评论家和业界人士，他们指出，在过去十年里，传统电影观念发生了巨大转变；而在加入WTO后，中国电影环境也呈现出更加多元的特征，特别是网络开始在电影的传播上发挥重要作用，导致众多"I世代"作品出现，包括3D和IMAX电影、实验纪录片、动画、视觉记忆等。这些现象无一例外地见证了中国电影的新特征，如数字化、跨媒体策略、公私差别的日渐模糊以及对"电影"概念本身的颠覆。

Matthew D. Johnson，美国格林奈尔学院（Grinnell College）历史学副教授，主要关注中国电影史、纪录片电影、中美关系等。他还是《中国电影杂志》（*Journal of Chinese Cinemas*）编辑。

Kieschnick, John; Shahar, Meir. *India in the Chinese imagination: myth, religion, and thought.* University of Pennsylvania Press, 2014.

中国人想象中的印度：神话、宗教与思想

中国和印度是亚洲大陆上占主导地位的两个国家，但巨大的地理障碍和语言差异将二者长期分隔两边。许多世纪以来，中印两国之间的大多数信息交流都是通过丝绸之路辗转实现的。这种缺乏直接沟通的状况为中国人的虚构和想象留下了很大的空间。从中国思想家、文学家、艺术家和建筑师在公元后几个世纪里对印度文化的引用可以看出，他们曾根据自己的理解去模仿印度，赋予印度形象和思想以新的形式，使之适应中国人自己的文化。

本书重新审视了中国人在宗教、文化、艺术和物质生活等不同领域的作品中嵌入印度文化的方式，重点探讨了印度神话和故事在中国文学中的地位、中国作家如何将印度历史融入其政治观和宗教观，以及印度佛教、中国佛教和道教之间的哲学关系等议题。本书的多层次研究以一批艺术作品为例，揭示了中印文化交流的深度和微妙之处，也展现了想象他者文化的意义及重要性。

John Kieschnick，美国斯坦福大学何鸿燊家族基金会佛教研究教授（Robert H. N. Ho Family Foundation Professor of Buddhist Studies），著有《佛教对中国物质文化的影响》（*The Impact of Buddhism on Chinese Material Culture*）和《高僧：中古中国传记中的佛教理念》（*Eminent Monk: Buddhist Ideals in Medieval Chinese Hagiography*）。

Meir Shahar，以色列特拉维夫大学（Tel Aviv University）中国研究副教授，著有《少林寺：历史、宗教与中国武术》（*The Shaolin Monastery: History, Religion, and the Chinese Martial Arts*）和《济癫：中国宗教与通俗文学》（*Crazy Ji: Chinese Religion and Popular Literature*）。

Kong, Shuyu. *Popular media, social emotion and public discourse in contemporary China*. London; New York, NY: Routledge, 2014.

当代中国大众媒体、社会情感与公共话语

20世纪90年代初以来，中国媒体和文化领域日益商业化，造就了文化和娱乐业的巨大繁荣。这一过程带来了媒体传播行为的根本性改变和娱乐文化的兴盛，同时，新媒体也广泛渗透到中国百姓的日常生活。在中国媒体产业迅速发展和社交媒体广泛普及的背景下，本书探讨了当代中国大众媒体的情感内容和公共话语。

本书考察了电影大片、电视剧和娱乐电视节目的生产与消费，及其在网络受众中的反响，描述了文化与媒体文本、受众和社会背景影响下的情感表达。尤为关键的是，本书重点分析了这些媒体产品消费过程中的代理机构，以及这一过程中所出现的情感沟通（affective communications），从而阐释了大众文化和娱乐节目在中国大众群体中产生巨大影响的方式和原因。本书切实地阐释了中国人民如何通过与大众媒体的互动去理解过去30年来中国经历的巨大历史变迁，以及这一过程又是怎样创造了一个公共文化空间，为从审美和情感的角度发起和讨论社会沟通与公共话语议题提供条件的。

Shuyu Kong（孔书玉），加拿大西门·菲沙大学（Simon Fraser University）人文学系任副教授、亚洲—加拿大项目主任，主要从事中国文学和文化研究、当代中国大众媒体和大众文化、海外华人文学、在加华人媒体研究等。

Lai, Benjamin. *Hong Kong 1941—45: first strike in the Pacific War*. Osprey: Osprey Publishing, 2014.

香港 1941—45：太平洋战争中的第一击

本书记述了太平洋战争期间日军侵占中国香港以及当地人民不懈抗争的历史。

1941 年 12 月 8 日，日军对当时还是英国殖民地的中国香港发起进攻。经过 18 天激烈战斗后，英国殖民当局无力坚持，最终选择了投降。

1941 年 12 月 25 日港英当局的投降并非香港抗争史的终结，而是真正战斗的开端。西方历史学家大多未曾揭示的重要史实是，香港人民对日本的侵略展开了持续抵抗。在中国共产党领导下，当地民众继续与日军战斗，组成了广东人民抗日东江游击队。到 1945 年，这支部队已经从最初的 200 人发展为超过 6000 人的强大力量。他们解救了被击落的盟军飞行员，用爆炸扰乱日军，并暗杀叛徒和汉奸。

本书也叙述了二战后期的香港地位之争。随着战争接近尾声，是否恢复英国对香港的控制成为中、美、英三方之间极具争议性的外交问题。然而，1945 年美国罗斯福总统的去世使去殖民化失去了最重要的支持者，英国得以在香港地位之争上压倒中华民国。就这样，在日本占领香港三年多之后，英军重建了对香港的殖民统治。

Benjamin Lai，20 世纪 80 年代曾在英国军队担任军官，主要研究领域为二战及战后史，长于亚洲（特别是中国）军事问题，发表专著《1949 年以来的中国人民解放军：地面部队》（*The Chinese People's Liberation Army since 1949: Ground Forces*）等。

Lee, Sukhee. *Negotiated power: the state, elites, and local governance in twelfth- to fourteenth-century China.* Cambridge, Massachusetts: Harvard University Asia Center, 2014.

协商中的权力：12—14 世纪中国的国家、精英与地方治理

推动中国南宋和元朝时期国家与地方社会之间关系的内在动因是什么？一直以来，这个问题让相关学者们既着迷，又充满困惑。本书对宋元时期国家与社会精英之间的关系提出了新的见解。

本书对“国家权力和地方精英之间的关系属于零和竞争关系”的假设提出质疑，生动地描述了国家权力和地方精英的利益是如何相互建构、彼此强化的。在本书所涉及的这一段历史时期，正是社会精英与国家的紧密相连，以及国家在地方生活中的存在，对富有自我意识的地方精英社会的崛起起到了至关重要的作用。本书探寻了明州县（今浙江宁波）的历史轨迹，大量运用了南宋和元朝时期的地方志，以及流传至今的丰富的文献记录，包括当时明州人的 280 份墓志铭等资料。

Sukhee Lee（李苏姬），美国罗格斯大学新伯朗士威分校（Rutgers University - New Brunswick）历史系助理教授。

Makeham, John. *Transforming consciousness*: *yogācāra thought in modern China*. Oxford; New York: Oxford University Press, 2014.

意识转换：现代中国的唯识学

唯识学是印度佛教最具影响力的哲学体系之一，也是构成中国大乘佛学的三大体系之一。唯识思想最早于6世纪开始向中国传播，直到元代停止；而到了19世纪，唯识学又从日本重新传入中国。在漫长的传播过程中，唯识学对中国佛学甚至中国各个思想领域都产生了极大的影响。近代以来，唯识学更是被视为在条理性、系统性的理论和概念上，甚至在修证上都比西学更胜一筹，堪称能与西学东渐相抗衡的竞争者。

本书分为五个部分，分别介绍了唯识思想在印度和日本的起源、中国近代知识分子对唯识学的重塑、唯识思想和现代科学、唯识思想和儒家思想，以及回归真正的佛学。全书主要回答了三个问题：第一，解释了为什么唯识学这个来自印度的哲学体系会对中国知识分子产生这么大的吸引力；第二，演示了唯识思想的复兴如何帮助中国应对现代诸多挑战，尤其是现代科学和逻辑方面的挑战；第三，强调了唯识思想如何演变成中国的一个现代哲学体系，即新儒学。本书所提出的“意识转换”意味着，了解新儒家哲学的前提是必须对唯识思想有一定的把握。

John Makeham（梅约翰），澳大利亚国立大学文化、历史与语言学院汉学教授，主要研究中国思想史，尤其关注中国哲学思想史。

McCord, Edward A. *Military force and elite power in the formation of modern China.* Abingdon, Oxon; New York; Routledge, 2014.

现代中国形成过程中的军队和精英阶层

从19世纪到20世纪中叶，在经历了长期的内战、外国入侵、革命和动乱之后，世人所知的现代中国才逐渐成型。本书探讨了由此产生的一个重要后果，即军队在上层社会、政治和经济力量构建过程中的巨大作用，并展示了从混乱时势中谋利的军阀、民兵领袖及军官的一些有趣案例。

通过考察在中国近现代史最初年月里军队与精英阶层的互动，本书阐释了19世纪到20世纪早期，在频繁的战争和政治动荡背景下，军事力量对中国社会精英阶层的重要性。本书描述了军队如何依靠改变军事与政治形势产生权力，又赋予什么人权力，同时，书中案例也论证了，在本书所讨论的整个历史时期，军队始终作为精英阶层的决定性力量存在着。本书揭示的军队对社会和政治结构的转化效应，展现了当时军事冲突具有的普遍而广泛的影响，也为中国社会政治急剧变革的时代里精英阶层的流动性和局限性提供了一种独特观点。

本书包含五个章节：第一章阐释了地区军事力量在建立和扩大地区影响力方面的作用；第二章阐释了军事指挥权如何成为政治权力的基础和个人财富的来源；第三章论述了地方民兵组织领导人的权力来源；第四章举例说明了军事指挥权如何转换为政治权力；第五章探讨了军事人员如何塑造权力结构和所在地区的政治影响力。

Edward A. McCord（马寇德），美国乔治·华盛顿大学（George Washington University）历史与国际事务教授，主持“台湾教育和研究”项目（Taiwan Education and Research Program）。作为一个中国史研究专家，他曾在华生活五年，研究领域主要集中于近代中国军民关系、军事力量和社会政治力量之间的关系，以及军事行为对中国民意的影响等。

Meyer, Kathryn. *Life and death in the garden: sex, drugs, cops, and robbers in wartime China.* Lanham: Rowman & Littlefield Publishers, 2014.

花园中的生与死：战时中国的性、毒品、警察和强盗

1932 年，在日本帝国主义的扶植下，末代皇帝溥仪在东北成立了傀儡政权——伪满洲国。1945 年 8 月日本战败后，伪满宣告灭亡。本书揭示了伪满洲国统治时期一段鲜为人知的历史，描绘了当时哈尔滨社会底层人民的生存状况。书中写道，成千上万的流动人口为了躲避国内混战而北上哈尔滨，他们背井离乡，指望觅得一席安宁之地，但现实却一再令他们绝望：寄生虫滋生、尸殍遍地、乞丐流离、盗贼猖狂、瘾君子聚集……贫民窟的真实生活并非理想中的"花园"。同时，由于担心中方间谍潜伏在贫民窟中，日军派遣不少伪警察深入贫民窟进行调查，维持秩序。

本书从微观史学的视角考察伪满时期哈尔滨贫民窟的真实状况，呈现了伪满洲国统治时期伪满政权、日本间谍与国民党特务等政治力量交杂的东北大地上的社会乱象。书中引用了大量来自日本军队的一手资料，也为研究东北地区和伪满洲国历史提供了丰富的信息。

Kathryn Meyer，美国莱特州立大学（Wright State University）历史学教授。

Ng, Michael H. K. *Legal transplantation in early twentieth-century China: practicing law in Republican Beijing (1910s-1930s)*. London: Routledge, 2014.

二十世纪早期中国的法律移植：民国时期北京的法律实践（1910—1930 年代）

法律移植现象有着悠久的历史，长期受到法理学界的普遍关注。在人类早期历史上，法律移植往往伴随着武力、战争，通过强加的方式实现；近代以来，法律移植更多的是一个国家或民族自觉、主动选择的结果。自法律移植出现起，历史上围绕其可行性的争论从未停歇，包括孟德斯鸠、萨维尼等在内的法学大家，均质疑法律移植的可能性；然而，罗马法在世界范围内的传播、日本对西方法律的兼收并蓄，无疑都是法律移植的实例。

法律移植在中国大地上也留下了足迹。本书正是以民国时期中国政府的法律实践为切入点，深入研究了20世纪早期中国的法律移植状况。本书借助大量珍贵的历史档案，探究了民国北京政府时期包括法官、律师、警察等在内的法律从业者们，在适用移植的外来法律时所面临的法律冲突问题。本书认为，当时的法律从业群体巧妙地将外来法律制度融入传统法律实践中，从而解决了不同法律制度之间的兼容问题，对民国北京政府时期的法律移植实践做出了巨大贡献。

Michael H. K. Ng（吴海杰），香港大学法律学院中国法研究中心副主任、助理教授，主要研究范围包括中国法律史、香港法律史、中国涉外投资等。

Tackett, Nicolas. *The destruction of the medieval Chinese aristocracy*. Cambridge, Massachusetts: Harvard University Asia Center, 2014.

中国中古贵族的瓦解

一直以来，研究中国史的学者都困扰于一个问题：在统治了中国几个世纪之后，中国的中古贵族是如何完全消失于10世纪的？本书以大量墓志提供的信息为基础，重述了9世纪唐朝士族瓦解的过程。

本书系统地考察了近几十年出土的、多数尚未得到研究的晚唐墓志铭，试图用数据分析的方法解释上述现象。本书利用地理信息系统（GIS）对墓志铭进行了大量的网络数据分析，再广泛采用唐代流传至今的散文、诗歌等文献资料，由此得出的结论是，中国中古贵族在适应7、8世纪的社会、经济及制度转型方面的成功程度远远超过人们以前的普遍认知，直到他们中的大部分在880年黄巢攻陷国都之后的30年极端动乱中丧生，其政治影响力才逐渐消解，并最终彻底退出历史舞台。全书围绕“官僚化贵族”的观念展开，改变了人们关于唐代中后期新、旧统治集团彼此对立、壁垒森严的陈旧印象。

本书获得2015年度詹姆斯·亨利·布雷斯特奖（The James Henry Breasted Prize）。该奖项由美国历史学会（American Historical Association）颁发，主要奖励有关公元1000年以前历史的英文书籍。

Nicolas Tackett（谭凯），美国加利福尼亚大学（University of California）历史学副教授，主要研究兴趣为9—11世纪的中国精英社会、唐末都城、11世纪的宋辽边境等。

Van de Ven, Hans. *Breaking with the past: the Maritime Customs Service and the global origins of modernity in China*. New York: Columbia University Press, 2014.

与过往决裂：海关与中国现代性的全球起源

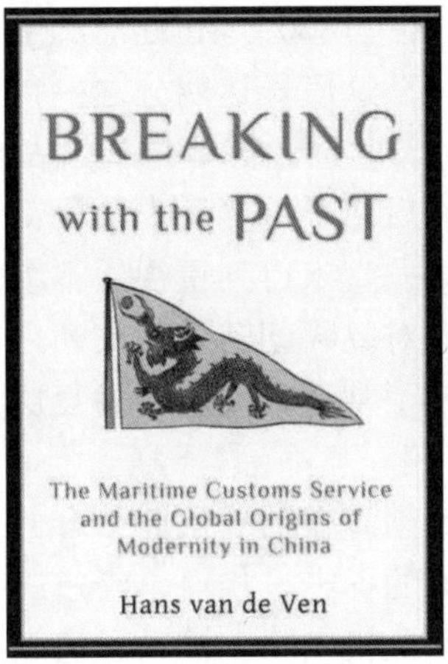

中国海关总税务司署建立于1854年，解散于1952年。在近百年的历史中，它征收的税费曾占据中国税收收入的半壁江山。除征收关税外，总税务司还承担了管理港口、修建灯塔、勘测海岸等职能，并兼管同文馆、邮政局。1911年辛亥革命以后，总税务司甚至参与了国际借贷和国内债券发行。

本书回顾了中国海关总税务司署从成立至解散的历史，剖析了其在中法战争、义和团运动及辛亥革命等重大历史事件中所扮演的角色。本书不仅仅是一部机构发展史，它还采取历史研究方法，试图从总税务司署发展史的角度，探求中国走向现代化、全球化的历程。本书指出，在中国向现代单一民族国家转变的过程中，总税务司署曾发挥过不可小觑的作用。这种作用体现在，它不仅将现代先进的贸易管理理念引进中国，还使得中国被更多的外国人所熟知，拉近了中国与世界的距离。

Hans van de Ven（方德万），英国剑桥大学（University of Cambridge）汉学教授，英国国家学术院（British Academy）院士，曾兼任剑桥大学亚洲与中东研究院（Faculty of Asia and Middle Eastern Studies）院长，其主要研究领域包括1850—1950年间中国的全球化进程、中国近现代战争史、早期中共党史。

Wang, Wensheng. *White Lotus rebels and South China pirates: crisis and reform in the Qing Empire.* Cambridge, Massachusetts: Harvard University Press, 2014.

白莲教乱与华南海盗：大清帝国的危机与改革

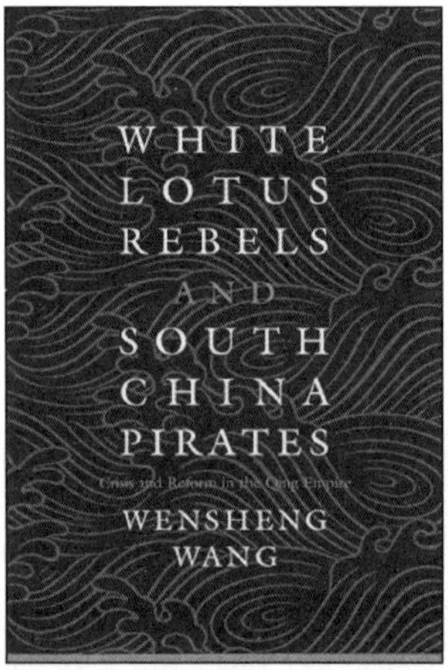

嘉庆皇帝统治时期（1796—1820）在关于清王朝的研究中长期处于尴尬地位。这段长达四分之一世纪的时期明显构成了繁荣的18世纪和惨痛的鸦片战争后时代之间的分水岭，其前后两个重要历史阶段都已得到深入研究，而它本身则一直未得到重视。本书通过考察皇帝、官僚和外国人对乾隆朝转入嘉庆朝之时两场重大危机的反应，重审了常遭人们忽略的嘉庆皇帝统治时期。

本书认为，国内暴动和跨国海盗的戏剧性结合并非清王朝不可避免地走向衰落的标志。相反，经过决策和官僚结构的调整，这两场危机实际上推动了清朝朝廷的重组。由此带来的嘉庆朝改革开启了一个政治收缩的进程，使清帝国摆脱了过度扩张与遭遇不断抵制的循环，重归更具可持续性的发展轨道上来。尽管这种追求政治可持续性的务实努力未能将清王朝从最终崩溃的命运中拯救出来，但它代表了为应对晚清面临的复杂问题而采取的建设性措施，并帮助清王朝延续了一个世纪的统治。作为对嘉庆朝最全面的记述之一，本书对漫长的中国古代史上这一重大转折期提出了全新的认识。

Wensheng Wang（王文生），美国夏威夷大学马诺阿分校历史系、中国研究中心副教授，研究领域为中国晚清史。

日文著作提要

外交·国防·安全

愛知大学国際中国学研究センター. 中国社会の基層変化と日中関係の変容. 日本評論社，2014.

中国社会基层变化与中日关系变迁

本书由日本爱知大学国际中国学研究中心编著，是关于中国社会和中日关系研究的论文集。

全书分为两个部分：第一部分主要考察了中国社会基层的变化。本书认为，中国内政国情是影响中国外交战略变化的主要因素，因此，有必要首先论述中国内政国情中的社会基层变化问题；此外，本书还谈及中国的资源、乡村居民自治、城市亚文化等问题。第二部分探讨的是中日关系的变化，主要包括军事和领土、历史、贸易等问题。

全书涉及的议题非常丰富，从孙文的“大亚洲主义”演说分析到两国间的食品贸易，从冷战初期中日共产党关系讨论到在国际市场上两国的竞争，涵盖了许多新颖的内容。针对中日邦交正常化以来始终在中日关系中占据重要位置的钓鱼岛问题，本书也给出了独特的判断和理解，以帮助确立中日之间各种问题的相互关系。

爱知大学国際中国学研究センター（爱知大学国际中国学研究中心），日本近年来最活跃的当代中国研究机构。日本文部省 2002 年启动的“21 世纪重点科研基地 COE（Center of Excellent）工程”之一，以爱知大学中国研究专业博士课程为核心构建而成。

布施哲．米軍と人民解放軍：米国防総省の対中戦略．講談社，2014.

美军和中国人民解放军：美国国防部的对华战略

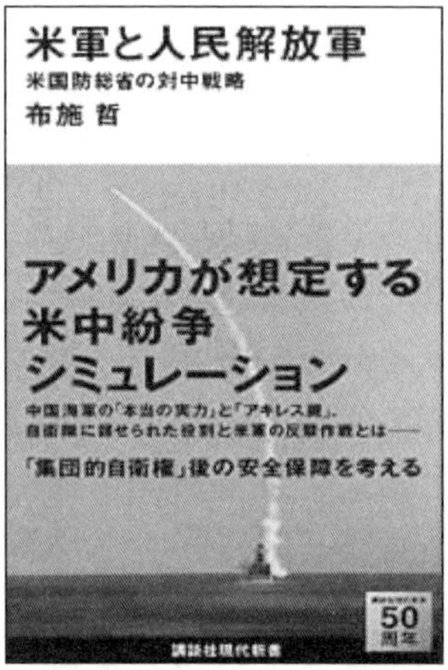

在一场模拟战争的开端，位于冲绳县宫古岛分屯基地的日本航空自卫队的雷达画面上出现了一次小小的颤动——这表明一种电脑恶意软件被悄然开启了。然而轻微的颤动并没能引起自卫队人员的警惕。实际上，与此同时，相似现象也在美国等国家军用设施上发生。日本航空自卫队的指挥系统、自动警戒管理系统，海上自卫队的海上作战部队指挥统筹系统与陆海空自卫队、中央和前线部队联网，一旦其中一台电脑感染病毒，就会立即导致整个系统全体“中毒”。而紧随网络攻击袭来的，是中国人民解放军通过弹道导弹发出的波状攻击。本书正是基于上述战争场景所描述的中美模拟战争，探讨了中国海军的真正实力，深入分析了美国国防部的对华战略。

本书阐释了一系列影响中美关系的关键因素，重点介绍了美军评估中国人民解放军实力的核心概念——“反介入能力”，以及美军作战理念——“空海一体战”；其后，本书以战争模拟的形式，预测了由台海危机和南海危机激发的中美武装冲突。本书认为，从美军视角进行战争模拟，可使读者对中国人民解放军的现状和未来有更深刻的认识；同时，本书也指出，在各大媒体不断渲染“中国军事威胁”问题的背景下，对日本来说，仍然有必要冷静分析威胁所在，全面考量各种因素，防止危言耸听。

布施哲，日本朝日电视台政治部记者。

高原明生［ほか］. 共同討議 日中関係なにが問題か：1972 年体制の再検証. 岩波書店，2014.

共同讨论 中日关系的问题是什么：1972 年体制反思

本书是 2014 年 3 月 8 日由日本东京大学主办的“现代日中关系溯源——1970 年代反思”国际学术研讨会的成果记录。

自 2012 年 9 月以来，中国与日本在钓鱼岛问题上的对立不断加深；为了缓和中日冲突、重建中日关系，研究近现代中国问题的日本学者在 2013 年创办了“思考新型中日关系研究会”，此次国际学术研讨会即为该研究会举办的第一次会议。会议以 20 世纪 70 年代中日邦交正常化的历史为主题，追溯当今中日两国关系面临的各种问题的渊源，对当今问题的原点——20 世纪 70 年代中日关系进行了反思。会上，各国学者对 1972 年中日邦交正常化时期的国际形势、中日两国交涉以及中日邦交正常化的经验进行了分析，并特别指出了“1972 年体制”存在的制度性缺陷——所谓“1972 年体制”，指的是中日两国于 1972 年恢复邦交时，围绕台湾、历史、领土争端等问题的处理原则形成的共识体系。本书结合学者们的观点指出，这一共识体系在产生之初就存在隐患，并随着国际局势和中日关系的演变陷入日益严峻的现实困境。因此，中日两国有必要突破旧有束缚、建立新的关系模式。除了对“1972 年体制”问题进行深入探讨之外，本书还探讨了中国形象的定位问题。

高原明生，日本东京大学研究生院法学政治学研究科教授，研究领域为现代中国政治。

高原明生，前田宏子．開発主義の時代へ：1972—2014. 岩波書店，2014.

通向开发主义的时代：1972—2014

作为世界第二大经济体、现今世界仅有的几个社会主义国家之一、一个一党执政体制下发展市场经济的国家，中国不仅保持着比其他大国明显高得多的经济增长速度，还利用不断发展的科技成就大大提高了其国际影响力；同时，为了提高国家向心力，中国还在国内努力推广爱国主义。中国的发展是对中国外交，特别是对中日关系有着深刻影响的关键因素，因而，中国未来发展方向自然成为深受世界瞩目的议题。

本书所着力探讨的正是这样的问题：中国未来将去往何方？要想展望中国这样一个情况复杂的大国的未来，就必须回顾过去的发展。本书考察了1972—2014年间中国的发展历程，记述偏重于政治和外交方面。

高原明生，略。

前田宏子，日本PHP综合研究所国际战略研究中心主任研究员，研究领域为中国外交、安全保障政策。

宫田敦司．中国の海洋戦略：アジアの安全保障体制．批評社，2014.

中国的海洋战略：亚洲的安全保障体制

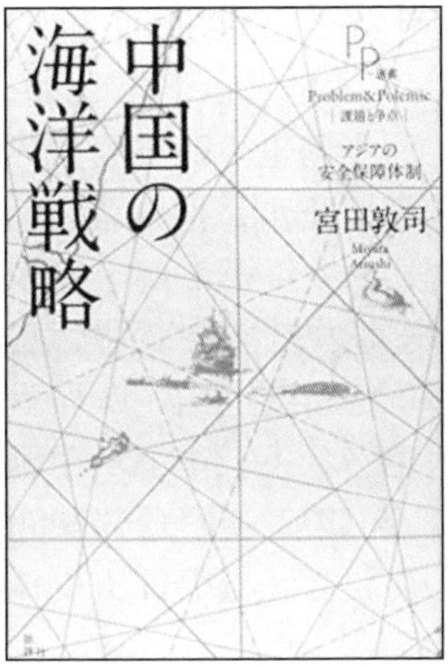

随着经济的飞速发展、国力的不断增强，中国的海洋战略对亚洲的安全保障体制也带来了显著影响，这正是本书所探讨的主题。

从数字对比来看，中国的国防预算仅仅是美国的四分之一，2014 年与 2013 年相比也仅增长了 12.8%，但在中国 GDP 增长为 7.6% 的前提下，国防预算占 GDP 的比重仍算是比较大的。在此基础上，中国正努力建构与实施其海洋战略：2012 年，中国海军兵力已经达到 25.6 万人，装备着包括 1 艘航空母舰、57 艘潜水艇、27 艘驱逐舰、51 艘导弹护卫舰等在内的现代军舰；这些军事力量将在中国东海、南海的第一、第二岛链，建立一个远至印度洋的海洋监控体系。

然而，本书认为，中国的海洋战略面临着地区紧张关系的困扰。2014 年，中国表示不会寻求太平洋地区霸权、呼吁“相互理解”；但紧接着，中越军舰就由于南海主权争议发生冲突，并引发了越南反华暴动。相似冲突在中国东海同样可能存在，特别是钓鱼岛问题上。

本书指出，必须冷静分析中国的海洋战略、沉着应对日本所面临的问题。在钓鱼岛问题上，邓小平提出的“留待下一代解决”的说法，对于亚洲安全来说是非常重要的。因此，本书相信，中日之间在专属经济区、防空识别区、领海主张上的紧张局势，只能靠双方在外交上的不懈努力来解决，除此之外的解决办法都是不现实的。

宫田敦司，日本记者、朝鲜研究专家。1987 年曾加入日本航空自卫队（主要负责汉语翻译），2005 年从日本航空自卫队辞职，长期从事中国、俄罗斯、朝鲜情报收集和分析工作。

江藤名保子. 中国ナショナリズムのなかの日本:「愛国主義」の変容と歴史認識問題. 勁草書房, 2014.

中国民族主义中的日本:“爱国主义”的变迁与历史认识问题

进入21世纪后,中国发生了翻天覆地的改变。2000年,中国的GDP超过1万亿美元;十年之后,这一数字已涨到6万亿美元,而中国也一跃成为世界第二经济大国。然而中国并未就此止步,世界著名经济学家胡鞍钢在《瞭望》杂志2011年第1期上发表题为《中国将如何追赶并超越美国》的文章中,更是大胆预测中国GDP将在2020年超过美国、跃居世界第一。在中国迅速发展壮大的背景下,本书从中国民族主义的四个维度,考察了从1972年中日邦交正常化到2006年为止中国“爱国主义”与中日历史认识问题之间的关系。

全书共分六章:第一章讨论当代中国的民族主义与“日本”的关系;第二章从探究中国为何开始反日,来分析中日历史认识问题,具体包括20世纪70年代的中日关系史及教科书问题、爱国主义情结等;第三章从改革开放的角度探讨中国的爱国主义;第四章分析中国日渐强大的背景下,中国民众的民族主义诉求;第五章分析中国爱国主义的新发展;第六章剖析当代中国民族主义与中国对日政策之间的关系。

江藤名保子,日本人类文化研究机构推进地域研究中心、庆应义塾大学东亚研究所及现代中国研究中心研究员。

平野聡.「反日」中国の文明史. 筑摩書房，2014.

“反日”中国的文明史

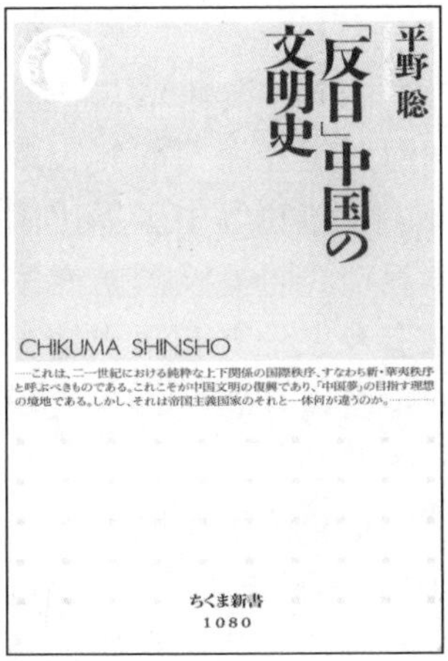

日本外交的基本内容之一就是与中国“打交道”，而近代史上，中国也一直将与日本的关系放在国家政策的重要位置。对于日本来说，“中国”二字总是显得相当敏感。正是因此，日本以“进驻海外”话题召开的众多座谈会中，最引人关注的莫过于汇集了日本主要中小企业管理者、反映了日本企业在华活动最新情况的相关座谈会。这些会议成果表明，中国发展的新情况对日本企业的发展造成了一定阻碍，对单纯的商务活动有所影响。本书所阐释的正是这一问题的政治背景。

本书认为，中国坚持要求其他国家尊重中国的国家主权和领土完整的做法，可能并未得到某些国家同等的理解和认同。本书对此的解释是，这大概是因为，从历史传统上看，地区国际关系并不符合典型的现代国际关系的性质，而表现为以中国为中心的“等级关系分明的国际秩序”，因此中日之间的关系也不免存在需要进一步调整的地方。本书结合对中国人内心深处的反日情结的分析，力图从文明史观角度来解读中国的现实。

平野聪（平野聡），日本东京大学大学院法学政治学研究科教授、日本学术振兴研究会特别研究员，研究领域为亚洲政治外交史。

浅野亮，山内敏秀．中国の海上権力：海軍・商船隊・造船～その戦略と発展状況．創土社，2014.

中国的海上权力：海军、商船队、造船战略与发展状况

21世纪初，中国不但实现了经济飞速增长，其军事力量也在不断增强；中国海监船和海军舰艇表现得日益活跃，使得日本、越南、菲律宾等中国周边国家深感不安。本书由日本法学教授浅野亮及国防专家山内敏秀主编，收录了日本众多专家学者和军界精英的作品，致力于从国际政治的角度展开思考，深入观察和分析在海洋领域的中国相关问题。

本书各章主要内容是：第一章介绍了中国海军的发展历程；第二章分析了中国商船队规模扩大的过程；第三章阐述了中国造船业的成长；第四章研究的是中国的海军战略；第五章解读了中国水上主要战斗舰艇的现代化过程；第六章讨论了中国第一架航空母舰建成的意义；第七章解析了中国潜水艇部队的建设；第八章考察了中国水陆两栖作战能力。本书作者根据中国的海军、商船队伍、造船业的发展速度，对中国未来的海洋战略、海洋领土扩张等问题提出了自己的观点。

浅野亮，日本同志社大学法学部教授，研究领域为现代中国政治。

山内敏秀，日本横滨商科大学讲师，太平洋技术监理有限责任项目组理事（安全保障责任人）。

石井明．中国国境熱戦の跡を歩く．岩波書店，2014.

追寻中国边境战争的足迹

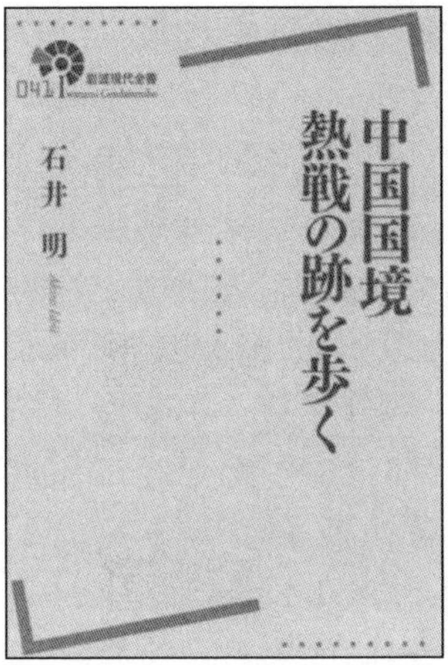

一个国家的边疆通常可分为陆疆和海疆：陆疆即陆地边疆地区，边境线与外国领土接壤；海疆由两部分组成，一部分是从海岸线开始至领海基线部分的海域，另一部分是联合国海洋法条约规定的领海基线至基线外仍属于国家管辖的海域。本书对中国的研究包括了与这两种边疆有关的边境问题。

就陆疆而言，中国是世界上陆地边境线最长（总长度达 22000 公里）、接壤邻国数量最多的国家（共有从朝鲜至越南在内的 14 个国家从陆地上与中国接壤）。缅甸是最早通过和平交涉的方式和中国划定边境线的国家，之后尼泊尔、蒙古、巴基斯坦、阿富汗等国家也以同样方式和中国划定了边境线。本书详细探讨了中国陆地边疆相关问题，从中华人民共和国成立后中国边境军事状况和战事伤亡人数着手，考察了中国与邻国的边境划界问题。此外，本书指出，到 20 世纪 90 年代为止，日本的中国研究者关于中国边疆划界的研究仅局限于陆疆部分，而一直忽略了中国的海疆部分；因此，本书还致力于解读迄今为止中国对海疆问题的应对情况，重点分析了中国的海洋战略。

石井明，日本东京大学名誉教授，著名中日关系学者。

西川博史. 戦中戦後の中国とアメリカ・日本：「東アジア統合構想」の歴史的検証. HINAS（北海学園北東アジア研究交流センター）；東出版（発売），2014.

战争期间及战后的中美日关系："东亚一体化构想"的历史检验

第二次世界大战期间及之后，东亚国家依赖美国援助及相关政策实现复兴的过程导致了什么结果？本书主要针对这一问题，对东亚国际关系进行历史性验证，并由此对"东亚一体化构想"做出反思。

全书共分四大部分：第一部分序章，主要探讨东亚经济一体化的历史意义，具体论述了东亚经济在世界经济史上的定位，以及战后初期美国与东亚的关系；第二部分，从美国对日占领政策及抗日战争时期美国的对华政策出发，探讨了美国的对日政策及中国经济复兴的过程；第三部分分析的是冷战时期美国战略的转变及其对中日关系的影响，具体而言，涉及美国对华政策的转变以及日本重振贸易的过程等。

西川博史，日本北海商科大学商学院教授、北海学园大学东北亚研究交流中心副所长。

相沢幸悦．軍事力が中国経済を殺す．講談社，2014.
军事实力将扼杀中国经济

过去的20多年里，中国以军事预算年增长率达两位数的速度大规模扩军；过去的10年间，中国军事开支翻了四番，与25年前相比甚至增长了33倍。美国五角大楼还曾推测，如果加上隐性的预算，中国的军费开支应该是公开数字的两三倍。本书所探讨的正是这一状况导致的外界对中国国家战略的疑虑。

本书认为，中国的军事能力建设正在稳步推进，亚洲其他国家的军事发展速度无法与之相比，唯有确立了“亚太再平衡”战略的美国在努力构建能与中国相抗衡的安全保障网络。本书尤其关注的是，在中国军事建设的背后，中国经济可能遇到一些意料之外的挑战——本书作者重点讨论了中国社会经济问题，特别是中国产业发展面临的严峻挑战及中国政府债务问题。作者相信，这些问题集中在一起，可能给中国经济发展带来较大的风险。同时，本书还对中国的军事建设现状提出了怀疑，认为中国军事实力的增长速度可能并没有外界认为的那么高。

相沢幸悦（相泽幸悦），日本埼玉学园大学经济系教授，曾任日本证券经济研究所主任研究员、长崎大学经济系教授。

小川和久，西恭之．中国の戦争力：台頭する新たな海洋覇権の実態．中央公論新社，2014.

中国的军事力量：新兴海洋霸权的真实情况

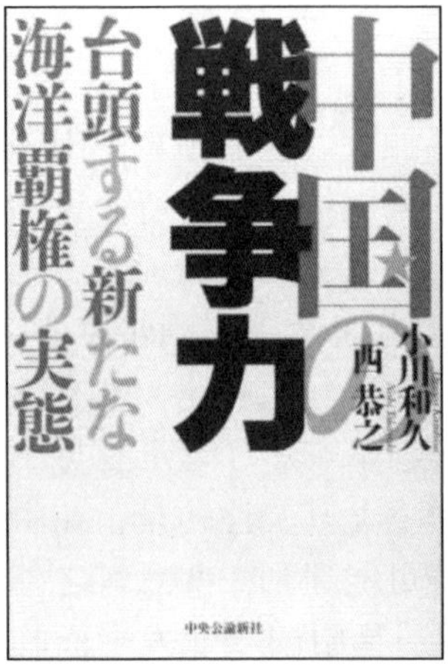

中日两国一衣带水，有着无法切断的联系，不论对彼此抱有怎样的情绪，终究无法避免直面对方。正是由于中日关系如此紧密，日本一方面希望看到中国军事环境安全稳定、经济环境健康发展；然而另一方面，日本民族危机意识又在不断增长，时刻担心中国会对自己有所“行动”，有时这种危机感甚至影响到日本政府冷静地做出政治判断的能力。基于这一背景，本书旨在推进对中国国家战略及军事力量的认识。

本书围绕2014年中国国防部国防研究所发表的《2013年度中国安全保障报告》，详细论述了2013年中国统合国家海洋局等四大海洋管理机构，以及设立中国海警局等大规模军事改组行动，并对中国危机管理体制的构建提出了一些意见和建议。此外，本书还涉及中日关于钓鱼岛问题的看法，分析了隐藏在钓鱼岛之争背后的中国军事战略和大国姿态。

本书以中国军事力量为主题，在研究推进过程中提出了关于中国的新观点——虽然在发展道路上受到美国的阻碍，但中国深刻地认识到了国际形势的严峻并为大国崛起这一目标而不懈努力，脚踏实地、勇往直前，让世人看到了将要超越美国成为世界超级大国的东方巨龙的觉醒。

小川和久，日本军事分析家，日本智库国际变动研究所理事长，日本静冈县立大学全球区域中心特聘教授。

西恭之，日本评论家，日本智库国际变动研究所主任研究员，日本静冈县立大学全球区域中心特聘助教。

政治·社会·环境

愛知大学現代中国学部台湾現地研究調査委員会．学生が見た台湾社会：都市生活·企業活動·農村社会．愛知大学；あるむ（発売），2014.

学生眼中的台湾社会：城市生活、企业动态、农村社会

爱知大学现代中国学部的一个重要特色在于，组织学员在其研究对象国（地区）实地开展研究项目，学部全体成员都会参加两年一次、从春季学期开始为期四个月的海外研学。该学部的目的在于让学生们通过海外研学，提高中英双语能力，学习中国传统文化，增进对多文化的理解，加强对学习的兴趣。在已经将南开大学设为既有项目实施据点的基础上，该学部又增加了台湾师范大学（中国台湾台北）和南方大学学院（马来西亚柔佛巴鲁）为新的据点。本书正是基于该学部学生们在台湾地区研学期间的实地调查而写成的。

本书共分为两个部分：第一部分收录了该学部第十五次在台湾地区进行实地研究的调查报告，从城市、企业、农村三个层面考察了台湾的社区、非营利组织、老年人福利、企业交流、走上观光旅游道路的台湾农村建设情况；第二部分介绍了该学部第十五次学生研讨会的具体情况。

日本爱知大学现代中国学部成立于1997年，创始人为中国政治研究专家加加美光行。该学部旨在总结、归纳日本中国学研究的成果与经验，建立一个以现代中国为主要研究对象的科学、系统的研究体系。

安田峰俊．知中論：理不尽な国の7つの論理．星海社；講談社，2014.

知中论：荒谬国家的七大逻辑

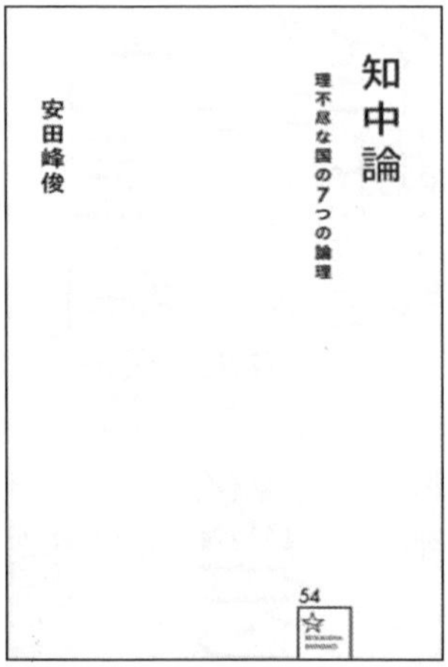

对许多日本人来说，每当谈起中国，他们首先想到的是中日钓鱼岛之争、反日示威游行、言论不自由以及少数民族问题等舆论热点。在这些人眼中，中国就是一个敌对的、丧失了人权和民主的可怕国家。本书则对此类观点提出了明确质疑。本书认为，对日本来说，一味反华、给中国贴上各种各样的负面标签并非上策，并就此解释说，中国的一些令日本反感的行为实际上有着“不得已而为之”的复杂原因。因此，本书试图站在中国的立场上，换位思考这些“不得已而为之”的议题，驳斥日本人当中存在的一些对华偏见，为读者呈现出一幅清晰的中日问题背景分析图。

本书对中国和中国人印象的描绘有助于促使读者重新认识真实的中国，特别是在深入了解中国本身的复杂性的基础上，反思旧有观念。中国的人口比日本多十倍以上，从南到北、由东至西，中国幅员辽阔，各地的地理、气候、风土人情、语音千姿百态，这些方面的多样性恐怕是日本的几十倍不止。作为这样一个大国，中国问题的确非常复杂，需要得到更加深入、全面的理解。因此，本书通过对中国问题的重述指出，对日本来说，面对中国这样一个和日本有着两千年交往（包括冲突）历史的重要邻国，最重要的事情就是抛开蔑视和想象，与真实的中国进行对话、客观地看待中国。

安田峰俊，日本作家，研究领域为中国近现代史，长期从事关于中国的专业写作，兼任日本多摩大学经营信息系“现代中国入门”和汉语课程讲师。

高原明生，丸川知雄，伊藤亜聖．社会人のための現代中国講義：東大塾．東京大学出版会，2014.

东大私塾：为社会人员开设的当代中国课程

钓鱼岛问题、防空识别区、南海争端、经济差距、恐怖主义、党政体制……在中国迈向超级大国行列之际，围绕这些相关问题的争议也时常出现。不仅中国国内政治面临着一些亟待解决的问题，中国的经济形势也面临风险。

本书集结了日本多位站在学科前沿的中国研究专家的文章，以简洁明了的方式介绍当代中国状况。全书共分为政治、外交与国防、经济、法律与社会四个部分，具体探讨了当代中国面临的政治课题、少数民族问题、中华民族的复兴、军事与外交课题、经济发展趋势、法治与公民社会等多方面内容。本书用语简明、论述清晰，是一本了解当代中国的入门手册。

高原明生，略。

丸川知雄，日本东京大学社会科学研究所教授。

伊藤亜聖（伊藤亚圣），日本东京大学社会科学研究所助教。

久保英也．中国における医療保障改革：皆保険実現後のリスクと提言．ミネルヴァ書房，2014.

中国医疗保障改革：实现全民保险后的风险与建议

中国的公共医疗保障制度名义上都是通过保险来实现的，但实际上，各个地区存在明显的差距，而且个人也需要负担其中的一部分开支。基于中日共同调研项目的成果，本书采用包括计量分析在内的一系列研究方法，论证了中国医疗保障制度改革的相关风险，并提出了改善性政策建议。

全书共九个章节，分为四大部分：第一部分探讨了中国医疗改革的现状与问题、中日公共医疗保障的长期展望；第二部分从供给侧角度探究了相关改革的进展，具体包括中国医疗供给体系的变化与医院经营情况、中日医疗保险的支付制度、日本医生对工作条件的偏好研究等；第三部分从医疗保险制度改革的角度，围绕大连市城市基本医疗保险基金的可持续发展、大连市新型农村合作医疗制度、中国医疗保险体系的民间医疗保险等方面内容展开分析；第四部分探讨了中国医疗改革今后面临的课题。

久保英也，日本滋贺大学风险研究中心主任、经济系教授，研究领域为保险论、风险管理论、环境风险金融论。

久保英也．中国の公的医療保険など保険制度にかかわる計量分析：滋賀大学リスク研究センター東アジア保険プロジェクト報告．滋賀大学経済学部附属リスク研究センター；サンライズ出版（発売），2014.

中国公共医疗保险等保险制度相关计量分析：滋贺大学风险研究中心东亚保险项目报告书

中国将如何解决隐藏在经济高速发展背后的社会贫富差距扩大和生态环境恶化等一系列问题？本书指出，与中国老百姓生活息息相关的公共事业——医疗保险制度与社会保险制度的规划和运作将成为解决问题、打开新局面的一把钥匙。

本书共有 11 个章节：第 1 章从多个角度考察中国医疗情况的差距；第 2 章阐述中国新型农村合作医疗保险制度的现状及经营绩效分析；第 3 章从经济阶层的不同出发分析中国医疗支出的差异；第 4 章分析辽宁省内新型农村合作医疗保险制度的差异；第 5 章主要针对中国人寿保险公司进行效率性分析；第 6 章是针对利用 DEA 模型（数据包络分析）的日本人寿保险公司和外资人寿保险公司进行效率性分析；第 7 章对中日人寿保险公司的经营方式和效率进行对比分析；第 8 章论证准确统计死亡率的数学方法的可行性；第 9 章提议中国创建地震保险；第 10 章主要围绕中国环境保险制度展开论述；第 11 章比较了中日两国的保险教育情况。

久保英也，略。

林良嗣［ほか］. 中国都市化の診断と処方：開発・成長のパラダイム転換. 明石書店，2014.

中国城市化的诊断与处方：开发与发展模式的转换

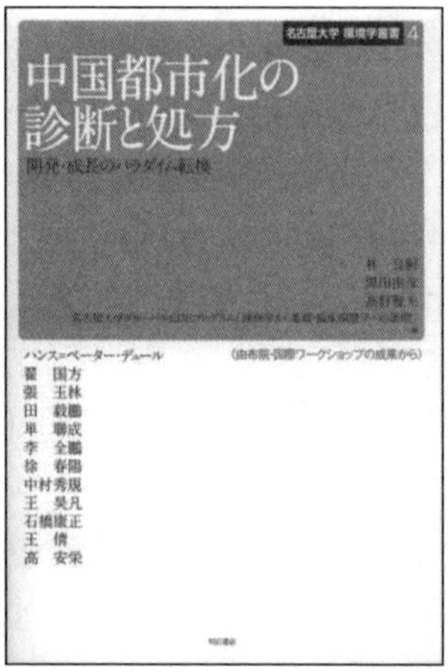

中国迅速的城市化与经济发展带来了包括 PM2.5 污染在内的各种环境破坏和城市问题。围绕这一主题，中日研究人员聚集一堂，共同探讨通过观光旅游业实现可持续发展的前景。本书收录了相关的研讨成果。

全书共分四个部分：第一部分序章，从“东北模式”的可行性出发，探讨中国发展面临的困难及相应改革对策；第二部分，聚焦中国城市化现状，具体论述了南京市、苏南地区、长春市郊区、东丰县、上海田子坊等地的城市化状态，并围绕城乡关系、农村的城市化进程、环境问题展开分析；第三部分，主要分析了日本由布院温泉“有意控制发展速度”的发展模式，提出创造、保护绿色和“娴静”空间，探讨观光产业与农业观光项目的可行性；最后一部分，反观转型时期的日本社会，对解决中国的城市化问题提出相关建言。

林良嗣，日本名古屋大学大学院环境学研究科教授，交通与城市国际研究中心主任。

若林正丈．現代台湾政治を読み解く．研文出版，2014.

解读现代台湾政治

本书旨在剖析现代台湾地区政治动向背后的因果关联，为更深入地理解当今台湾地区政治问题提供参考，并扩展到对民主化及东亚政治的讨论。

全书共分七章：第一章从历史的角度解读台湾政治；第二章以台湾云林县为例解读台湾的地方选举；第三章探讨台湾政党体系的变动；第四章研究台湾的政党组织；第五章从台湾地区与日本关系史的角度论述台湾政治；第六章从战后台湾地区与美国关系史的角度解读台湾政治；第七章从国际政治学视角来解读两岸关系。

本书论文的作者都是当代日本台湾研究最前沿的研究人员，包括日本台湾政治研究第一人若林正丈、台湾选举研究最具代表性的学者小笠原欣幸、两岸关系研究专家松田康博教授等。

若林正丈，日本早稻田大学教授，研究领域为中国台湾现代史、台湾政治。

辻中豊，李景鵬，小嶋華津子．現代中国の市民社会・利益団体：比較の中の中国．木鐸社，2014.

当代中国的市民社会和利益团体：比较视角下的中国

本书是辻中丰主编的“现代世界的市民社会与利益团体”研究丛书之一，集中探讨了中国的市民社会与利益团体。本书的研究建立于丰富的现实资料之上，作者曾于2001—2004年、2009—2011年两次赴北京、浙江、黑龙江三地，围绕以社会团体为中心的中国市民社会进行深入的实地调研。

全书由四大部分（十八个章节及两个附录）组成：第一部分主要说明了调研的方法、视角以及相关的制度情况；第二部分对中国的市民社会组织、党政关系、民间非企业实体、基金会、公共服务等情况展开分析；第三部分以案例分析的方式阐述了中国的人民团体、城市社区、农村社区、草根NGO、媒体报道的现状；第四部分将中国置于国际社会中进行比较研究，如第十六章横向比较了七个国家的不同之处，第十七章则以中国作为金砖国家一员的身份来对中国的市民社会进行比较分析。

辻中豊（辻中丰），日本筑波大学人文社会系教授、校长特别助理，研究领域为利益团体、公共政策、市民社会、社会关系资本。

李景鹏，北京大学政府管理学院教授、博士生导师，北京大学政治发展与政府管理研究所副所长。

小嶋华津子（小岛华津子），日本筑波大学教授，研究领域为现代中国政治。

松本ますみ. 中国・朝鮮族と回族の過去と現在：民族としてのアイデンティティの形成をめぐって. 創土社，2014.

中国朝鲜族和回族的过去与现在：民族身份的形成

众所周知，进入21世纪以来，中国经济飞速增长，曾经的“世界工厂”已经焕然一新脱胎为“世界大国”。这样的巨变背后存在着某些缺乏关注的领域，其中便包括本书着重研究的民族问题。

本书特意选取了中国的朝鲜族和回族进行研究。之所以选择这两个民族，是因为它们之间有一些共同点：首先，朝鲜族和回族都是古代在中国定居并繁衍后代的外邦后裔群体；其次，当前，这两个民族都有迁移“回国”的趋势——由于语言相同或相近的优势，朝鲜族有越来越多人向韩国流动（工作、留学），回族也掀起了学习阿拉伯语的热潮，以便学成后进入专门学校教授阿拉伯语或是从事与阿拉伯国家的贸易事业。将分布地域不同、民俗差异也较为显著的朝鲜族和回族放在一起进行对比的先行研究寥寥无几，而本书填补了相应空白，并从全新的视角对这两个民族进行考察、对比和分析。

松本ますみ（松本真澄），日本室兰工业大学教授，研究领域集中于中国近代史、中国民族政策。

新保敦子．中国エスニック・マイノリティの家族：変容と文化継承をめぐって．国際書院，2014.

中国少数民族家庭的变迁和文化传承

本书基于从问卷调查采集到的数据及口述资料，站在教育学的角度，探讨了中国蒙古族、回族、朝鲜族、哈萨克族、土族等少数民族家庭中民族文化的传承与变迁。

全书共分四部分：第一部分主要以蒙古族和回族的女性研究为中心，分析中国转型时期少数民族家庭的文化传承，具体包括内蒙古鄂尔多斯地区蒙古族家庭的文化传承与变迁研究、近代学校的普及与少数民族家庭文化的传承研究；第二部分探讨少数民族文化与少数民族语言的关系，主要包括基于对哈萨克族进行采访调研而开展的少数民族语言学习考察、基于2005—2010年调查开展的青海土族语言文字保护情况的分析等；第三部分解析朝鲜族身份认同的变迁，具体包括上海朝鲜族的工作、生活和民族文化继承情况研究、韩国“脱北者”的身份认同研究等；第四部分基于西江苗寨苗族女教师、新疆回族女教师的访谈资料，追溯中华人民共和国成立以来少数民族教师的生活轨迹。

新保敦子，日本早稻田大学教育与综合科学学术院教授，研究领域为社会教育学、中国教育。

仲田陽一．知られざる中国の教育改革：超格差社会の子ども・学校の実像．かもがわ出版，2014.

不为人知的中国教育改革：贫富悬殊社会中的孩子们及学校的真实写照

本书作者亲自走访了位于中国乡村与城市的多所学校，试图通过定点观察探索中国教育改革的实际情况。基于实地调研的成果，本书主要介绍了在所谓“二元结构”的社会差异背景下，中国各个地区青少年以及相关学校教育的现实进展，分析了这些地区教育改革中的矛盾和挑战，并对中国教育改革的发展方向做出预测。

全书共分六章：第一章是中国学校及教育改革情况概观；第二章分析中国学校呈现出的“二元结构”背景；第三章及第四章结合作者实地走访的情况，介绍了中国教育改革的实践；第五章以各类数据来梳理和验证中国教育改革的实际状况；第六章从教育财政制度的角度，检验了中国教育改革的成果。

仲田陽一（仲田阳一），日本熊本大学教育学部教授、中国河北师范大学客座教授。

经济·资源·发展

アジア太平洋研究所．日米中新体制と環太平洋経済協力のゆくえ：環太平洋経済協力をめぐる日・米・中の役割研究会 2013 年度報告書．アジア太平洋研究所，2014.

中日美新体制与环太平洋经济合作的前景：围绕环太平洋经济合作的中日美职责研究会 2013 年度报告书

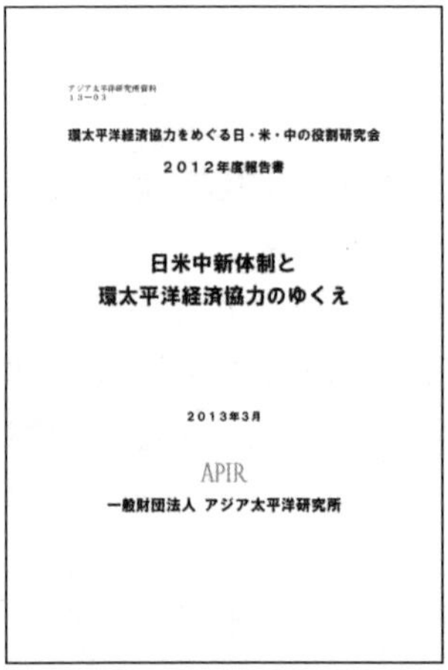

环太平洋地区的国际经济合作，正从贸易、投资自由化向谋求经济统合发展的道路上转变，其中的代表案例有 TPP（跨太平洋伙伴关系协定）和 RCEP（区域全面经济伙伴关系）。同时参加 TPP 和 RCEP 谈判的 G20 成员只有日本一国。换言之，日本是介于中美两国之间、对环太平洋国际经济合作极其重要的一个国家。

本研究从国际政治、国际合作、政治经济学等视角出发，旨在考察环太平洋经济合作中日本所应发挥的作用，并在展望环太平洋地区未来发展的同时，对日本以及关西地区的主要政策方针提出建设性意见。

本研究围绕三个主题展开调查分析：一、关于环太平洋经济合作的多个框架条约的关系、背景分析；二、主要国家（美国、中国等）的政权变动以及对国内经济政策的影响调查；三、主要国家的国内政治变化及分析。本研究以日本国内外的研究学者、产业界、政界人士的合作为基础，通过定期举办座谈会的方式推进。

亚洲太平洋研究所（APIR），2011 年 12 月成立，所长宫原秀夫。该研究所由会员企业赞助，是不受政府和特定企业影响的中立智囊团。APIR 通常独立选取公益性课题，其宗旨在于推进亚太地区持续发展，对未来经济发展进行预测和提供建设性意见。

大木博巳，清水顕司．中国企業の国際化戦略．続．ジェトロ，2014.

中国企业的国际化战略 续

本书是2007年出版的《中国企业的国际化战略：“走出去”政策与七大公司在新兴市场的开拓》（中国企業の国際化戦略——「走出去」政策と主要7社の新興市場開拓）的续编。前作主要分析了接受“走出去”政策支持而开拓海外业务的中国企业，并从“新兴市场的开拓”这一视角考察了中国企业国际化战略的实施现状和问题所在；而本书则旨在推进对中国企业国际化发展现状的理解，以正确地认识和判断中国经济。

2005年以后，中国对外投资范围不断扩大，投资对象市场逐渐向欧美拓展，中国企业对欧美企业的成功收购案例也在逐年递增，经济发展呈现日新月异之态。因此，本书承接前作，从三个新的视角阐述了中国企业的国际化战略：第一部分阐述了中国的投资贸易现状与政策；第二部分深入分析了中国企业，针对海尔、奇瑞汽车、吉利汽车、江淮汽车、中兴通讯、联想、三一重工、尚德电力、比亚迪及中国铝业公司、中石化等企业展开个案研究；第三部分论述了中国企业在美国、韩国、日本市场的投资现状。

大木博巳，日本国际贸易投资研究所研究主任、日本中央大学兼职讲师。

清水顕司（清水显司），JETRO（日本贸易振兴机构）海外调查部中国北亚课课长代理。

相关图书：

天野倫文，大木博巳．中国企業の国際化戦略：「走出去」政策と主要7社の新興市場開拓．東京：ジェトロ，2007。

大森拓磨．米中経済と世界変動．岩波書店，2014.

中美经济与世界变动

中美经济关系一直令世界各国瞩目。虽然中美两国经济始终存在矛盾与摩擦，但对彼此的依赖也在这一过程中逐渐加深。随着世界政治格局的变动和中国综合国力的提升，当今的美国已无法再对中国进行经济封锁。本书探讨的正是在世界格局变动背景下这一重要经济关系的发展。

本书以中美经济关系的历史发展为中心，试图解答世界经济结构将会发生何种变化，并从中美贸易的变迁、中国外汇储备与美国双赤字的关系、以美元为中心的国际货币体系与人民币的关系、中美经济摩擦与谈判交涉四个方面展开了预测。此外，本书对中美两国经济状况分别进行了全面评析：在评价美国经济现状的时候，本书表示，长期主导世界经济的美国实力出现了明显衰退，想要继续独领风骚恐怕已经力不从心，因此，苦于“双赤字”的美国有必要与发展势头明显加快的新兴国家建立密切联系，以稳定其国际经济关系、保证市场占有；而对于中国经济状况，本书指出，中国经济支撑着日渐下滑的美国经济，并逐渐成为世界经济不可缺失的一股力量。

大森拓磨，日本新泻大学研究生院现代社会文化研究科经济系副教授，研究领域为理论经济学、美国经济论。

谷崎光．日本人の値段：中国に買われたエリート技術者たち．小学館，2014.

日本人的“价格”：被中国器重的精英技术员们

日本的技术人才流失严重，其中最大一部分流向了经济飞速发展的中国。为何来自日本的先进技术得以在中国各个领域广泛应用？这恐怕要归功于给予日本人才丰厚待遇的中国猎头公司。本书所描述的正是这种中日人才转移现状。

本书作者自 2001 年起就在北京大学经济系留学，后旅居北京 14 年，撰写了不少中国题材的图书。他采访了 80 余位曾经就职于日本汽车、家电、建筑机械等行业，转而来到中国工作的日本技术员，生动地描述了这一群体真实的生活状态。此外，本书还将目光投向以海外技术员为“狩猎”目标的中国猎头公司，重点介绍了这些猎头公司的“捕猎”方式和成功技巧，从独到的视角展现这一行业的诸多细节。

谷崎光，日本作家，曾留学中国并长期旅居北京，作品主题集中于当今中国社会，其著作《中国公司》（中国てなもんや商社）于 1996 年一经出版就成为当年日本最畅销的图书，后被翻拍成电影。

徐涛．中国の資本主義をどうみるのか：国有・私有・外資企業の実証分析．日本経済評論社，2014.

如何看待中国的资本主义：国有、私营、外资企业的实证分析

本书主要从所有制及产业领域的视角梳理中国企业发展的历程，采用了宏观统计数据以及大量企业调查数据来考察中国国有企业、私营企业及外资企业的发展战略。

全书共分八个章节：序章解读中国经济中“看得见的手”和“看不见的手”；第一章探讨中国国有企业制度与“放权让利”式改革；第二章分析中国国家资本的战略性重组；第三章论述中国私营企业的发展历史；第四章介绍了中国引进外资的相关情况；第五章基于中国第二次全国经济普查数据，分析国有企业、私营企业和外资企业所处的环境；第六章基于工矿业企业调查数据，分析中国国有企业与民间企业的进退问题；最后一章是结论与展望部分。此外，本书还有三个附录，具体包括企业所有制分类与“民营化”概念、第二次经济普查数据库、规模以上工矿企业调查数据库相关说明。

徐涛，日本北海学园大学经济系教授。

徐一睿．中国の経済成長と土地・債務問題：政府間財政システムにおける「競争」と「調整」．慶應義塾大学出版会，2014.

中国的经济发展与土地、债务问题：政府间财政体系下的“竞争”与“调整”

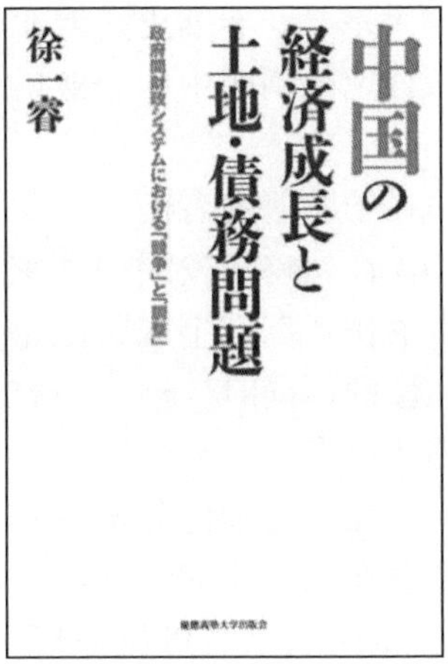

中国现在已经成为世界第二经济大国。然而，支撑着中国各地经济发展的地方政府间的竞争却愈演愈烈，呈现出白热化的趋势，并带来了贫富差距拉大、地产经济泡沫风险、政府债务超额等诸多问题。本书通过对中国经济发展成果与面临的问题两方面进行细致分析，向读者展示了中国经济改革的方向。

全书共分七章：第一章探讨中国中央与地方的关系；第二章论述从“先富”过渡到“共富”阶段，中国的地方协调统筹与财政转移；第三章分析中国各地区之间经济和财政力量的差距；第四章从中国地方政府的城市管理分析土地与财政问题；第五章阐述中国地方政府融资平台（LGFV）与债务问题；第六章剖析旨在实现合法募集贷款的中国地方债券市场的构建；最后一章展望未来中国集“调整”与“竞争”为一体的财政体系。

徐一睿，日本嘉悦大学经营经济学专职讲师，研究领域为中国经济、财政学、金融论。

苑志佳．中国企業対外直接投資のフロンティア：「後発国型多国籍企業」の対アジア進出と展開．創成社，2014.

中国企业对外直接投资的前沿：后发型跨国企业的亚洲战略

众所周知，作为发展中国家，中国跨国企业的发展与诸多发达国家相比存在较大差异。本书正是着眼于这种差异性，立足现实、结合理论阐明中国企业的全球化发展机制。

当今跨国企业研究的缺陷在于，研究者们更多关注的是发达国家的跨国企业，往往忽略了发展中国家的跨国企业。在此背景下，本书作者探究中国跨国企业优势的研究当然是具有先驱性的；同时，这一研究也可能因此颇具争议性。本书特色在于，将理论与实践充分结合起来，在针对既有研究进行理论分析的基础上，实际调研了将组装业务设在东南亚的中国汽车产业及电子产业，进而剖析既有研究的问题所在。本书的结论从书名可见一斑，即将中国跨国企业归类于“后发型跨国企业”。

苑志佳，日本立正大学经济系教授。

朝元照雄．台湾の企業戦略：経済発展の担い手と多国籍企業化への道．勁草書房，2014.

台湾的企业战略：支撑经济发展与走向全球化

本书利用态势分析法、鸿沟理论、破坏性创新理论、机光电垂直整合服务商业模式、竞争优势思想分析等研究理论或方法，对台湾积体电路制造公司、联发科技、鸿海、群创光电、华硕电脑等企业进行案例分析，探讨了在从“人才流失”阶段转向“人才回归”阶段的台湾，高科技企业向全球化迈进的成长过程。

全书共分五章：第一章从发展历史、技术水平、企业理念、企业战略与优势所在这几个方面来论述世界上最大的专业集成电路制造服务企业台积电的发展过程；第二章主要分析联发科技公司的企业战略，具体分析了光驱芯片、移动通信芯片、数字电视控制芯片的开发研制过程；第三章分创立时期、发展时期、飞跃期、高科技打造期四个阶段，阐述了世界上最大的 EMS 企业鸿海集团的发展战略；第四章主要分析群创光电公司收购奇美电子后供应链的建设情况；第五章从企业沿革、组织架构、企业战略三个角度分析了华硕电脑公司的企业经营战略。

朝元照雄，日本九州产业大学经济系教授，研究领域为应用经济学，研究课题集中于发展经济学与现代亚洲经济。

中兼和津次．中国経済はどう変わったか：改革開放以後の経済制度と政策を評価する．国際書院，2014.

中国经济之变：改革开放后的经济制度和政策评价

改革开放后，中国的经济体制经历了重大转变。这一转变被称为“体制转移”，也有人称之为“体制转换”，但无论何者都说明了一个事实：构成经济体制的各种制度在1978年改革开放政策实施后的35年间发生了巨大变化。作为“早稲田现代中国研究丛书”之一，本书正是针对这一巨变进行的系统研究。

中国经济体制转变究竟是如何推进的，巨大的转变带来了怎样的新政策，这些政策和制度上的转变又应当如何进行评价……本书主要围绕诸如此类的问题，分别做出了详细的解答。

本书指出，中国经济体制转变的主要内容在于：首先，组成经济体制骨架的两大重要制度，即资源分配机制和经济信息体系由计划体制转变为市场体制，生产工具所有制由以公有制为中心转变为以公有制为主体、多种所有制经济共同发展；随着这一变化，其他制度也相应地发生转变，如分配制度也从平均主义向能力主义转变，决策机制由中央集权制向地方分权和企业分权制转变，企业本身也从单纯的行政附属物向自负盈亏、独立承担责任的真实的“企业”转变；此外，与财政、金融、贸易、劳动、地区开发、土地等相关的重要制度也因改革开放政策出现了新的变化。改革开放促进了这些制度的变革和进步，使得中国经济体制获得新生。

中兼和津次，日本东京大学名誉教授、日本中国经济学会会长，著名的中国经济研究专家。

历史·思想·文化

阿部幹雄．中国現代文学の言語的展開と魯迅．汲古書院，2014.

中国现代文学语言的发展与鲁迅

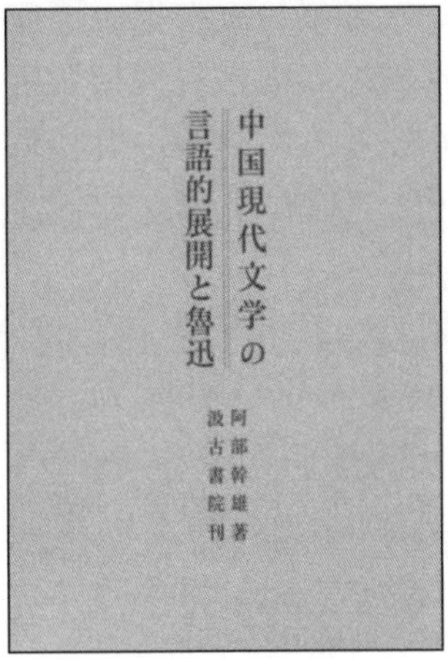

本书共分三个部分：第一部分是“论文篇”，收录了中国现代文学专家阿部干雄关于中国现代文学的若干论文，其中前三篇正是他围绕中国近代文学语言体系研究写成的博士论文的基础，主要涉及李初梨革命文学的语言观、成仿吾文学观、鲁迅语言观及对战后日本思想界的反思；第二部分是“杂文篇”，内容涉及鲁迅与毛泽东的关系、《津村乔精选评论集》书评等，尝试探讨了中国近现代文学及鲁迅研究的本质；第三部分是“翻译篇”，包括几篇文学评论翻译作品，如张新颖对沈从文土改时期家书的评论、孙歌与陈光兴对文化“间”实践可能性的分析、孙歌的“东京停电”等。正文之后还附有阿部干雄简历、著译一览表等内容。

本书的一些论证极具敏锐性和开创性。比如，本书分析了郭沫若早期主张的“超越写实和还原表达的主观表象”的问题，这在文学史相关研究中是罕见的；此外，本书在谈论成仿吾时还指出，尚处发展初期却撑起中国文学半壁江山的“五四”新文学开创了用抽象概念叙述世界的方法，为语言发展开辟了一条崭新的道路。

阿部幹雄（阿部干雄），日本庆应大学、中央大学兼职讲师。

北岡伸一，步平.「日中歴史共同研究」報告書. 第1巻（古代・中近世史篇）. 勉誠出版，2014.

「中日共同历史研究」报告书第1卷（古代・中近世史篇）

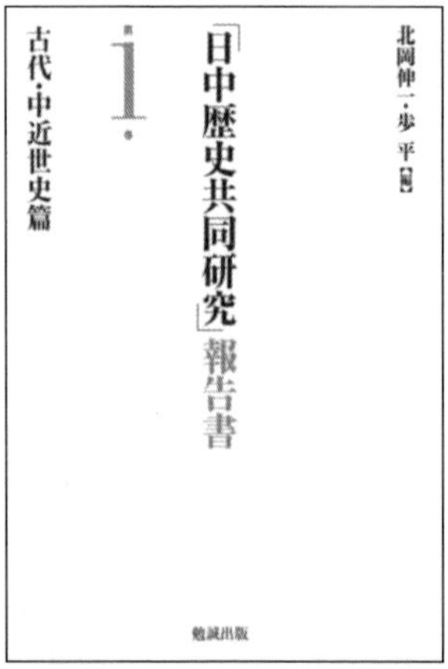

《中日共同历史研究报告》是自2006年12月开始、历时三年的“中日共同历史研究”的第一阶段研究报告，也是中日两国历史学者第一次根据政府间协议共同进行历史研究的学术成果。本报告包括了中国和日本学者创作的20多篇论文，分为古代史和近现代史两卷；这些文章围绕16个重要议题，探讨了从古代到1945年的中日关系史。

本报告书第1卷名为“古代・中近世史篇”，回顾了中日两国两千多年的交往史，将其概括为“前近代的友好，近代的不幸”，并提出了未来“必须要向着友好而努力”的目标。本书共分三部分：第一部分从东亚国际秩序的角度思考中日关系；第二部分从文化交流的角度论述了中国文化的传播和日本文化的独特性；第三部分比较了中日两国的社会构造和相互认识。

本研究的具体实施由中国社会科学院近代史研究所和日本国际问题研究所负责，在中日学者的交流讨论中协作开展。双方学者承认存在分歧，并以严肃、理性的态度对待分歧、力求达成共识，为推进未来中日双方的共同研究打下了良好的基础，也对中日古代史、近代史研究的发展有着重要意义。

北岡伸一（北冈伸一），日本国际大学校长、政策研究大学院大学教授、东京大学名誉教授，研究领域为日本政治外交史。

步平（步平），中国社会科学院近代史研究所所长，研究领域为中日关系史、抗日战争史。

北岡伸一，步平.「日中歴史共同研究」報告書. 第2卷（近現代史篇）. 勉誠出版，2014.

「日中历史共同研究」报告书第2卷（近现代史篇）

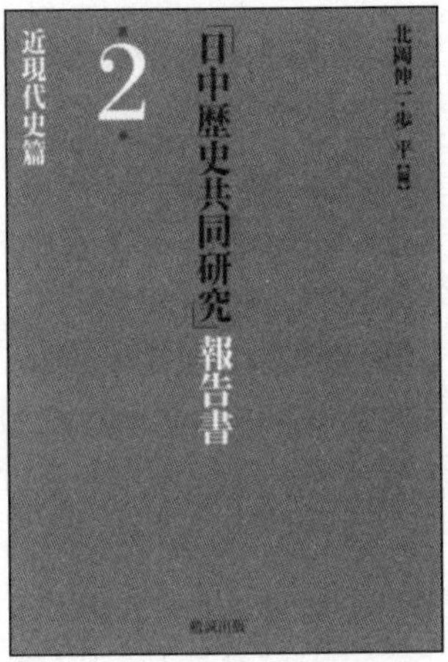

《中日共同历史研究报告》第2卷名为“近现代史篇”，论述范围为从中日两国的近代史开端，即与西方列强的接触开始（在中国是以“鸦片战争”为标志，在日本则是以“黑船事件”为标志）至今的历史时期。书中收录的论文按其所论述史实的时间顺序编排，以1931—1945年的战争时期为核心，分成了战前、战中、战后三个历史阶段：第一阶段为中日两国的“门户开放”时期到20世纪20年代，第二阶段为“九一八”事变到日本战败，第三阶段为二战结束至今。不仅如此，在每一个阶段内，本书又根据时间顺序将论文再细分为三个时期。这样形成的“三阶段、九个时期”构成了本书的三部九章。

北岡伸一，略。
步平，略。

城山拓也．中国モダニズム文学の世界一九二〇、三〇年代上海のリアリティ．勉誠出版，2014.

中国现代主义文学的世界：一九二〇、三〇年代上海的"真实感"

从20世纪20至30年代中国现代主义作家编织的"小故事"中来看，中国新文学表现出了怎样的可能性？苦苦追求创新表现形式的中国近代作家们，在上海触摸到了什么样的"真实感"，又持有什么样的世界观、历史观？基于对上述问题的思考，本书通过解读中国现代主义文学中小说、诗歌、随笔及漫画作品的表现手法，考察相应书籍的出版事宜，从独特的角度展现了中国近代文学史的原貌。

秉持着"用'真实感'的观点重新评价20世纪二三十年代展开的'中国现代主义文学'的世界"的研究原则，本书在介绍中国现代主义文学作品的基础上，对其背后的世界观、历史观也进行了深入分析：首先，本书在序章中对中国现代主义文学已有的研究成果及相关概念进行了梳理；其次，在一至五章中，通过分析穆时英、张资平、刘呐鸥、戴望舒、郭建英五人的作品，对中国现代主义文学进行了考察；最后，在终章对论述内容进行整理和概括的同时，阐述了作者关于20世纪30年代中期中国现代主义文学动向的研究成果。

城山拓也，日本大阪市立大学等学校的外聘讲师，研究领域为中国现代主义文学。

池田温．唐史論攷：氏族制と均田制．汲古書院，2014.
唐史论考：氏族制和均田制

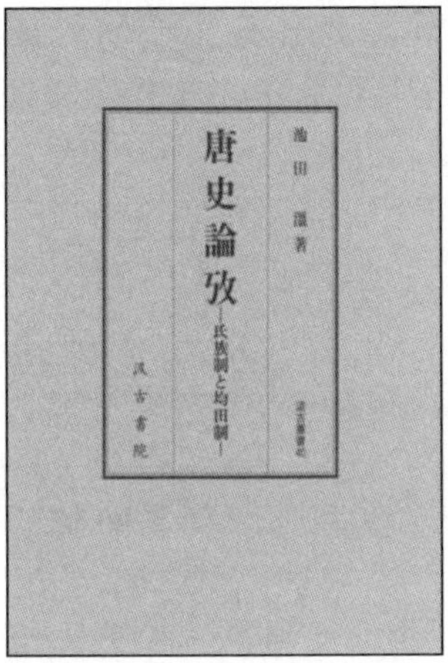

本书是战后日本的中国隋唐史及敦煌吐鲁番学研究代表人物池田温的论文集，辑录了其以中国唐代氏族制和均田制为主题的相关作品，包括此前未曾发表过的两篇论文《贵族制的没落》和《唐代均田制考察》。

全书分为两个部分：第一部分研究的是从六朝至初唐以来门阀贵族从强到弱的社会结构变迁，特别着重于分析氏族制怎样在隋唐之后走向衰落、氏族权势如何逐渐受到国家统治力量制约，这一部分集中关注的案例来自敦煌地区的氏族，甚至包括粟特人部落；第二部分以作者的硕士论文《唐代均田制的考察》（「唐代均田制の一考察」）为中心，收录了吐鲁番文书发现后各种与均田制相关的论文，其中除了对均田制的整体考察，还涉及一些具体案例，如唐西州、高昌县、敦煌县等地土地制度。本书附录的几篇论文还对 9、10 世纪以后，敦煌在均田制废弛后实行的土地制度以及唐代的物价等内容进行了考察。

池田温，日本东京大学东洋文化研究所名誉教授，研究领域为中国古代、中世史，是战后日本研究中国隋唐史和敦煌吐鲁番史的代表人物。

池田秀三．中国古典学のかたち．研文出版，2014.

中国古典学的形式

本书作者长期将汉魏学术思想作为主要研究课题，致力于继承日渐衰微的古典学研究。本书正是其古典学学术思想的重要体现。

按照本书的观点，“古典学”很大程度上相当于“文献考证学”，这意味着在古典学研究中，对体例的研究是最为重要的；因此，本书以“中国古典学的形式”（『中国古典学のかたち』）为名，正是为了着重强调“形式”（「かたち」）一词，这也寄托了作者希望读者能通过本书更加了解古典学真实面貌的意图。

全书分为两大部分：前半部分收录的是作者通过长期研究汉代学术思想、考证大量文献之后撰写的有关中国古典学的文章，后半部分收录的主要是日本京都大学中国哲学史研究室的诸多考论成果。

池田秀三，日本京都大学名誉教授，研究领域为经学、汉魏学术史。

渡邉将智．後漢政治制度の研究．早稲田大学出版部，2014.

东汉政治制度的研究

本书是在作者原作《东汉的皇帝统治体制和政治制度的构造》（『後漢の皇帝支配体制と政治制度の構造』，早稲田大学出版部，2012 年）的基础上增订而成，是日本学者研究东汉政治史的一部代表性作品。

日本以往的汉史研究大多将西汉作为研究对象，而只是将东汉政治制度视为西汉政治制度的延续，因此东汉政治制度的独特性未能得到凸显。为了填补这一缺失，本书以东汉政治制度为中心，着重探讨了东汉皇权体制。

本书主张以东汉为中心研究汉代皇权体制，并强调关注东汉的独特性，在分析“政治空间”（即皇帝的办公场所、生活空间，百官的办公场所及其空间位置关系）的基础上展开讨论。本书最大的特色是，在讨论东汉政治制度的结构时，既重视政策形成和文书传递过程，又重视政治空间的分析，并将这样的关注点贯穿始终。此外，本书在分析东汉政治空间时，还利用传世文献和考古发现，绘制了西汉长安城未央宫、东汉洛阳城详细的概念图，编辑了东汉洛阳城相关史料集成一览表，深入、细致、立体地表现了东汉皇权政治。

渡邉将智（渡边将智），日本早稻田大学长江流域文化研究所客座研究员、大东文化大学文学部外聘讲师。

楯身智志．漢代二十等爵制の研究．早稲田大学出版部，2014.

汉代二十等爵制研究

“二十等爵制”最初是从战国时代秦国的商鞅变法开始设置的，它将爵位从“公士”到“列侯”共分为二十个等级，以奖赏不同层次的军功，这一制度后来被秦汉两个大一统王朝所沿用。本书通过分析最新出土的中国古代法制文献，对汉代的“二十等爵制”进行了研究。

在学界已有研究成果的基础之上，本书深入探析了关于秦末汉初法制状况的文献——张家山汉简《二年律令》。本书认为，“官爵”和“民爵”的差异是随着功臣阶层的消亡而在汉景帝、汉武帝之后形成的，并提出了有关“二十等爵制”的新概念——皇帝授予其治下臣民以公职，并根据他们担任职务内容的不同，通过区分赏赐物的数量和种类来实行“帝赐”。本书得出的结论是，汉代皇帝所施行的“爵制秩序”措施的背景中，存在皇帝让统治领域内所有臣民分掌公职、和他们一起治理天下的“共同统治”理念，但事实上，该措施更是汉代皇帝掩饰其专权，并将其权力正当化的手段。

楯身智志，日本早稻田大学外聘讲师，研究领域为秦汉史。

繁原央．対偶文学論．汲古書院，2014.

对偶文学论

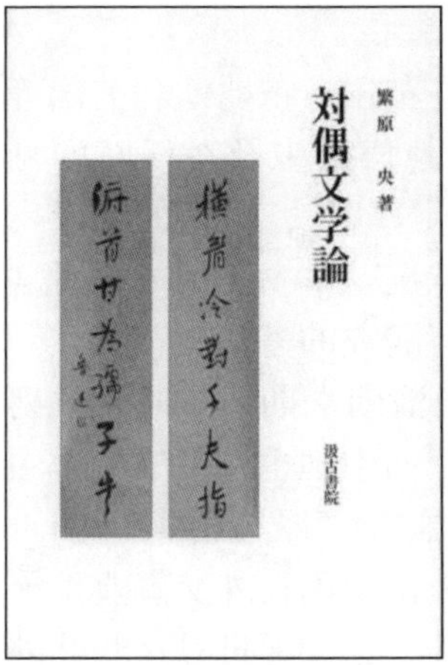

本书以《楚辞》等文学作品为例，详细地介绍了中国古典文学中“对偶”这种表现形式，是研究对偶理论的一本入门级书籍。

本书所论述的“对偶”不仅仅局限于律诗中的对句，还涉及具有对偶构思的更广泛的中国文学作品。如在中国，上到宫殿庙宇等大型建筑，下到寻常人家的厅堂客房，处处都可见到悬挂在墙上的楹联。以两句文言来描述事物的表现思维深深地根植于中国的语言与生活之中，这从文学中律诗的对句、六朝时体系化的汉字注音方法“反切”之中都可见一斑。本书的切入点即为对偶所具有的这种“将单独的事物从两面来表达、又从两面的表达中反观整体”的表现形式。本书内容丰富，不仅介绍了《楚辞》《长恨歌》《秋浦歌》等作为经典案例的中国古典文学作品，还涉及一些中国古典小说的创作手法，著作的后半部分对中日比较文学也进行了一定的研究。

繁原央，日本常叶大学短期大学部名誉教授，研究领域为中日文学、民俗学。

岡本隆司，箱田恵子，青山治世．出使日記の時代：清末の中国と外交．名古屋大学出版会，2014.

出使日记的时代：清末的中国与外交

晚清时期，中国政府派往英国、俄罗斯、美国等欧美国家的常驻公使们会把赴任途中及在任时的见闻、对外交涉过程写成“出使日记”，他们的记录反映了当时世界与中国的真实状况。本书正是一部对这些清末中国驻外使节日记进行研究的著作。

“出使日记”大多创作于清朝末期，当时西方列强开始了对中国的大肆掠夺，而中国也在甲午战争中战败，长期以来与周边小国施行“厚往薄来”朝贡贸易的中国开始处处碰壁。晚清中国在外交事业发展初期就在国外设立了诸多驻外公馆，通过对这些驻外公馆的研究，可以鲜明地展现当时中国与世界各国的外交关系以及政治、社会、思想等方面的实际状况。本书介绍了当时多名清政府驻外公使的“出使日记”，从人物介绍、出访背景、日记内容概要、记述特点等方面进行了详细的论述。

岡本隆司（冈本隆司），日本京都府立大学文学院副教授，主要研究领域为近代中国外交史、中国经济史。

箱田恵子，日本宫城教育大学教育学院副教授。

青山治世，日本亚细亚大学国际关系学院讲师。

高橋和之．日中における西欧立憲主義の継受と変容．岩波書店，2014.

西欧立宪主义在中日的继承与变革

本书是中日联合研究课题“西欧立宪主义在亚洲的继承与变革”的研究成果。该研究课题是一项比较研究，主要研究内容是，近代化过程中亚洲各国在引进以西欧立宪主义为依据的各种政治制度时遭遇的问题与挑战。

包括日本在内的亚洲各国在引进西欧立宪主义之时，常常面临的一个问题是，如何使其与本国的固有文化相融合。日本是比较典型的例子，在制定明治宪法的过程中就出现了“日式”与“欧式”的分歧，这一分歧甚至发展成为战后日本宪法在运用问题上的总体矛盾。中国在清朝末期之后也面临同样的问题，不过中国的情况比日本更加复杂，因为当时的中国并不是直接从西欧国家学习，而是经由日本引进立宪主义。因此，一方面，中日共同的研究可以使中国的宪法学说回归“原典”以获得更多启示；另一方面，通过对当时中国从日本学习立宪主义的过程中、对日本社会着眼之处的研究，可以在一定程度上增进对立宪主义的“日式”乃至“亚式”的理解。

高橋和之（高桥和之），日本东京大学名誉教授、明治大学法科大学院教授。

荷見守義．明代遼東と朝鮮．汲古書院，2014.

明代辽东与朝鲜

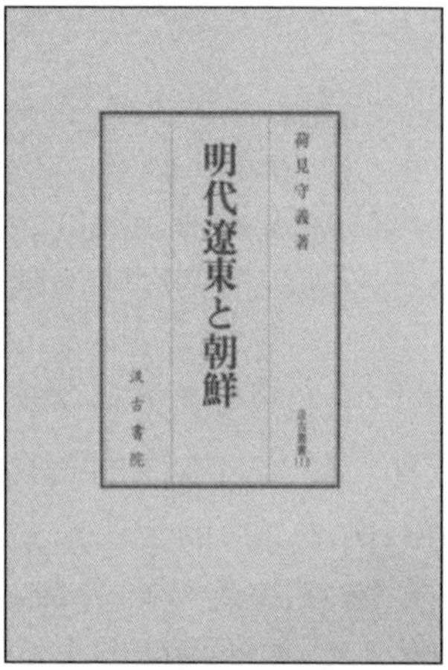

明代的中国王朝曾与朝鲜王朝保持了两百余年的友好外交关系；然而，随着明末女真族在东北的崛起，两国关系出现了微妙的变化。本书站在明代辽东镇的立场上，从明王朝与朝鲜王朝关系的角度分析明朝的宗藩关系和朝贡体制，并对中国边疆防御体制中外交所起到的作用进行了研究。

本书由两部分构成：第一部分的主题为明代辽东镇的统治结构，记述了明朝统治辽东的历史、巡按监察御史和山东的关系、辽东守巡道的分守道和分巡道，以及《中国明朝档案汇总》和《明代辽东档案汇编》中收录的“辽东档案”相关问题、辽东互市的代表——马市的结构、辽东互市的交易税等内容；第二部分的主题为明代辽东和朝鲜、女真的关系，探讨了朝贡是贸易还是安全保障、辽东对中朝关系的作用及朝鲜的立场、成化三年（1467）女真出兵的问题、朝鲜的“事大”政策和“交邻”政策、朝鲜世祖的政策构成等内容。本书通过对明代辽东镇内部和外部的考察，理清了中朝宗藩关系和中朝边防的联系及其与女真的关系，对中朝关系史的研究具有重要意义。

荷見守義（荷见守义），日本弘前大学人文学部教授，研究领域为中国近世史、东亚地域史。

近藤正己，北村嘉恵．内海忠司日記（1940—1945）：総力戦体制下の台湾と植民地官僚．京都大学学術出版会，2014.

内海忠司日记（1940—1945）：总体战体制下的台湾和殖民地官僚

内海忠司是日本政府官员，于1931年受“台湾总督府”委派，担任台北市尹（相当于当今台北市长）一职。他留下的重要文献《内海忠司关系文书》，其核心内容是日记和回忆录，详细记录了内海忠司作为“台湾总督府”官僚在殖民地统治时期的见闻，以及其辞官之后以东京为据点的活动和人脉关系。

继《内海忠司日记（1928—1939）、帝国日本的官僚和殖民地台湾》一书整理和揭示了《内海忠司关系文书》的历史记录之后，本书进一步翻印了其中亚洲太平洋战争时期的日记、回忆录以及主要办公资料，以“台湾总督府”的官僚们辞官后与殖民地统治的联系为着眼点，考察了“总体战”体制下台湾统治的结构。

作为“台湾总督府”地方长官的个人记录，本书对于研究日本在台湾殖民政策的形成和实施，以及台湾殖民地政治无疑具有重要意义。

近藤正己，日本近畿大学文艺学部教授，研究领域为日本史。

北村嘉恵，日本北海道大学大学教育学研究院副教授，研究领域为教育学。

相关图书：

近藤正己，北村嘉恵，駒込武．『内海忠司日記（1928—1939）、帝国日本の官僚と植民地台湾』．京都：京都大学学術出版会，2013。

久保亨，波多野澄雄，西村成雄．戦時期中国の経済発展と社会変容. 慶應義塾大学出版会，2014.

战时中国的经济发展和社会变迁

本书以全新的视角，从多个角度论证了与战时中国经济发展和社会变迁相关的一系列学术观点，如历史学者曾提出的“二战后中国经济继承了战时经济的发展成果，且受益于总动员体制所带来的社会统一”。

本书探讨了战时中国的经济发展和社会变迁过程，并将其置于长期历史视野中进行分析。抗日战争时期，除了有抗日根据地的四川和云南之外，被日军占领的东北、华北、华中地区的经济也以军工产业为中心迅速发展，且其发展的成果被战后的中国所继承。书中所论述的战时经济发展涉及范围广泛，从四川的制丝业、重庆市内的交通业到银行业、保险业等金融领域都被囊括在其中。本书卷末还附有三篇关于抗日战争研究新动向的论文，以及傅高义（Ezra Feivel Vogel）先生的专论《中日关系改善的提案》（「日中改善のための提案」）。

久保亨，日本信州大学人文学部教授，研究领域为中国近现代经济史。

波多野澄雄，日本筑波大学名誉教授、亚洲历史资料中心所长，研究领域为日本外交史。

西村成雄，日本大阪大学名誉教授、放送大学客座教授，研究领域为20世纪中国政治史。

笠原十九司．第一次世界大戦期の中国民族運動：東アジア国際関係に位置づけて．汲古書院，2014.

从东亚国际关系的角度看第一次世界大战时期的中国民族运动

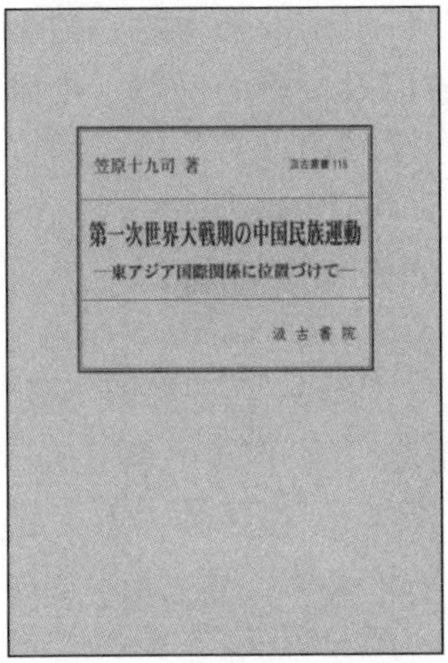

本书定位于中华民国史，围绕着以中日关系为核心内容的东亚国际关系变动，论述了第一次世界大战期间以反抗日本侵略为目的的中国民族运动历程。

本书主要议题包括中国反日民族运动热潮的形成、反对日本“二十一条”运动、反对中日军事协定运动、“五四”运动前的山东主权回收运动，以及“五四”运动等关键历史事件。此外，本书还广泛涉及各类历史要素，如：中华民国国家和政府的动态与运动；诱发并激化了中国民族运动的客观因素——日本政府侵华政策、日本工商业者、中国的外交官、武官；美英的对华、对日外交；日美对立下的美国外交政策以及美国驻华外交官、记者、传教士等。

作为一部通史风格的论文集，本书以21世纪以来的既有研究成果，以及作者本身的问题意识、课题意识为基础，叙述和修正了一些历史术语和概念界定，对中国近现代史、中日关系史、东亚国际关系史研究做出了新的贡献。

笠原十九司，日本都留文科大学名誉教授，研究领域为中国近现代史、中日关系史。

鈴木靖民，金子修一．梁職貢図と東部ユーラシア世界．勉誠出版，2014.

梁《职贡图》与欧亚大陆东部世界

《职贡图》是中国南朝时期梁元帝萧绎的一幅画作，图中所绘的各国使节形象以及身侧的榜题，是研究6世纪以南朝梁为中心的国际秩序、文化状况的重要史料。近年来，随着《清张庚诸番职贡图卷》的发现，对南朝梁《职贡图》的研究也达到了一个新的高度。

本书根据对新发现的《职贡图》题记以及现存的多版本《职贡图》的考证，明确了其史料地位，并从多个角度描绘了由中心、周边、边缘等关系构成的欧亚大陆东部世界结构。全书收录了21位执笔者的论文，共分为三部分：第一部分题为“欧亚大陆东部的世界结构”，收录了有关南朝时期的国际关系以及梁代国际意识的论文；第二部分题为“作为教科书的职贡图”，收录了关于北宋拓本以外的《职贡图》版本的史料特点及逸文的论文；第三部分题为“梁与‘藩夷’的国际关系”，不仅收录了关于中国魏晋南北朝时期国际关系、国际秩序的文章，还涉及对中国北朝及朝鲜的讨论。

鈴木靖民（铃木靖民），日本横浜市历史博物馆馆长，研究领域为日本古代史、东亚古代史。

金子修一，日本国学院大学文学院教授，研究领域为中国古代史。

青木敦．宋代民事法の世界．慶應義塾大学出版会，2014.

宋代民事法的世界

本书研究的主题是中国宋代（960—1279）司法的特征。通过考察江西地区的社会习俗、风气等因素对民事诉讼的影响，本书从多个角度论证了经济、社会与司法之间的关系；此外，本书还在批判性地阐述现有研究成果的基础之上，立足于日本内外关于宗族、文学的研究，将视野放宽到欧亚大陆范围之内，提供了关于“唐宋变革论”的新观点。

青木敦，日本青山学院大学文学部教授。

青山治世．近代中国の在外領事とアジア．名古屋大学出版会，2014.

近代中国的海外领事制度与亚洲

近代以来，以西欧国家为中心的领事制度席卷全球，给整个世界都带来了重大影响。众多研究者曾经对非西欧国家领事制度的西欧化（亦即近代化）投以极大关注，比如他们注意到，日本就是从近代开始采用领事制度，在亚洲各国设立了领事馆。然而，与日本不同，中国数百年来处理与周边国家的关系时采用的都是朝贡制度，再加上中国邻国也有大量华侨华人定居，因此，近代中国仍然想要以朝贡制度处理与邻国的关系，自然会使得中国引进领事制度的历程充满艰难。本书所探讨的正是这一复杂议题。

本书重点分析了以下两方面的问题：（一）以华人保护问题为契机，在南洋地区（主要指东南亚）扩大清政府领事裁判权范围的争议；（二）清政府在东亚各地区行使（欲行使）的领事裁判权。本书以中国近代化历程、中国与周边国家和地区的关系为主轴，通过分析中国引进领事制度的过程和领事制度运行情况，探讨了近代中国引进西式外交、行政制度的特征和出现的不足，也描绘了近代亚洲国际关系的面貌。

青山治世，略。

山本英史．中国近世の規範と秩序．研文出版，2014.

中国近代的规范与秩序

本书基于日本东洋文库研究部“前近代中国民事法令的变迁”小组的研究成果，主要包括了以下九位执笔者的论文：

青木敦的《地方法的积累及其法典化——以五代到宋的特别法为中心》，通过追溯地方特别法的编纂过程来厘清地方法的实际状况，明确了中国中央政府并不掌握地方法的事实；大泽正昭《从南宋判语中看地方权贵和豪民》，使用南宋民法判语分析了地方权贵，特别是地方豪民的特质；大岛立子《元代儒学理念的浸透和教育》指出，在元代之后，人们往往倾向于遵守那些符合儒学理念的规定，礼教教育也被推广至乡村社会；滨岛敦俊《明代江南岂为“宗族社会”哉?》，通过对四个士大夫家族的考察，证明传统汉民族社会的宗族结合在明代江南三角洲地区极为罕见；高远拓儿的《关于清初的坊刻则例集——以嵇永仁辑〈集政备考〉为中心》，以清初生员嵇永仁所著《集政备考》一书为线索，为清代则例研究提供了新的观点；岸本美绪的《关于清代前期定例集的利用》，列举了五种出版坊刻定例集，调查了收录于各种定例集定例的重复状况；山本英史的《光棍例的成立和背景——清初秩序形成的过程》，追溯了清初设立的抑止反社会集团或个人的“光棍例”在统治稳定后趋于符合现实、态度软化的过程；小川快之的《清代江西、福建的“溺女”习俗及相关法律问题——以“厚嫁”和童养媳等习俗为中心》，探讨了清代江西、福建地区“溺女”习俗发生的背景以及地方官员对此的处理；西英昭的《中华民国民法成立过程的初步检讨——以夫妇财产制为素材》，详细整理了中华民国民法的立法过程，以夫妻财产制立法过程为题考察了民国时期民事立法的特点。

山本英史，日本庆应义塾大学文学院教授，中国史专家。

小南一郎．学問のかたち：もう一つの中国思想史．汲古書院，2014.

学问的形式：另一种中国思想史

本书是一部以“知识的传承、传播”为主题，综览先秦到民国时期中国学术史的论文集。本书最重要的关注点在于，探讨中国思想家们在进行思考、传承活动时的环境条件，以及历史环境变化与时代思潮之间的关系。

本书探讨的议题极为丰富，主要包括：中国学校制度的形成、汉代经学的基本理论、六朝时期的“家学”、南朝梁代佛教及学术的特征、宋代的经学与政治（以王安石和朱熹异同为例）、中国近世的书院和宋明理学、知识的地域性传播、明代中后期的科举和督学制度、清代幕府进行的学术编纂工作、自然科学和人文伦理等。本书致力于透过中国学术发展史展现人类的学术精神，并通过对中国思想产生的背景条件的阐释，使思想史的记述更为鲜活和平易近人。

小南一郎，日本京都大学人文科学研究所名誉教授、泉屋博古馆馆长，研究领域为中国文学和中国史。

齋藤忠和．宋代募兵制の研究：近世職業兵士の実相．勉誠出版，2014.

宋代募兵制的研究：近代职业士兵的真相

宋代中国是一个军事大国，其军队本身就构成了巨大的社会集团和独特的社会阶层。为了使军队能够于平时维护治安、于战时发挥强大的军事能力，宋王朝必须长期维持着军队的一元化管理。军法是管理、统治军队的基本法规，本书正是通过对宋代军法以及剩员、带甲剩员制度的研究，对军队这个巨大的社会集团以及相关人群进行了考察。

全书共分为五个部分：第一部分研究宋代军法；第二部分研究宋代剩员、带甲剩员制；第三部分研究宋代募兵制；第四部分概括募兵制度在宋代社会的作用，并由此思考近代职业士兵的意义；第五部分是附录，列出了可用于宋代兵制研究的各种文献资料。本书的军法研究不仅细致地展示了宋代军队统治规则的完善与运用，还从军法与常法的关系论述了军队社会与普通民众社会的关系和差异，对宋代军法做出了极为详尽的考察。

齋藤忠和（斋藤忠和），日本立命馆庆祥高中教师，研究领域为宋代兵制、世界史。

朝倉友海 .「東アジアに哲学はない」のか: 京都学派と新儒家 . 岩波書店, 2014.

“东亚没有哲学”吗：京都学派与新儒家

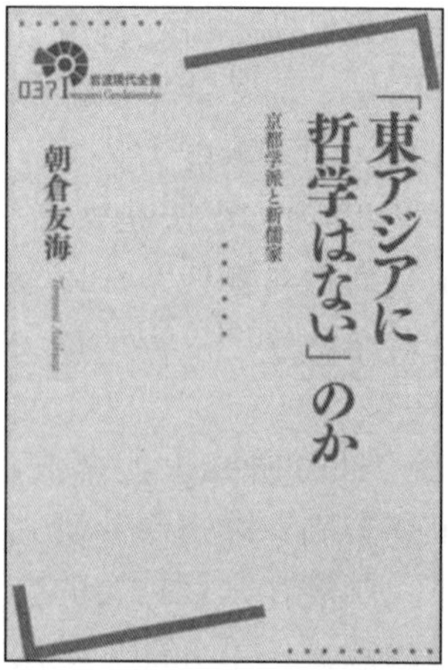

“中国只有思想，没有哲学”“日本没有哲学”“哲学是西方的”……这些说法不仅在西方得到普遍认同，事实上也广泛存在于中国和日本。人们常常以西方对哲学的解释为基准，在讨论哲学问题时默认了上述说法。像古希腊哲学一样，亚洲也有诸如佛教、儒学等优秀的传统思想，但是为什么亚洲似乎并没有出现像西洋近代哲学那样影响了现代世界思想文化的所谓“哲学”？

本书讨论了近代哲学的特征和东亚地区对西方哲学的接受情况，解释了“东亚没有哲学”这一说法的缘由，并通过对日本京都学派和中国新儒家的研究，考察了东亚“哲学”实现新发展的可能性。

朝倉友海（朝仓友海），日本北海道教育大学哲学副教授。

中村裕一．大唐六典の唐令研究：「開元七年令」説の検討．汲古書院，2014.

大唐六典的唐令研究："开元七年令"说的研讨

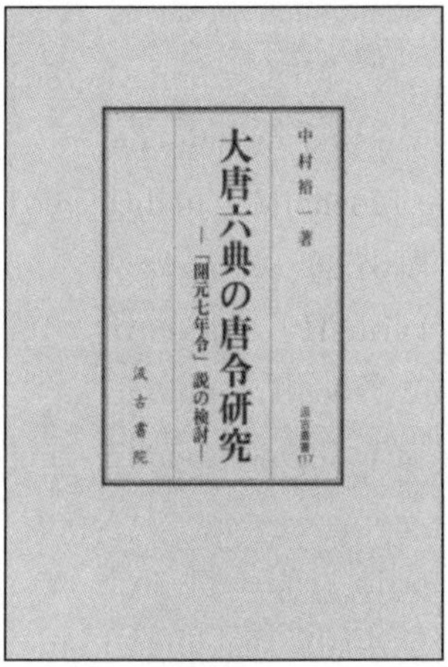

本书主要论述了与唐令有关的两个重要课题：一是隋令与唐令的承续性问题，即唐令从隋令所继承的内容并不是来自一直以来人们所认为的"开皇令"，而极有可能是隋炀帝大业三年（607）公布的"大业令"；一是《大唐六典》中所载的唐令并非"开元七年令"，而应该是"开元二十五年令"。

"开皇令"与"开元七年令"的相关说法最初是由仁井田陞在《唐令拾遗》中提出的，距现在已有80多年时间。不断推进的隋唐史研究现在在这个问题上产生了更新的研究成果。根据《唐令拾遗》中的记述，《大唐六典》中所载的唐令一直以来都被认为是"开元七年令"，但本书认为，"开元七年令"这一说法并非建立在逐一研究《大唐六典》所记载的唐令的基础之上，也不是通过科学的方法论推导出的，而是《唐令拾遗》的作者利用主观臆断、刻意排除了与其主张不符的史料后形成的。

长期以来，学界都在"开元七年令"说的基础上开展唐代史和日本古代法律的研究，甚至在中国学界，"开元七年令"说也成为公认的说法。本书率先指出了这一错误，也由此推动了对仁井田陞学说的进一步讨论。

中村裕一，1945年出生，日本大阪大学文学博士，研究领域为东洋史。主要著作有：《唐代官文书研究》（『唐代官文書研究』，1991年），《唐代公文书研究》（『唐代公文書研究』，1996年），《大业杂记的研究》（『大業雜記の研究』，2005年），《唐令的基础研究》（『唐令の基礎的研究』，2012年）。

法文著作提要

外交·国防·安全

Courmont, Barthélémy. *Une guerre pacifique: la confrontation Pékin-Washington*. Paris: Éd. Eska. 2014.

和平的战争：中美对抗

今天，许多研究者都认为中美两国的对抗将是不可避免的。鉴于中国国力不断上升、中美多方面利益乃至在军事领域都存在冲突，不少分析家预测，中美之间爆发战争只是时间问题。而本书则持相反观点。

本书认为，出于多重原因——尤其是由于双方的相互依赖会导致两败俱伤，中美之间是不会爆发战争的，至少不会以军事冲突的形式爆发战争。更有可能发生的情况是，两国会像冷战时期的美苏两国那样，相互对峙且伺机拖垮对方，以此分出胜负。这场新冷战或将颠覆人们的认知，因为中国主要打的是经济发展的牌，而美国则可能像苏联那样滑入无用而昂贵的军备竞赛泥潭——世界似乎颠倒过来了。这一趋势的征兆早有显现：中国总体庞大、但相对而言依然微薄的军事开支让华盛顿决策层恐慌不已，结果导致美国国防预算开支不合理地上涨；越来越多的美元国债掌握在中国手里，当它展现出威力时或许会给美国带来相当大的麻烦；双边贸易中，中国享有的巨大顺差迫使美国竖起诸多贸易壁垒，而这显然违反了美国人自己奉行的国际自由贸易精神；最后，中国在外交、政治、文化等领域的影响力不断上升，即便这能使中国规避与美国的军事冲突，但也加重了中国在国际舞台上的话语权，使美国感受到了利益威胁。

总而言之，中美两国只会出现“软”战争，就像“软实力”一词意味着的那样。这将构成未来几十年两国关系的常态。此外，一场前途未卜的和平战争也将改变人们对大国关系的理解。

Barthélémy Courmont，韩国翰林大学（Hallym University）教授，《华人世界—新亚洲》（*Monde chinois, nouvelle Asie*）杂志主编，英国国际战略研究所（International Institute for Strategic Studies，IRIS）副研究员，其研究集中于中美关系发展，著有二十余本关于战略问题和国际关系的作品。

政治 · 社会 · 环境

Delaunay, Quynh. *Naissance de la Chine moderne: l'Empire du Milieu dans la mondialisation.* Ivry-sur-Seine: Éditions de l'Atelier: Éditions ouvrières. 2014.

现代中国的诞生：全球化进程中的中央帝国

中国正逐渐融入全球化进程，并在一个强有力的政党带领下坚持探索市场法则与国家治理相结合的发展道路。人们应当如何看待中国一跃成为全球第二大经济体？中国是否能在其他领域获得同样成就？要回答这些问题，不能只关注中国的经济增长率、外汇储备量或者购买力，而必须从延续了几千年的中华文明入手，理解其与西方文明截然不同的独特性。

本书不仅总结了作者对中国历史和思想的全面认知，还融合了丰富的社会学田野调查。本书揭示出，在漫长的历史岁月中，中国始终面临着三大挑战：人口、自然灾害和外来侵略。因此，中国历朝历代都必须依靠强大的中央政府，注重勤奋劳作、社会秩序和纪律等道德观念，强调集体先于个人，再通过以祖先崇拜、礼仪习俗和社会等级为核心的儒家学说，利用非超验性宗教等意识形态强化以上因素，才能维护国家的平稳发展。

中华文明的上述特点在过去30年中国快速融入全球化的过程中起了相当大的积极作用，但其内在矛盾也日益显露：中国现代化越是发达，社会就越要求自主性，个人价值对自身和国家发展的重要性也越发得到认可。对于未来中国能否调和这个转变，本书也做出了独特的思考和评议。

Quynh Delaunay，法国国家科学研究中心（Centre national de la recherche scientifique）名誉研究员，加布里埃尔 · 佩里基金会（Foundation Gabriel Péri）成员。

Doyon, Jérôme. *Négocier la place de l'islam chinois: les associations islamiques de Nankin à l'ère des réformes.* Paris: l'Harmattan. 2014.

探索中国伊斯兰教的地位：改革时代的南京伊斯兰教协会

本书以伊斯兰教为例，揭示了中国政府与宗教组织之间互动的详情。

本书对南京伊斯兰教协会的研究表明，在中国，政府与宗教组织之间的关系并非所谓的控制或压迫。通过分析伊斯兰协会领袖与地方政府官员的私人关系，本书解释了这些协会是如何做到在政府机构面前维护独立性的同时，还通过文化、旅游和商贸活动提升其在经济上的重要性的。人际和组织关系对于理解这些协会与政府机构之间持续的相互适应十分关键：一方面，这些协会为伊斯兰教群体提供了与当政者对话的平台，并在一定程度上维护了国家稳定；另一方面，国家也通过社会组织重塑自身，在这一过程中加强了国家和社会的双向关系。

与以往研究不同的是，本书既没有从中央政府及其治理角度来谈论宗教问题，也没有仅仅关注宗教团体、抽象地描述其与国家的联系，而是将两者有机结合起来。此外，本书将研究对象限定在伊斯兰教占少数，且分裂主义并不明显的沿海地区，避开了可能引发争议的问题，从而专注于讨论中国在地方政府层面管理宗教团体的细节。

Jérôme Doyon，法国巴黎政治学院（Sciences Po, Paris）和美国哥伦比亚大学（Université Columbia, New York）政治学博士，研究方向为中国国内政治问题，尤其关注宗教协会和青年组织；2011—2012 年任《中国分析》（*China Analysis*）杂志主编。

Ged, Françoise. *Shanghai: l'ordinaire et l'exceptionnel.* Paris: Buchet Chastel, 2014.

上海：平凡而卓越

无论哪一座中国大型城市的传记，都像是记录中国向市场经济转变的连续性标识。上海尤其如此：它总是首当其冲地承担起新的冒险，预示着未来几年中国的面貌。

本书带人们穿梭于这座平凡和卓越并存的城市自20世纪80年代至今的历史：上海这座卓越如神话般的城市总是能循环再生、持续重建，似乎永远处在绝对的当下，从无过去，无论远近，更无回忆；这座先锋城市、实验城市经历了太多巨变，每当大型工程完工，上海就又转向新的建设，再次调整她的历史和土地。作为正在消失的一个时代的见证和象征，上海正在走向未来。

本书作者自80年代以来就频繁地访问中国，这本以第一人称写出的传记记录了上海浦东的建设与变化，以及上海为了吸引投资者、采纳西方建筑师意见与中国其他城市进行竞争的历程。基于历史视角以及作者对上海日常生活的个人观察，本书的三个篇章覆盖了20世纪八九十年代和21世纪最初十年里上海的发展变化，除了城市建设方面的内容，书中还涉及诸如社交形式、个人主义的强化和环境污染等议题。

Françoise Ged，法国城市建筑与古迹博物馆（Cité de l'architecture & du patrimoine）当代中国建筑观察研究所（Observatoire de l'architecture de la Chine contemporaine）负责人。

经济·资源·发展

Bonjean, Alain [etc.]. *Nourrir 1, 5 milliard de Chinois en 2030: les agricultures de Chine.* Louvain-la-Neuve (Belgique): DeBoeck, 2014.

2030年养活15亿中国人：中国农业变化及其对世界农业和农产品市场的影响

本书的主要议题是，世界上最大规模的农村人口迁徙会带来什么样的后果，及其对世界农业市场会产生何种影响。

本书指出，当中国将要成为世界第一大经济体时，中国农村正经历着历史上规模最大、也最迅速的人口迁徙。对中国来说，这在社会、经济和环境等层面构成了挑战：大批农村人口涌向城市，会首先引发社会层面的深刻变化，如农村劳动力下降等；其次是经济层面的，如收入不平等加剧。同时，农业现代化已在政府的推动下多方开展，其目标是维持95%粮食自给自足的政策，同时满足不断增长的城市人口的食品需求。

本书基于科学数据和相关领域专业经验，观察、分析和见证中国农业及中国社会正在发生的改变，并尝试解释中国农业问题的复杂性、重要性和广泛性。本书相信中国有能力维持自己的农业生产，还向法国和欧洲公司介绍了进入中国农业市场的机会。

Alain Bonjean，法国植物遗传学家，农业专家。

Carfantan, Jean-Yves. *Le défi chinois*: *les nouvelles stratégies d'un géant.* Paris: Seuil. 2014.

中国的挑战：巨人的新战略

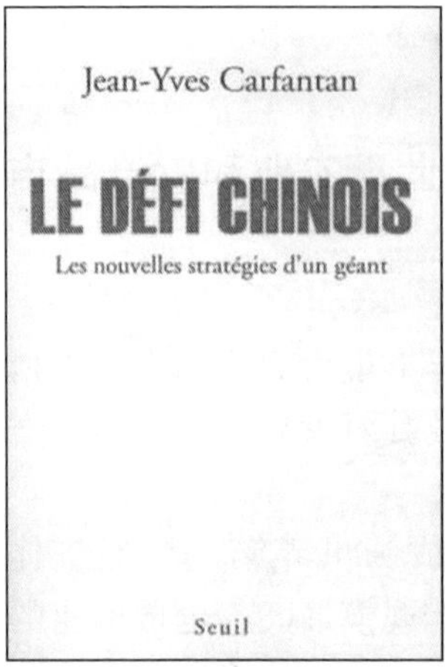

为应对未来可能出现的资源短缺，中国希望把粮食、能源和原材料的供给都掌握在自己手里。为此，中国拒绝过度依赖从国外进口，转而在国内推进必要的基础设施建设、运营和发展，同时积极参与海外诸多国家和地区的开发建设。然而，中国在海外进行的此类新型合作规模太大，不仅对国际市场的平衡产生了影响，在世界范围内也引发了普遍关注。加之中国经济和外交活动在西方舆论看来政治和军事色彩日益浓厚，一些国家开始担忧中国会把全球原材料消耗殆尽，因而纷纷采取经济保护主义立场。这种反应促使国际市场紧张氛围陡增。

本书分析了中国经济新战略的来源及影响，描绘了中国与世界市场关系的实际情况。本书指出，中国在世界经济体系中的作用实在太过重要，忽视与中国合作的机会，或者改变现有国际经济模式都不可取。

Jean-Yves Carfantan，法国经济学家，巴西咨询公司 Agrobrasconsult 高级顾问，专职研究自然资源市场。

Chen, Camille-Yihua. *Investissements chinois en France*: *mythes et réalités*. Paris: Éditions Pacifica, impr. 2014.

中国对法投资：神话与现实

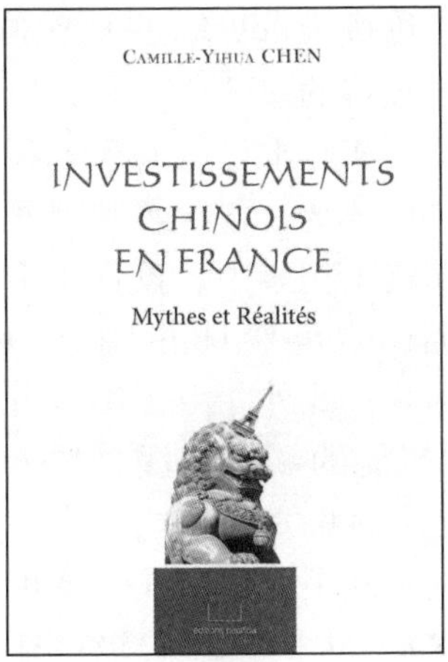

中国对法国的投资是一个方兴未艾的研究课题。

城堡、葡萄园、豪华房产、工业、通讯、金融、能源、时尚……中国对法国所有引人瞩目的事物都越来越感兴趣，而且毫不介意挥金如土地将其纳入囊中。无论是像 Viaud 城堡这样带有强烈象征意义的房产购置，还是像中国投资有限责任公司对法国燃气苏伊士集团的战略性投资，中国对法投资总能激起广泛的舆论争议。有些人认为中国的投资有助于地方经济发展，而另一些人则认为这是对法国国家遗产的瓜分和对法国工业秘密的窃取。

从法兰西岛到蔚蓝海岸地区，从布列塔尼到香槟—阿登地区，从洛林到罗讷—阿尔卑斯大区，本书的目光一路审视过来。通过与在法国投资的华人及其法国合作伙伴的访谈与交流，本书展现出的是与法国对中国企业家的刻板印象相悖的事实。同时，本书的调研也旨在令人思考，中国的投资对法国经济而言究竟是一个威胁，还是一次机会。

Camille-Yihua Chen，现任法国《遗产与市场》(*Patrimoine & Marchés*) 杂志编辑部主任，关注中法关系中的重大经济和金融问题。她曾任《金融周刊—财经生活》(*Money Week-La Vie financière*) 周刊专栏主编，主持《中国 +》(*Chine Plus*) 杂志的“在法华人”(Chinois en France) 专栏工作。

Gaulard, Mylène. *Karl Marx à Pékin*: *les racines de la crise en Chine capitaliste.* Paris: Démopolis, 2014.

卡尔·马克思在中国：中国资本主义危机的根源

中国经济能持续增长并最终成为世界第一大经济体么？本书就这一问题进行了独特的思考。

本书指出，中国的经济增长实际上已经放缓，利润率自20世纪90年代以来出现减半，各种不利因素堆积：中国正在进行的大规模资本积累中，投资率举世罕见地占GDP的50%，而国内消费只占GDP的37%，仅相当于刚果这样的国家；此外，由于出口占GDP的30%，中国消化过剩产能的步伐迟缓，如钢铁行业的过剩产能甚至与整个日本的总量相当；十年来，尽管中国国民工资名义上上涨了，但其在新增价值中的比重从50%下跌到40%；中国中产阶级虽然出现了，但各种社会不平等变得更加明显；生产和积累的过剩使得生产领域的利润率下降，导致非生产领域的投资更加火热，资金大量涌入房地产、艺术、股票或债券等，引发严重的投机现象。随着各种难题不断堆积，经济危机正在中国蔓延。本书指出，中国虽然取得了辉煌的经济增长，同时也面临各种新的危机，不得不寻求应对可能出现的困境。

本书认为，中国的经济现状印证了马克思关于利润率回落和资本主义生产方式固有矛盾的理论。1949年以来中国建立的社会主义体制受到资本主义运作方式引入及其固有矛盾激化的影响，构成新的挑战的重要原因。本书借助马克思理论工具，对当今中国危机的形成和发展进程进行了批判和分析。

Mylène Gaulard，法国马克思主义经济学家、中国研究专家，自2012年起任法国格勒诺布尔大学（Université de Grenoble）经济学讲师和法国国家科学研究中心（Centre national de la recherche scientifique）副研究员。

历史·思想·文化

Beydon, Olivier. *Introduction à la pensée juridique chinoise*. Éd. larcier, 2014.

中国法律思想导论

中国人的法律思想源远流长，早在夏商周时期黄河边定居的华夏族群之中已见雏形。千百年来，它在各家学说的发展中得到了不断丰富，其中儒家思想功不可没。与罗马法中的理性主义不同，儒家思想形成了一种以“人治”为核心的法律倾向，有助于维护统治、稳定社会，对当今社会也有很强的借鉴意义。

在中国法律思想的发展过程中，儒家最大的对手是与其大部分主张相悖的法家。两家一度分庭抗礼，都对中国法律秩序的建立产生了深刻影响。中国封建王朝的法律制度延续了两千多年，终结于 1911 年中华民国的建立。如果想对它有所了解，必须从其儒家和法家思想根基着手。此外，道家、墨家学说以及汉传佛教也在不同程度上影响了中国法律制度的建构。

本书通过古代实例与当代判例，对中国法律思想的基础进行了评论与分析。

Olivier Beydon，法国巴黎第一大学法学博士，任职于中国台湾大学。

Dumasy, Jacques. *La France et la Chine*, 1248 –2014: *de la méconnaissance à la reconnaissance*. Paris: N. Chaudun, 2014.

法国与中国，1248—2014：从陌生到相知

1248 年冬天之前，中法两国之间处于几乎毫无联系的状态，两个文明沿着各自的固有轨迹不断向前发展；历史的偶然使这两个千年文明终于相交，在1248 年之后的 8 个世纪里，中法之间的交往充满了对彼此的好奇、吸引和不解；两国关系时近时远，有雄才伟略的契合，也有兵戎相见的对立，然而贯穿始终的，是两国人民伟大人格的交汇。这正是本书的主题。

直到今天，两国的命运在经济和政治上仍紧密相连。中法两国都认同文化多样性，致力于维护世界的平衡，相信更好地了解对方的历史文化是构筑美好未来的基石。本书配以 120 余幅图片，以图文并茂的方式生动地勾勒出了从中世纪至今的中法两国关系史及其重要推动者的形象。

Jacques Dumasy，法国外交官，前法国驻华大使馆经济参赞、法国驻成都领事馆总领事。

Elisseeff, Danielle. *Puyi: le dernier empereur de Chine.* Paris: Perrin, 2014.

末代皇帝：溥仪

溥仪，一个旧时代的传奇，一个失落王朝的象征，从其首次退位至今已过去百余年，却始终活在与中国相关的历史记忆当中。然而，真实的历史无疑没有想象中那么浪漫：从小接受的皇室教育与其特殊的身份，使他成为一个无法掌握自己命运、无力应对巨大变革的悲剧式人物。

溥仪一生历经坎坷，颠沛流离，三度登基，三次退位。二战结束后，他曾出席东京军事法庭作证，后被关押改造十余年。出狱后，他先是当了园丁，后来成为历史研究者，在新生活中找到了安慰与平衡，最终于20世纪60年代中期在北京逝世。

本书以最新解密的文件和大量学术著作为基础，通过灵动的笔触和全新、客观的视角，为读者揭示了一个不一样的末代皇帝溥仪。

Danielle Elisseeff，亚洲问题研究专家。

Falin, Christophe. *Shanghai/Hong Kong: villes de cinéma*. Paris: A. Colin, 2014.

上海、香港：电影的城市

上海和香港凝聚了电影人和观众的现实和幻想：她们是中国城市现代性的代表，是殖民主义历史和资本主义泛滥的代表，是鸦片走私、赌博的聚集地……从20世纪30年代至今，她们一直吸引着中外艺术家和知识分子。作为中国电影城，香港和上海相继成为中国电影产业的中心，她们自己的内涵和历史也成为电影创作的源泉和电影叙事的对象。

本书以大量影片为基础，透过上海和香港及其拍摄的影片的多元联系，引领读者去深入探索这两个城市，以及中国社会和中国电影。书中重构了经过不断变迁的中国电影行业的丰富内涵，从侧面反映了中国文化和政治的传统及变化。

Christophe Falin，法国UFR Arts艺术学院电影系教师，巴黎第八大学（université Paris 8-Saint-Denis）哲学和美学系教师，法国中国研究协会（Association Française d'Études Chinoises）副会长。

Javary, Cyrille J. -D. *La souplesse du dragon*: *les fondamentaux de la culture chinoise*. Paris: A. Michel, 2014.

龙的灵活：中华文化的根基

作为一个古老文明，中国在对世界的体验、思考和想象等方面都与西方存在很大差异，并因此导致了很多误解。本书认为，这令人尴尬的事实表明，西方的世界观并非普世的，而只是浸润在西方人日常生活和哲学中的一种文化遗产。因此，在面对中国时，西方有必要从头认识这个如此不同却又对当今世界举足轻重的国家。

中国思想中各要素与空间、时间的关系是怎样的？变化是怎样存在于中国哲学核心的？理解中国思想世界最关键的作品什么？中国思想中精神性的概念是怎样的？以及，从思想中衍生的社会规则与实践是怎样的？针对这些问题，本书对中国"思想"的主要特征做了一次条理清晰的深入评析。

本书指出，在中国文化的世界观中，最重要的并不是对人类或事物本质的探寻，而是无穷的变化、阴阳的辨证和天地的微妙平衡。这种无所不在的相对观念衍生出了独特而原始的时间和空间观、文明观、精神观和政治观。此外，本书穿插了丰富的趣闻轶事和对中国历史细节的描述，以帮助读者深入了解这个古老而又极其现代的文明。

Cyrille J. -D. Javary，法国作家，长期关注中国思想、文化、历史，出版过数十部关于中国文化的作品，如《易经》法译本、《龟甲之语》(*Le Discours de la tortue*)、《100 个词读懂中国人》(*100 Mots pour comprendre les Chinois*) 和《中国三贤》(*Les Trois Sagesses chinoises*)。

Nathan-Ebrard, Isabelle; Perroud, Romain. *La Chine: une passion Française: archives de la diplomatie Française, XVIIIe – XXIe siècle.* Portet-sur-Garonne (Haute-Garonne): Loubatières, 2014.

法国的中国之恋：十八至二十一世纪法国外交珍贵史料

早在中世纪，中国和法国就有了第一次接触。但一直等到17世纪后半叶路易十四执政时期和18世纪之后，两国关系才随着耶稣传教团来华、东印度公司的商贸活动和1776年广州领事馆的建立而持续发展起来。

本书取材于法国外交部档案中丰富的原始材料，讲述了三个世纪以来，包括学者、外交官和翻译在内的法国在华代表的历史轨迹。他们与中国结下了独特的渊源，他们的故事见于各自回国后出版或从未面世的作品之中：从Chrétien Louis-Joseph de Guignes到André Malraux，从Paul Claudel到Saint-John Perse，书中讲述了这些知名或不知名的法国人的在华经历。通过他们的写作、论文、传教报告、游记、字典、诗集、绘画或影集，本书向读者展现了他们的中国故事。这些故事，或关乎文学，或关乎科学，或真实博学，或仅存于臆想，正是中法关系三个世纪以来的见证。

Isabelle Nathan-Ebrard，法国外交部档案和国际发展档案馆长，公众部负责人，长期负责亚太司档案归档工作，对中国历史兴趣浓厚。

Romain Perroud，法国政治分析师和顾问，中国对外政策专家，专业领域是中国对外政策和中国及亚太周边国家关系。

Ségéric, Jean-José. *La Chine et le traité de Versailles (1919): une trahison occidentale.* L'harmattan, 2014.

1919 年的中国与《凡尔赛和约》：西方的背叛

随着塞尔维亚一声枪响，第一次世界大战爆发，日本随后正式对德国宣战，攻占了德国自 1898 年起从清政府手中强租的山东胶州湾。一战结束后，作为协约国成员之一的中国，本来应该同其他战胜国一起享受胜利果实。但荒谬的事情发生了，《凡尔赛和约》不仅没有恢复中国对山东的主权，反而将德国在山东的一切权益转让给了日本。

中国遭到了西方世界的背叛——本书对这一事件的研究提供了丰富的历史教益，揭示了国家间利益冲突调和的困难、国际政治的妥协与僵局，以及西方对其宣扬的价值观和良知的违背等等。时至今日，一战后围绕山东半岛的国际冲突仍是外交学、地缘政治学和国际法学的经典案例，对分析西方与亚洲，特别是与中国的关系，具有特殊的借鉴意义。

Jean-José Ségéric，法国退役海军军官，作家。

附录：2014 年国外出版的中国研究著作目录

英文著作目录

外交·国防·安全

1. Alden, Chris; Chichava, Sérgio. *China and Mozambique: from comrades to capitalists*. Jacana Media, 2014.
2. Alexander, Colin R. *China and Taiwan in Central America: engaging foreign publics in diplomacy*. Palgrave Macmillan, 2014.
3. Al-Tamimi, Naser M. *China-Saudi Arabia relations, 1990-2012: marriage of convenience or strategic alliance?* Routledge, 2014.
4. Anderson, James; Whitmore, John K. *China's encounters on the south and southwest: reforging the fiery frontier over two millennia*. Brill, 2014.
5. Beeson, Mark; Li, Fujian. *China's regional relations: evolving foreign policy dynamics*. Lynne Rienner Publishers, Inc. , 2014.
6. Bernal, Richard L. *Dragon in the Caribbean: China's global redimensioning challenges and opportunities for the Caribbean*. Ian Randle Publishers, 2014.
7. Bouchat, Clarence J. *The Paracel Islands and U. S. interests and approaches in the South China Sea*. Strategic Studies Institute and U. S. Army War College Press, 2014.
8. Breslin, Shaun. *International relations of China*. Sage Publications Ltd, 2014.
9. Burgos Caceres, Sigfrido. *China's strategic interests in the South China Sea: power and resources*. Routledge/Taylor & Francis Group, 2014.
10. Buszynski, Leszek; Roberts, Christopher B. *The South China Sea maritime dispute: political, legal and regional perspectives*. Routledge, 2014.
11. Chansoria, Monika. *Nuclear China: a veiled secret*. KW Publishers in association with Centre for Land Warfare Studies, 2014.
12.* Chau, Donovan C. *Exploiting Africa: the influence of Maoist China in Algeria, Ghana, and Tanzania*. Naval Institute Press, 2014.
13. Chau, Donovan C. ; Kane, Thomas M. *China and international security: history, strategy, and 21st-century policy*. Praeger, 2014.
14. Chen, Kai. *Comparative study of child soldiering on Myanmar-China border: evolutions, challenges and countermeasures*. Springer, 2014.
15. Chen, Youwen. *The Uyghur lobby: global networks, coalitions and strategies of the world Uyghur congress*. Routledge, 2014.
16.* Cheung, Tai Ming. *Forging China's military might: a new framework for assessing*

innovation. Johns Hopkins University Press, 2014.

17. Choong, William. *The ties that divide: history, honour and territory in Sino-Japanese relations*. International Institute for Strategic Studies, 2014.
18. Chow, Peter C. Y. *The US strategic pivot to Asia and cross-strait relations: economic and security dynamics*. Palgrave Macmillan, 2014.
19. Chung, Chien-Peng. *Contentious integration: post-cold war Japan-China relations in the Asia-Pacific*. Ashgate, 2014.
20. Daniels, Christopher L. *South China Sea: energy and security conflicts*. The Scarecrow Press, 2014.
21. De Guttry, Andrea; Sommario, Emanuele; Zhu, Lijiang. *China's and Italy's participation in peacekeeping operations: Existing models, emerging challenges*. Lexington Books, 2014.
22. Dessein, Bart. *Interpreting China as a regional and global power: nationalism and historical consciousness in world politics*. Palgrave Macmillan, 2014.
23. Doyle, Randall Jordan. *The geopolitical power shift in the Indo-Pacific region: America, Australia, China, and triangular diplomacy in the twenty-first century*. Lexington Books, 2014.
24. Dyer, Geoff. *The contest of the century: the new era of competition with China and how America can win*. Alfred A. Knopf, 2014.
25. Eder, Thomas Stephan. *China-Russia relations in Central Asia: energy policy, Beijing's new assertiveness and 21st century geopolitics*. Springer, 2014.
26. Edney, Kingsley. *The globalization of Chinese propaganda: international power and domestic political cohesion*. Palgrave Macmillan, 2014.
27. Eldridge, Robert D. *The origins of U. S. policy in the East China Sea islands dispute: Okinawa's reversion and the Senkaku Islands*. Routledge, 2014.
28. Ellis, Robert Evan. *China on the ground in Latin America: challenges for the Chinese and impacts on the region*. Palgrave Macmillan, 2014.
29.* Evans, Paul. *Engaging China: myth, aspiration, and strategy in Canadian policy from Trudeau to Harper*. University of Toronto Press, 2014.
30. Fang, Tien-sze. *Asymmetrical threat perceptions in India-China relations*. Oxford University Press, 2014.
31. Fenby, Jonathan. *Will China dominate the 21st century?* Polity, 2014.
32. Fogel, Joshua A. *Maiden voyage: the Senzaimaru and the creation of modern Sino-Japanese relations*. University of California Press, 2014.

33. Frühling, Stephan. *Defence planning and uncertainty: preparing for the next Asia-Pacific war*. Routledge/Taylor & Francis Group, 2014.

34. Gagliano, Joseph A. *Congressional policymaking in Sino-U. S. relations during the post-cold war era*. Routledge, 2014.

35. Gilley, Bruce; O'Neil, Andrew. *Middle powers and the rise of China*. Georgetown University Press, 2014.

36.* Godehardt, Nadine. *The Chinese constitution of Central Asia: regions and intertwined actors in international relations*. Palgrave Macmillan, 2014.

37. Gompert, David C. *Blinders, blunders, and wars: what America and China can learn*. RAND, 2014.

38. Gormley, Dennis M. *A low-visibility force multiplier: assessing China's cruise missile ambitions*. National Defense University Press, 2014.

39. Graham, Euan; Tsjeng, Henrick Z. *Navigating the Indo-Pacific arc*. S. Rajaratnam School of International Studies, 2014.

40. Gupta, Shishir. *The Himalayan face-off: Chinese assertion and the Indian riposte*. Hachette India, 2014.

41. Gustafsson, Karl. *Transnational civil society and the politics of memory in Sino-Japanese relations: exhibiting the "comfort women" in China*. Centre for East and South-East Asian Studies, Lund University, 2014.

42.* Hachigian, Nina. *Debating China: the U. S. -China relationship in ten conversations*. Oxford University Press, 2014.

43. Haddick, Robert. *Fire on water: China, America, and the future of the Pacific*. Naval Institute Press, 2014.

44. Hale, David D. *China's new dream: how will Australia and the world cope with the re-emergence of China as a great power?* Australian Strategic Policy Institute, 2014.

45. Hall, Gregory Otha. *Authority, Ascendancy, and Supremacy: China, Russia, and the United States' Pursuit of Relevancy and Power*. Routledge/Taylor & Francis Group, 2014.

46. Hanauer, Larry. *Chinese engagement in Africa: drivers, reactions, and implications for U. S. policy*. RAND Corporation, 2014.

47. Handa, Akshaya. *China's geostrategy and international behaviour*. Vij Books India, 2014.

48. Harris, Stuart. *China's foreign policy*. Polity, 2014.

49. Hayton, Bill. *The South China Sea: the struggle for power in Asia*. Yale University Press, 2014.

50. Heilmann, Sebastian. *China's foreign political and economic relations: an unconventional global power*. Rowman & Littlefield, 2014.

51.* Helleiner, Eric; Kirshner, Jonathan. *The Great Wall of money: power and politics in China's international monetary relations*. Cornell University Press, 2014.

52. Hollihan, Thomas A. *The dispute over the Diaoyu/Senkaku Islands: how media narratives shape public opinion and challenge the global order*. Palgrave Macmillan, 2014.

53. Horesh, Niv; Kavalski, Emilian. *Asian thought on China's changing international relations*. Palgrave Macmillan 2014.

54. Horsburgh, Nicola; Nordin, Astrid; Breslin, Shaun. *Chinese politics and international relations: innovation and invention*. Routledge, 2014.

55. Hu, Yifan. *Strategic priorities: China's reforms and the reshaping of the global order*. Enrich Professional Publishing, Inc. , 2014.

56. Huang, Chiung-Chiu. *Harmonious intervention: China's quest for relational security*. Ashgate, 2014.

57. Jayakumar, S. ; Koh, Tommy; Beckman, Robert. *The South China Sea disputes and law of the sea*. Edward Elgar, 2014.

58. Jin, Canrong. *Prosperity in China: international responsibility and opportunity for a growing power*. Mcgraw-Hill, 2014.

59. Johnson, Christopher K. *Decoding China's emerging "great power" strategy in Asia*. Center for Strategic & International Studies; Rowman & Littlefield, 2014.

60. Kalha, Ranjit Singh. *India-China boundary issues: quest for settlement*. Pentagon Press, 2014.

61. Kamphausen, Roy; Lai, David; Tanner, Travi. *Assessing the People's Liberation Army in the Hu Jintao era*. Strategic Studies Institute and U. S. Army War College Press, 2014.

62.* Kaplan, Robert D. *Asia's cauldron: the South China Sea and the end of a stable Pacific*. Random House, 2014.

63. Kinzelbach, Katrin. *The EU's human rights dialogue with China: quiet diplomacy and its limits*. Routledge, 2014.

64. Klemeit, Julia. *Building the most important bilateral relationship of the 21st century: the new embassy structures of the United States of America in Beijing and*

of the People's Republic of China in Washington, D. C. Imhof, 2014.

65.* Kurian, Nimmi. *India-China borderlands: conversations beyond the centre*. SAGE Publications, 2014.

66.* Lai, Yew Meng. *Nationalism and power politics in Japan's relations with China: a neoclassical realist interpretation*. Routledge; Taylor & Francis Group, 2014.

67. Ledberg, Sofia K. *Governing the military: professional autonomy in the Chinese People's Liberation Army*. Acta Universitatis Upsaliensis, 2014.

68.* Lee, Yong Wook; Son, Key-young. *China's rise and regional integration in East Asia: hegemony or community?* Routledge; Taylor & Francis Group, 2014.

69.* Lewis, Jeffrey G. *Paper tigers: China's nuclear posture*. Routledge, 2014.

70. Li, Jingzhi. *Reconstructing China: the peaceful development, economic growth, and international role of an emerging super power*. McGraw-Hill, 2014.

71. Li, Xiaobing; Tian, Xiansheng. *Evolution of power: China's struggle, survival, and success*. Lexington Books, 2014.

72.* Lim, Yves-Heng. *China's naval power: an offensive realist approach*. Ashgate, 2014.

73. Lindemann, Björn Alexander. *Cross-strait relations and international organizations: Taiwan's participation in IGOs in the context of its relationship with China*. Springer, 2014.

74. Liu, Wei. *China in the United Nations*. World Century, 2014.

75. Madhav, Ram. *Uneasy Neighbours: India and China after 50 Years of the War*. Har-Anand Publications, 2014.

76. Malik, Mohan. *Maritime security in the Indo-Pacific: perspectives from China, India, and the United States*. Rowman & Littlefield, 2014.

77. Mangan, J. A.; Chu, Marcus P.; Dong, Jinxia. *The Asian Games: modern metaphor for "the middle kingdom" reborn: political statement, cultural assertion, social symbol*. Routledge, 2014.

78. Manicom, James. *Bridging troubled waters: China, Japan, and maritime order in the East China Sea*. Georgetown University Press, 2014.

79. Maxwell, Neville. *China's borders: settlements & conflicts*. Cambridge Scholars Publishing, 2014.

80. Men, Jing; Shen, Wei. *The EU, the US and China: towards a new international order?* Edward Elgar, 2014.

81. Mendis, Patrick. *Peaceful war: how the Chinese dream and the American destiny*

create a Pacific new world order. University Press of America, 2014.

82. Metzler, John J. *Divided dynamism: the diplomacy of separated nations: Germany, Korea, China*. University Press of America, 2014.
83. Mohan, Giles. *Chinese migrants and Africa's development: new imperialists or agents of change?* Zed Books, 2014.
84. Oertel, Janka. *China and the United Nations: Chinese UN policy in the areas of peace and development in the era of Hu Jintao*. Nomos, 2014.
85. Olimat, Muhamad S. *China and North Africa since World War II: a bilateral approach*. Lexington Books, 2014.
86. Pae, Chŏng-ho. *China's strategic environment and external relations in the transition period*. Korea Institute for National Unification, 2014.
87. Palit, Amitendu. *The Trans-Pacific Partnership, China and India: economic and political implications*. Routledge; Taylor & Francis Group, 2014.
88. Pavin Chachavalpongpun. *Entering unchartered waters: ASEAN and the South China Sea*. Institute of Southeast Asian Studies, 2014
89. Plate, Tom. *In the middle of China's future: Tom Plate on Asia*. Marshall Cavendish Editions, 2014.
90. Roberts, Priscilla. *Going soft?: the US and China go global*. Cambridge Scholars, 2014.
91. Rosecrance, Richard N; Miller, Steven E. *The next great war?: the roots of World War I and the risk of U. S. -China conflict*. MIT Press, 2014.
92. Rozman, Gilbert. *The Sino-Russian challenge to the world order: national identities, bilateral relations, and East versus West in the 2010s*. Woodrow Wilson Center Press, 2014.
93. Schoen, Douglas E.; Kaylan, Melik. *The Russia-China axis: the new cold war and America's crisis of leadership*. Encounter Books, 2014.
94. Scobell, Andrew [et al.]. *China's strategy toward south and central Asia: an empty fortress*. Rand Corporation, 2014.
95. Shao, Binhong. *China in the world: a survey of Chinese perspectives on international politics and economics*. Brill, 2014.
96. Shao, Binhong; Carlson, Allen. *The world in 2020 according to China: Chinese foreign policy elites discuss emerging trends in international politics*. Brill, 2014.
97. Shearman, Peter. *Power transition and international order in Asia: issues and challenges*. Routledge, 2014.

98. Smith, Jeff M. *Cold peace: China-India rivalry in the twenty-first century*. Lexington Books, 2014.

99. Song, Yann-huei; Zou, Keyuan. *Major law and policy issues in the South China Sea: European and American perspectives*. Ashgate, 2014.

100. Stavrianakis, Anna; He, Yun. *China and the arms trade treaty: prospects and challenges*. Saferworld, 2014.

101.* Steinberg, James; O'Hanlon, Michael E. *Strategic reassurance and resolve: U. S.-China relations in the twenty-first century*. Princeton University Press, 2014.

102. Talmon, Stefan; Jia, Bing Bing. *The South China Sea arbitration: a Chinese perspective*. Hart Publishing, 2014.

103.* Turner, Oliver. *American images of China: identity, power, policy*. Routledge, 2014.

104. Wan, Ming. *The China model and global political economy: comparison, impact, and interaction*. Routledge; Taylor & Francis Group, 2014.

105. Wang, Yizhou [et al.]. *On terrorism: Chinese perspectives*. Paths International Ltd., 2014.

106. Wang, Yuzhu. *Dynamics of ASEAN cooperation and China-ASEAN relations*. Paths International, 2014.

107. Weiss, Jessica Chen. *Powerful patriots: nationalist protest in China's foreign relations*. Oxford University Press, 2014.

108. Wortzel, Larry M. *The Chinese People's Liberation Army and information warfare*. Strategic Studies Institute and U. S. Army War College Press, 2014.

109. Wu, Shicun; Hong, Nong. *Recent developments in the South China Sea dispute: the prospect of a joint development regime*. Routledge, 2014.

110. Wu, Shicun; Zou, Keyuan. *Non-traditional security issues and the South China Sea: shaping a new framework for cooperation*. Ashgate, 2014.

111. Xu, Guoqi. *Chinese and Americans: a shared history*. Harvard University Press, 2014.

112. Yahuda, Michael. *Sino-Japanese relations after the Cold War: two tigers sharing a mountain*. Routledge, 2014.

113. Yang, Jiemian. *China's diplomacy: theory and practice*. World Century, 2014.

114. Ye, Hailin. *China-India relations: review and analysis (Volume 1)*. Paths International, 2014.

115. Zhao, Baoxu. *To build a harmonious world: ideal of traditional Chinese*

thinking. Springer, 2014.

116. Zhao, Hong. *The South China Sea and China-ASEAN relations*. ISEAS Publishing, Institute of Southeast Asian Studies, 2014.

117. Zhao, Jinjun; Chen, Zhirui. *China and the international society: adaptation and self-consciousness*. World Century, 2014.

118. Zhao, Suisheng. *Construction of Chinese nationalism in the early 21st century: domestic sources and international implications*. Routledge, 2014.

政治·社会·环境

119. Al, Stefan. *Villages in the city: a guide to South China's informal settlements*. Hong Kong University Press; University of Hawaii Press, 2014.

120.* Andrews, Bridie; Bullock, Mary Brown. *Medical transitions in twentieth-century China*. Indiana University Press, 2014.

121. Attané, Isabelle; Gu, Baochang. *Analysing China's population: social change in a new demographic era*. Springer, 2014.

122. Awotona, Adenrele. *Rebuilding sustainable communities after disasters in China, Japan and beyond*. Cambridge Scholars, 2014.

123.* Bai, Ruoyun. *Staging corruption: Chinese television and politics*. UBC Press, 2014.

124. Bai, Ruoyun; Song, Geng. *Chinese television in the twenty-first century: entertaining the nation*. Routledge, 2014.

125. Baugus, Bruce P. *China's reforming churches: mission, polity, and ministry in the next christendom*. Reformation Heritage Books, 2014.

126. Bax, Trent. *Youth and internet addiction in China*. Routledge, 2014.

127. Becker, Jeffrey. *Social ties, resources, and migrant labor contention in contemporary China: from peasants to protesters*. Lexington Books, 2014.

128.* Berg, Per-Olof; Björner, Emma. *Branding Chinese mega-cities: policies, practices and positioning*. Edward Elgar, 2014.

129. Bevis, Teresa Brawner. *A history of higher education exchange: China and America*. Routledge, 2014.

130. Blanpain, Roger. *China and ILO fundamental principles and rights at work*. Wolters Kluwer Law & Business, 2014.

131. Böke, Martin. *Chinese medical concepts in urban China: change and persistence*.

Peter Lang, 2014.
132. Bolchover, Joshua. *Rural urban frameworks: transforming the Chinese countryside*. Birkhäuser, 2014.
133. Bowen, Jenny. *Wish you happy forever: what China's orphans taught me about moving mountains*. Harpercollins; Smithsonian Books, 2014.
134.* Brødsgaard, Kjeld Erik. *Globalization and public sector reform in China*. Routledge, 2014.
135. Brown, Kerry. *Carnival China: China in the era of Hu Jintao and Xi Jinping*. Imperial College Press; World Scientific Publishing Company, 2014.
136. Brox, Trine; Bellér-Hann, Ildikó. *On the fringes of the harmonious society: Tibetans and Uyghurs in socialist China*. Nias Press, 2014.
137.* Cabestan, Jean-Pierre; DeLisle, Jacques. *Political changes in Taiwan under Ma Ying-Jeou: partisan conflict, policy choices, external constraints and security challenges*. Routledge, 2014.
138. Cai, Fang. *Chinese research perspectives on population and labor*. Brill, 2014.
139. Cai, Yongshun. *State and agents in China: disciplining government officials*. Stanford University Press, 2014.
140. Cai, Yuzhuo; Kohtamäki, Vuokko. *Transformation of higher education in innovation systems in China and Finland*. Tampere University Press, 2014.
141. Cao, Qing; Tian, Hailong; Chilton, Paul. *Discourse, politics and media in contemporary China*. John Benjamins Publishing Company, 2014.
142. Cao, Tian Yu [et al.]. *Culture and social transformations: theoretical framework and Chinese context*. Brill, 2014.
143.* Carpenter, Joel A.; Dulk, Kevin R. den. *Christianity in Chinese public life: religion, society, and the rule of law*. Palgrave Macmillan, 2014.
144. Carrin, Marine; Kanungo, Pralay; Toffin, Gérard. *The politics of ethnicity in India, Nepal and China*. Primus Books, 2014.
145. Chang, Wen-Chin. *Beyond borders: stories of Yunnanese Chinese migrants of Burma*. Cornell University Press, 2014.
146. Chang, Xiangqun. *Society building: a China model of social development*. Cambridge Scholars Publishing, 2014.
147. Chaturvedi, Sachin. *Living tree: traditional medicine and public health in China and India*. Academic Foundation, 2014.
148. Chi, Jin [et al.]. *Education, media and sexuality health services for girls and*

women: 20 years experience of China's policy and practice. Paths International, 2014.

149. Chiang, Howard. *Psychiatry and Chinese history*. Routledge, 2014.

150. Chiang, Howard; Heinrich, Ari Larissa. *Queer Sinophone Cultures*. Routledge, 2014.

151. Chin, Ko-lin. *Going down to the sea: Chinese sex workers abroad*. Silkworm Books, 2014.

152. China Development Research Foundation. *Demographic developments in China*. Routledge, 2014.

153. Chio, Jenny. *A landscape of travel: the work of tourism in rural ethnic China*. University of Washington Press, 2014.

154. Chiu, Kuei-fen; Fell, Dafydd; Ping, Lin. *Migration to and from Taiwan*. Routledge, 2014.

155. Chow, Gregory C. *China's economic and social problems*. World Scientific, 2014.

156. Chui, Wing Hong. *Responding to youth crime in Hong Kong: penal elitism, legitimacy and citizenship*. Routledge, Taylor & Grancis Group, 2014.

157. Ci, Jiwei. *Moral China in the age of reform*. Cambridge University Press, 2014.

158. Clissold, Tim. *Chinese Rules: Mao's dog, Deng's cat, and five timeless lessons from the front lines in China*. Harper, 2014.

159. Collinsworth, Eden. *I stand corrected: how teaching Western manners in China became its own unforgettable lesson*. Nan A. Talese/Doubleday, 2014.

160. Constable, Nicole. *Born out of place: migrant mothers and the politics of international labor*. University of California Press, 2014.

161. Cowan, Steven. *New directions for education in China*. IOE Press, 2014.

162. Curdt-Christiansen, Xiao Lan; Hancock, Andy. *Learning Chinese in diasporic communities: many pathways to being Chinese*. John Benjamins Publishing Company, 2014.

163. Curren, Jan. *China chalkie: the journey of an ESL teacher in China*. Zeus Publications, 2014.

164. Davin, Delia; Harriss-White, Barbara. *China-India: pathways of economic and social development*. Oxford University Press, 2014.

165. Davis, Deborah; Friedman, Sara. *Wives, husbands, and lovers: marriage and sexuality in Hong Kong, Taiwan, and urban China*. Stanford University

Press, 2014.
166. Deng, Yingtao. *A new development model and China's future*. Routledge; Taylor & Francis Group, 2014.
167. Deng, Zhenglai. *Rethinking Chinese jurisprudence and exploring its future: a sociology of knowledge perspective*. World Scientific Publishing Company, 2014.
168. Denton, Kirk A. *Exhibiting the past: historical memory and the politics of museums in postsocialist China*. University of Hawai'i Press, 2014.
169. Dillon, Michael. *Xinjiang and the expansion of Chinese Communist power: Kashgar in the early twentieth century*. Routledge, 2014.
170. Drescher, Henrik. *China days: a visual journal from China's wild west*. Chronicle Books, 2014.
171. Eimer, David. *The emperor far away: travels at the edge of China*. Bloomsbury, 2014.
172. Engebretsen, Elisabeth L. *Queer women in urban China: an ethnography*. Routledge, 2014.
173. Esarey, Ashley; Kluver, Randy. *Internet in China: cultural, political, and social dimensions, 1980s-2000s*. Berkshire Publishing Group, 2014.
174. Evrard, Sébastien J.; Wang, Peter J.; Zhang, Yizhe. *Competition law in China: laws, regulations, and cases*. Oxford University Press, 2014.
175. Fang, Cai. *Beyond demographic dividends*. World Scientific Publishing Co., 2014.
176. Ferraro, Gianluca. *International regimes in China: domestic implementation of the international fisheries agreements*. Routledge, 2014.
177.* Fincher, Leta Hong. *Leftover women: the resurgence of gender inequality in China*. Zed Books, 2014.
178.* Fisher, Gareth. *From comrades to bodhisattvas: moral dimensions of lay Buddhist practice in contemporary China*. University of Hawai'i Press, 2014.
179. Friedman, Eli. *Insurgency trap: labor politics in postsocialist China*. Cornell University Press, 2014.
180. Gao, Qi. *A procedural framework for transboundary water management in the Mekong river basin: shared Mekong for a common future*. Brill, 2014.
181. Garner, Mark. *Testing a nation: the social and educational impact of the college English test in China*. Peter Lang, 2014.
182.* Gijselinckx, Caroline; Zhao, Li; Novkovic, Sonja. *Co-operative innovations in*

China and the West. Palgrave Macmillan, 2014.

183. Girard, Greg; Lambot, Ian. *City of darkness: revisited*. Watermark, 2014.

184. Gong, Yanna. *Gaokao: a personal journey behind China's examination culture*. China Books, 2014.

185. Goodman, David S. G. *Class in contemporary China*. Polity, 2014.

186. Gore, Lance. *Chinese politics illustrated: the cultural, social and historical context*. World Scientific, 2014.

187. Grant, Leslie. *West meets East: best practices from expert teachers in the U. S. and China*. ASCD, 2014.

188. Greg, Austin. *Cyber policy in China*. Polity Press, 2014.

189. Guan, Wenwei. *Intellectual property theory and practice: a critical examination of China's TRIPS compliance and beyond*. Springer, 2014.

190. Guo, Sujian. *State-society relations and governance in China*. Lexington Books, 2014.

191. Guo, Zhiyan. *Young children as intercultural mediators: Mandarin-speaking Chinese families in Britain*. Multilingual Matters, 2014.

192. Gustafsson, Karl. *Is patriotism distinct from nationalism?: the meaning of "patriotism" in China in the 2000s*. Centre for East and South-East Asian Studies, Lund University, 2014.

193. Halper, Lezlee Brown. *Tibet: an unfinished story*. Oxford University Press, 2014.

194. Han, Chong. *Metaphor and entertainment: a corpus-based approach to language in Chinese online news*. Palgrave Macmillan, 2014.

195. Hao, Zhidong; Chen, Sheying. *Social issues in China: gender, ethnicity, labor, and the environment*. Springer, 2014.

196. Harwood, Russell. *China's new socialist countryside: modernity arrives in the Nu River Valley*. University of Washington Press, 2014.

197. Hayes, Jack Patrick. *A change in worlds on the Sino-Tibetan borderlands: politics, economies, and environments in northern Sichuan*. Lexington Books, 2014.

198. He, Ni. *Chinese criminal trials: a comprehensive empirical inquiry*. Springer, 2014.

199. He, Peng. *Chinese lawmaking from non-communicative to communicative*. Springer, 2014.

200. He, Wei Ping. *Banking regulation in China: the role of public and private sectors*. Palgrave Macmillan, 2014.

201.* Heath, Timothy R. *China's new governing party paradigm: political renewal and the pursuit of national rejuvenation*. Ashgate, 2014.

202. Herrle, Peter. *Beyond urbanism: urban (izing) villages and the mega-urban landscape in the Pearl River Delta in China*. LIT Verlag, Münster, 2014.

203. Hewitt, Philippa. *Family law and practice in Hong Kong*. Sweet & Maxwell; Thomson Reuters, 2014.

204. Hillman, Ben. *Patronage and power: local state networks and party-state resilience in China*. Stanford University Press, 2014.

205. Hsieh, Kuo-hsing. *The exclusionary rule of evidence: comparative analysis and proposals for reform*. Ashgate, 2014.

206. Hsu, Promise. *China's quest for liberty: a personal history of freedom*. St. Augustines Press, 2014.

207. Hu, Angang. *China's collective presidency*. Springer, 2014.

208. Huang, Chien-Chung. *China's nonprofit sector: progress and challenges*. Transaction Publishers, 2014.

209. Huang, Chun-chieh. *Taiwan in transformation: retrospect and prospect [2nd ed]*. Transaction Publishers, 2014.

210. Huang, Hanyun. *Social media generation in urban China: a study of social media use and addiction among adolescents*. Springer, 2014.

211. Huang, Jie. *Interregional recognition and enforcement of civil and commercial judgments: lessons for China from US and EU law*. Hart Publishing, 2014.

212. Huang, Philip C.; Bernhardt, Kathryn. *Research from archival case records: law, society and culture in China*. Brill, 2014.

213.* Huang, Youqin; Li, Si-ming. *Housing inequality in Chinese cities*. Routledge, 2014.

214. Inwood, Heather. *Verse going viral: China's new media scenes*. University of Washington Press, 2014.

215. Ip, Eric Chi Yeung. *Law and justice in Hong Kong*. Sweet & Maxwell, 2014.

216. Jacobs, J. Bruce. *Critical readings on China-Taiwan relations*. Brill, 2014.

217. Jacoby, Camelia L. *China's political system: features, institutions, and leaders*. Nova Science Publishers, 2014.

218. Jia, Jinhua. *Gendering Chinese religion: subject, identity, and body*. Sunny

Press, 2014.
219. Jiang, Na. *China and international human rights: harsh punishments in the context of the international covenant on civil and political rights*. Springer, 2014.
220. Keith, Ronald C. *China's Supreme Court*. Routledge, 2014.
221. Kettunen, Pauli [et al.]. *Reshaping welfare institutions in China and the Nordic countries*. Nordic Centre of Excellence Nordwel, 2014.
222. Kim, Yong-ok. *The great equal society: Confucianism, China and the 21st century*. World Scientific, 2014.
223. Koesel, Karrie J. *Religion and authoritarianism: cooperation, conflict, and the consequences*. Cambridge University Press, 2014.
224. Kossof, Paul. *Chinese legal research*. Carolina Academic Press, 2014.
225. Kostka, Genia; Mol, Arthur P. J. *Local environmental politics in China: challenges and innovations*. Routledge, 2014.
226. Kou, Chien-Wen; Zang, Xiaowei. *Choosing China's leaders*. Routledge, 2014.
227. Kou, Jianwen; Zang, Xiaowei. *Choosing China's leaders*. Routledge; Taylor & Francis Group, 2014.
228. L. Ahlers, Anna. *Rural policy implementation in contemporary China: new Socialist countryside*. Routledge, 2014.
229. Lam, Desmond. *Chopsticks and gambling*. Transaction Publishers, 2014.
230. Lampton, David M. *Following the leader: ruling China, from Deng Xiaoping to Xi Jinping*. University of California Press, 2014.
231. Lee, Francis L. F. *Communication, public opinion, and globalization in urban China*. Routledge; Taylor & Francis Group, 2014.
232.* Lee, Haiyan. *The stranger and the Chinese moral imagination*. Stanford University Press, 2014.
233. Lehmann, Angela. *Transnational lives in China: expatriates in a globalizing city*. Palgrave Macmillan, 2014.
234. Leng, Tse-kang; Wu, Yu-shan. *Chinese models of development: global, local, and comparative perspectives*. Lexington Books, 2014.
235. Leutner, Mechthild; Jian, Zang. *Interdisciplinary perspectives on gender and equality in China*. Lit Verlag, 2014.
236. Lewis, James Andrew. *China's cyberpower: international and domestic priorities*. Australian Strategic Policy Institute, 2014.
237. Li, Li. *Judicial discretion within adjudicative committee proceedings in China: a*

bounded rationality analysis. Springer, 2014.

238. Li, Luo. *Intellectual property protection of traditional cultural expressions: folklore in China*. Springer, 2014.

239. Li, Minghuan. *Seeing transnationally: how Chinese migrants make their dreams come true*. Leuven University Press, 2014.

240. Li, Peilin. *People's livelihood in contemporary China: changes, challenges and prospects*. World Scientific, 2014.

241. Li, Qi; Gerstl-Pepin, Cynthia. *Survival of the fittest: the shifting contours of higher education in China and the United States*. Springer-Verlag, 2014.

242. Li, Shiqiao. *Understanding the Chinese city*. SAGE, 2014.

243. Li, Xiang; Jin, Jigang. *Concise Chinese tort laws*. Springer, 2014.

244. Li, Yuwen. *Administrative litigation systems in greater China and Europe*. Ashgate, 2014.

245. Li, Yuwen. *The judicial system and reform in post-Mao China: stumbling towards justice*. Ashgate, 2014.

246. Liang, Samuel Y. *Remaking China's great cities: space and culture in urban housing, renewal, and expansion*. Routledge, 2014.

247. Liang, Xiaoyan. *Developing skills for economic transformation and social harmony in China: a study of Yunnan Province*. The World Bank, 2014.

248. Lieberthal, Kenneth; Li, Cheng; Yu, Keping. *China's political development: Chinese and American perspectives*. Brookings Institution Press, 2014.

249. Lin, Nan; Fu, Yang-chih; Chen, Chih-Jou Jay. *Social capital and its institutional contingency: a study of the United States, China, and Taiwan*. Routledge; Taylor & Francis Group, 2014.

250. Liu, Eric. *A Chinaman's chance: one family's journey and the Chinese American dream*. Public Affairs, 2014.

251. Liu, Jieyu. *Social transformation in China: critical concepts in Asian studies*. Routledge, 2014.

252. Lo, Carlos Wing-Hung; Tang, Shui-yan. *Institutions, regulatory styles, society, and environmental governance in China*. Routledge, 2014.

253. Lo, Sonny Shiu-Hing. *The politics of crisis management in China: the Sichuan earthquake*. Lexington Books, 2014.

254. Lo, William Yat Wai. *University rankings: implications for higher education in Taiwan*. Springer, 2014.

255. Low, Kelvin E. Y. *Remembering the Samsui women: migration and social memory in Singapore and China*. UBC Press, 2014.
256. Lu, Jie. *Varieties of governance in China: migration and institutional change in Chinese villages*. Oxford University Press, 2014.
257. Lu, Tracey L.-D. *Museums in China: materialized power and objectified identities*. Routledge, 2014.
258.* Lu, Yingjun; Abeysekera, Indra. *Social and environment disclosure in Chinese firms*. Routledge; Taylor & Francis Group, 2014.
259. Lu, Zhouxiang; Fan, Hong. *Sport and nationalism in China*. Routledge, 2014.
260. Luginbühl, Stefan; Ganea, Peter. *Patent law in greater China*. Edward Elgar 2014.
261. Luo, Rumin. *Becoming urban: state and migration in contemporary China*. Kassel University Press, 2014.
262. Ma, Wen. *East meets West in teacher preparation: crossing Chinese and American borders*. Teachers College Press; Teachers College; Columbia University, 2014.
263. Mahncke, Hans. *Hong Kong Anti-Money Laundering Ordinances: commentary and annotations (collected volume)*. Sweet & Maxwell; Thomson Reuters, 2014.
264. Marsh, Colin; Li, Zijian. *Asia's high performing education systems: the case of Hong Kong*. Routledge, 2014.
265. Mattke, Soeren [et al.]. *Role of health care transformation for the Chinese dream: powering economic growth, promoting a harmonious society*. Rand Corporation, 2014.
266. Mcbeath, Gerald A. *Environmental education in China*. Edward Elgar, 2014.
267. Meng, Qingli. *Corruption in transitional China: a 33-year study [2nd rev ed]*. Wolf Legal Publishers (WLP), 2014.
268. Metzger, Sean. *Chinese looks: fashion, performance, race*. Indiana University Press, 2014.
269. Miller, James; Smyer Yü, Dan; Veer, Peter van der. *Religion and ecological sustainability in China*. Routledge, 2014.
270. Ming, Holly H. *The education of migrant children and China's future: The urban left behind*. Routledge; Taylor & Francis Group, 2014.
271. Minges, Michael. *Information and communications in the Chinese countryside: a study of three provinces*. World Bank, 2014.
272. Mok, Ka-Ho; Lau, Maggie K. W. *Managing social change and social policy in*

greater China: welfare regimes in transition. Routledge, 2014.

273. Morehouse, Christal; Busse, Matthias. *How to keep a competitive edge in the talent game: lessons for the EU from China and the US*. Centre for European Policy Studies, 2014.

274. Murthy, Viren; Schneider, Axel. *The challenge of linear time: nationhood and the politics of history in East Asia*. Brill, 2014.

275. Naftali, Orna. *Children, rights and modernity in China: raising self-governing citizens*. Palgrave Macmillan, 2014.

276. Neal, Alan C. *Cross-currents in modern Chinese labour law*. Kluwer Law International, 2014.

277. Ng., Jason Y. *No city for slow men: Hong Kong's quirks and quandaries laid bare*. Blacksmith Books, 2014.

278. Ngai, Steven Sek-Yum [et al.]. *Youth policies and services in Chinese societies*. Routledge, 2014.

279.* Osnos, Evan. *Age of ambition: chasing fortune, truth and faith in the new China*. The Bodley Head, 2014.

280. Palanithurai, G.; Weimar, Niclas D.; Thirumeni, B. S. *Governance at community level in China and India: a comparative analysis*. Concept Pub. Co., 2014.

281. Pan, Lin. *English as a global language in China: deconstructing the ideological discourses of English in language education*. Springer, 2014.

282. Peng, Pai. *School effectiveness in China: an exploratory study*. Peter Lang, 2014.

283. Pinar, William F. *Curriculum studies in China: intellectual histories, present circumstances*. Palgrave Macmillan, 2014.

284. Ping, Yew Chiew. *Ageing in place or displaced?: Hong Kongers retiring in mainland China*. East Asian Institute, National University of Singapore, 2014.

285. Plänkers, Tomas. *Landscapes of the Chinese soul: the enduring presence of the Cultural Revolution*. Karnac Books Ltd, 2014.

286. Poston, Dudley L.; Yang, Wen Shan; Farris, Demetrea Nicole. *The family and social change in Chinese societies*. Springer, 2014.

287. Potter, Pitman B. *Assessing treaty performance in China: trade and human rights*. UBC Press, 2014.

288. Pu, Hong; Pawan, Faridah. *The pedagogy and practice of Western-trained*

Chinese English language teachers: foreign education, Chinese meanings. Routledge, 2014.

289. Qi, Xiaoying. *Globalized knowledge flows and Chinese social theory*. Routledge, 2014.

290.* Qian, Jiwei; Blomqvist Åke. *Health policy reform in China: a comparative perspective*. World Scientific, 2014.

291. Rhee, C. H. (Remco) van; Fu, Yulin. *Civil litigation in China and Europe: essays on the role of the judge and the parties*. Springer, 2014.

292. Rhoads, Robert A. [et al.] *China's rising research universities: a new era of global ambition*. Johns Hopkins Univ. Press, 2014.

293.* Ryan, Jennifer; Chen, Lincoln C.; Saich, Tony. *Philanthropy for health in China*. Indiana University Press, 2014.

294. Schneider, Melissa Margaret. *The ugly wife is a treasure at home: true stories of love and marriage in communist China*. Potomac Books, 2014.

295. Shang, Xiaoyuan; Fisher, Karen R. *Caring for orphaned children in China*. Lexington Books, 2014.

296. Shannon, Kelly [et al.]. *Village in the city: Asian variations of urbanisms of inclusion*. Park Books, 2014.

297. Shek, Daniel T. L. *Human developmental research: experience from research in Hong Kong*. Nova Science Publishers, 2014.

298. Sheng, Xiaoming. *Higher education choice in China: social stratification, gender and educational inequality*. Routledge, 2014.

299. Simões, Fernando Dias. *Commercial arbitration between China and the Portuguese-speaking world*. Wolters Kluwer Law & Business, 2014.

300.* So, Bennis Wai Yip; Kao, Yuang-Kaung. *The changing policy-making process in greater China: case research from Mainland China, Taiwan and Hong Kong*. Routledge; Taylor & Francis Group, 2014.

301. Stambach, Amy. *Confucius and crisis in American universities: culture, capital, and diplomacy in U. S. public higher education*. Routledge, 2014.

302. Stikker, Allerd. *Sacred mountains: How the revival of Daoism is turning China's ecological crisis around*. Routledge; Taylor & Francis Group, 2014.

303. Sun, Pinghua. *Human rights protection system in China*. Springer, 2014.

304. Sun, Wanning. *Subaltern China: rural migrants, media, and cultural practices*. Rowman & Littlefield Publishers, 2014.

305. Svensson, Marina;Sæther, Elin;Zhang, Zhi'an. *Chinese investigative journalists' dreams: autonomy, agency, and voice*. Lexington Books, 2014.

306.* Takeuchi, Hiroki. *Tax reform in rural China: revenue, resistance, and authoritarian rule*. Cambridge University Press, 2014.

307. Tan, Chee-Beng. *After migration and religious affiliation: religions, Chinese identities, and transnational networks*. World Scientific Publishing Co Pte Ltd, 2014.

308. Targowski, Andrew;Han, Bernard. *Chinese civilization in the 21st century*. Nova Science Publisher's, Inc. , 2014.

309.* Teets, Jessica C. *Civil society under authoritarianism: the China model*. Cambridge University Press, 2014.

310. Tenzin, Jinba. *In the land of the eastern queendom: the politics of gender and ethnicity on the Sino-Tibetan border*. University of Washington Press, 2014.

311. Tian, Li. *Property rights, land values and urban development: betterment and compensation in China*. Edward Elgar, 2014.

312. Tian, Xueyuan. *The hope of the country with a large population: theories and practices of China's population transformation*. Springer, 2014.

313. To, James Jiann Hua. *Qiaowu: extra-territorial policies for the overseas Chinese*. Brill, 2014.

314.* Tomba, Luigi. *The government next door: neighborhood politics in urban China*. Cornell University Press, 2014.

315. Tong, Yanqi; Lei, Shaohua. *Social protest in contemporary China: 2003-2010*. Routledge, 2014.

316. Trevaskes, Susan [et al.]. *The politics of law and stability in China*. Edward Elgar, 2014.

317. Tsang, Eileen Yuk-Ha. *The new middle class in China: consumption, politics and the market economy*. Palgrave Macmillan, 2014.

318. Tsung, Linda. *Language power and hierarchy: multilingual education in China*. Bloomsbury Academic, 2014.

319. Varutti, Marzia. *Museums in China: the politics of representation after Mao*. The Boydell Press, 2014.

320. Ventre, Daniel. *Chinese cybersecurity and defense*. Wiley, 2014.

321. Vermander, Benoit. *Corporate social responsibility in China: a vision, an assessment and a blueprint*. World Scientific, 2014.

322. Wallace, Jeremy L. *Cities and stability: urbanization, redistribution, & regime survival in China*. Oxford University Press, 2014.

323.* Wang, James Jixian. *Port-city interplays in China*. Ashgate, 2014.

324. Wang, Jenn-hwan. *Border crossing in greater China: production, community and identity*. Routledge, 2014.

325. Wang, Li. *Road to privatization of higher education in China: a new cultural revolution?*. Springer, 2014.

326. Wang, Mark; Kee, Pookong; Gao, Jia. *Transforming Chinese cities*. Routledge, 2014.

327. Wang, Shizhou. *Civil procedure in China*. Wolters Kluwer Law & Business, 2014.

328. Wang, Xiaoye. *The evolution of China's anti-monopoly law*. Edward Elgar, 2014.

329. Wang, Xiaoye; Su, Jessica. *Competition law in China [2nd ed]*. Wolters Kluwer Law & Bus, 2014.

330. Wang, Yue. *Human population genetic research in developing countries: the issue of group protection*. Routledge, 2014.

331. Washburn, Dan. *The forbidden game: golf and the Chinese dream*. Oneworld, 2014.

332. Weatherley, Robert. *Making China strong: the role of nationalism in Chinese thinking on democracy and human rights*. Palgrave Macmillan, 2014.

333. Wei, C. X. George; Zabielskis, Peter. *Macao: the formation of a global city*. Routledge, 2014.

334. Wei, Yan. *Regulating municipal water supply concessions: accountability in transitional China*. Springer, 2014.

335. Wong, Mei-Yee. *Teacher-student power relations in primary schools in Hong Kong*. Lexington Books, 2014.

336. Wong, Yi-Lee; Chan, Chi-fong. *Reforming education in contemporary Macao: issues and challenges*. Nova Science, 2014.

337. World Bank. *Urban China: toward efficient, inclusive, and sustainable urbanization*. World Bank Group, 2014.

338. Wu, Alfred M. *Governing civil service pay in China*. NIAS Press, 2014.

339. Wu, Fulong; Zhang, Fangzhu; Webster, Christopher J. *Rural migrants in urban China: enclaves and transient urbanism*. Routledge, 2014.

340. Wu, Mei [et al.]. *Internet mercenaries and viral marketing: the case of Chinese social media*. IGI Global, 2014.

341. Wu, Xiaoxin. *School choice in China: a different tale?* Routledge, 2014.

342. Wu, Yiching. *The cultural revolution at the margins: Chinese socialism in crisis*. Prestel, 2014.

343. Xiao, Xinhuang. *Chinese middle classes: Taiwan, Hong Kong, Macao and China*. Routledge, 2014.

344. Xie, Baohui. *Media transparency in China: rethinking rhetoric and reality*. Lexington Books, 2014.

345. Xie, Lizhong. *De-politicization of ethnic questions in China*. World Scientific Publishing Co., 2014.

346. Xu, Dianqing; Li, Xin. *Income disparity in China: crisis within economic miracle*. World Scientific, 2014.

347.* Xu, Ting. *The revival of private property and its limits in post-Mao China*. Wildy, Simmonds & Hill Publishing, 2014.

348. Yang, Dongping. *Chinese research perspectives on educational development. Volume 2*. Brill, 2014.

349. Yang, Qingqing. *Space modernization and social interaction: a comparative study of living space in Beijing*. Springer, 2014.

350. Yang, Zan; Chen, Jie. *Housing affordability and housing policy in urban China*. Springer, 2014.

351.* Yao, Jianhua. *Knowledge workers in contemporary China: reform and resistance in the publishing industry*. Lexington Books, 2014.

352. Ye, Wangbei. *Power and moral education in China: three examples of school-based curriculum development*. Lexington Books, 2014.

353. Yeh, Emily T.; Coggins, Chris. *Mapping Shangrila: contested landscapes in the Sino-Tibetan borderlands*. University of Washington Press, 2014.

354. Yip, Ngai-ming. *Neighbourhood governance in urban China*. Edward Elgar, 2014.

355. Yongnian, Zheng; Gore, Lance. *China entering the Xi Jinping era*. Routledge, 2014.

356. Young, Simon N. M.; Ghai, Yash P. *Hong Kong's Court of Final Appeal: the development of the law in China's Hong Kong*. Cambridge University Press, 2014.

357. Yu, Guanghua. *The roles of law and politics in China's development*. Springer, 2014.

358. Yu, Kai. *The implementation of inclusive education in Beijing: exorcizing the haunting specter of meritocracy*. Lexington Books, 2014.

359. Yu, Kai [et al.]. *School culture development in China: perception of teachers and principals*. River Publishers, 2014.

360. Yu, Li. *Chinese city and regional planning systems*. Ashgate, 2014.

361.* Yu, LiAnne. *Consumption in China: how China's new consumer ideology is shaping the nation*. Cambridge: Polity, 2014.

362. Zeng, Haijun [et al.]. *E-learning in China*. Sage Publications, 2014.

363. Zeng, Li. *Beyond the market myth: a research on the dual broadcasting system and its inspirations for China's ongoing television system reform*. Nomos, 2014.

364. Zeng, Yi [et al.]. *Household and living arrangement projections: the extended cohort-component method and applications to the U. S. and China*. Springer, 2014.

365.* Zhang, Jijiao; Duncan, Howard. *Migration in China and Asia: experience and policy*. Dordrecht: Springer, 2014.

366. Zhang, Jinfan. *The tradition and modern transition of Chinese law*. Springer, 2014.

367. Zhang, Lu. *Inside China's automobile factories: the politics of labor and worker resistance*. Cambridge University Press, 2014.

368. Zhang, Shixin Ivy. *Impact of globalization on the local press in China: a case study of the Beijing Youth Daily*. Lexington Books, 2014.

369. Zhang, Wenliang. *Recognition and enforcement of foreign judgments in China: rules, practice and strategies*. Wolters Kluwer Law & Business, 2014.

370. Zhao, Jianmin. *Religion and law in China*. Wolters Kluwer Law & Business, 2014.

371. Zhao, Jingchen. *Corporate social responsibility in contemporary China*. Edward Elgar, 2014.

372. Zhao, Shukai. *Township governance and institutionalization in China*. World Scientific, 2014.

373. Zhao, Yixian. *The evolution of the land system in China: politicized law?*. Wildy Simmonds & Hill Pub, 2014.

374.* Zhao, Yong. *Who's afraid of the big bad dragon?: why China has the best (and* *worst) education system in the world*. Jossey-Bass, a Wiley brand, 2014.

375. Zhao, Yun. *Cyber law in Hong Kong [2nd ed]*. Wolters Kluwer Law & Business, 2014.

376. Zhou, Jinghao. *Chinese vs. western perspectives: understanding contemporary China*. Lexington Books, 2014.

377.* Zhou, Kate Xiao; Rigger, Shelley; White, Lynn T., III. *Democratization in China, Korea and Southeast Asia?: local and national perspectives*. Routledge, 2014.

378. Zhou, Tianyong. *The China dream and the China path*. World Scientific, 2014.

379. Zhou, Zunyou. *Balancing security and liberty: counter-terrorism legislation in Germany and China*. Duncker & Humblot, 2014.

380. Zhu, Jian. *Choices and constraints: gender differences in the employment expectations of final year undergraduates in a university in Central China*. Peter Lang AG, Internationaler Verlag der Wissenschaften, 2014.

381. Zhu, Yongxin. *My vision on education: works by Zhu Yongxin on education*. Mcgraw-Hill Education, 2014.

经济·资源·发展

382.* Abrami, Regina; Kirby, William C.; McFarlan, F. Warren. *Can China lead?: reaching the limits of power and growth*. Harvard Business Review Press, 2014.

383. Alberton, Mariachiara. *Public participation in environmental decision-making in the EU and in China: the case of Environmental Impact Assessment*. Nomos, 2014.

384. Altrock, Uwe; Schoon, Sonia. *Maturing megacities: the Pearl River Delta in progressive transformation*. Springer, 2014.

385. Augustin-Jean, Louis; Alpermann, Björn. *The political economy of agro-food markets in China: The social construction of the markets in an era of globalization*. Palgrave Macmillan, 2014.

386. Backaler, Joel. *China goes West: everything you need to know about Chinese companies going global*. Palgrave Macmillan, 2014.

387. Balcombe, Dennis. *China's opening door*. Charisma House, 2014.

388. Becker, Uwe. *The BRICs and emerging economies in comparative perspective:*

political economy, liberalisation and institutional change. Routledge; Taylor & Francis Group, 2014.

389. Benedikter, Roland; Nowotny, Verena. *China's road ahead: problems, questions, perspectives*. Springer, 2014.

390.* Bergsten, C. Fred. *Bridging the Pacific: toward free trade and investment between China and the United States*. Peterson Institute for International Economics, 2014.

391.* Bian, Jing. *China's securities market: towards efficient regulation*. Routledge; Taylor & Francis Group, 2014.

392. Bowerman, Gary. *The new Chinese traveler: business opportunities from the Chinese travel revolution*. Palgrave Macmillan, 2014.

393. Brada, Josef C.; Wachtel, Paul; Yang, Dennis Tao. *China's economic development*. Palgrave Macmillan, 2014.

394. Brown, Kerry. *China and the EU in context: insights for business and investors*. Palgrave Macmillan, 2014.

395. Bu, Maoliang; Yang, Boqiong. *Globalization and the environment of China*. Emerald Publishing Limited, 2014.

396. Buckley, Michael. *Meltdown in Tibet: China's reckless destruction of ecosystems from the highlands of Tibet to the deltas of Asia*. Palgrave Macmillan Trade, 2014.

397. Cao, Erjie. *The capital market in China: a 60-year review*. Enrich Professional Publishing, 2014.

398. Cavolo, Mario. *China, the big lie?: the truth of trillions in a culture of cash*. Long River Press, 2014.

399. Chan, Savio; Zakkour, Michael. *China's super consumers: what 1 billion customers want and how to sell it to them*. Wiley, 2014.

400. Charlton, Andrew. *Dragon's tail: the lucky country after the China boom*. Black Inc., 2014.

401. Chen, Ke. *Corporations and partnerships in China*. Kluwer Law International, 2014.

402.* Chen, Yaning. *Water resources research in Northwest China*. Springer, 2014.

403. Chen, Yulu. *Chinese currency and the global economy: the rise of the renminbi*. McGraw-Hill, 2014.

404.* Cheng, Chu-Yuan. *China's economic development, 1950-2014: fundamental* *changes and long-term prospects*. Lexington Books, 2014.

405. Cheng, Siwei. *Financial reforms and developments in China*. World Scientific, 2014.

406. Chow, Gregory C. *China's economic and social problems*. World Scientific, 2014.

407. Chow, Gregory C.; Perkins, Dwight H. *Routledge handbook of the Chinese economy*. Routledge, 2014.

408. Crabbe, Matthew. *Myth-busting China's numbers: understanding and using China's business statistics*. Palgrave Macmillan, 2014.

409. Das, Dilip K. *China and the Asian economies: interactive dynamics, synergy and symbiotic growth*. Routledge, 2014.

410. Das, Monica; Das, Sandwip K. *Economic growth and income disparity in BRIC: theory and empirical evidence*. World Scientific, 2014.

411. De Rambures, Dominique. *The China development model: between the state and the market*. Palgrave Macmillan, 2014.

412. Delang, Claudio O.; Yuan, Zhen. *China's grain for green program: a review of the largest ecological restoration and rural development program in the world*. Springer, 2014.

413. Deng, Xiangzheng [et al.]. *Land use impacts on climate*. Springer, 2014.

414. Deng, Yingtao. *New development model and China's future*. Routledge, 2014.

415. Dersham, Joyce. *China's commitments to the world trade organization: compliance and analysis*. Nova Science, 2014.

416. Donald, David C. *A financial centre for two empires: Hong Kong's corporate, securities and tax laws in its transition from Britain to China*. Cambridge University Press, 2014.

417. Du, Runsheng. *Chinese economists on economic reform: collected works of Du Runsheng*. Routledge, 2014.

418.* Dutta, Dilip. *Inclusive growth and development in the 21st century: a structural and institutional analysis of China and India*. World Scientific, 2014.

419. Eberling, George. *Future oil demands of China, India, and Japan: policy scenarios and implications*. Lexington Books, 2014.

420.* Economy, Elizabeth. *By all means necessary: how China's resource quest is changing the world*. Oxford University Press, 2014.

421. Fan, Shenggen [et al.]. *The Oxford companion to the economics of China*.

Oxford University Press, 2014.

422. Faure, Michael; Xu, Guangdong. *Economics and regulation in China*. Routledge, 2014.

423. Ferraro, Gianluca. *International regimes in China: domestic implementation of the international fisheries agreements*. Routledge; Taylor & Francis Group, 2014.

424. Fischer, Andrew Martin. *The disempowered development of Tibet in China: a study in the economics of marginalization*. Lexington Books, 2014.

425. French, Howard W. *China's second continent: how a million migrants are building a new empire in Africa*. Alfred A. Knopf, 2014.

426. Fricke, Katharina. *Analysis and modelling of water supply and demand under climate change, land use transformation and socio-economic development: the water resource challenge and adaptation measures for Urumqi region, Northwest China*. Springer, 2014.

427. Fung, Hung-gay. *Dim sum bonds: the offshore renminbi (RMB)-denominated bonds*. John Wiley and Sons, Inc., 2014.

428. Fung, K. C.; García-Herrero, Alicia. *Sino-Latin American economic relations*. Routledge, 2014.

429. Gacek, Łukasz; Trojnar, Ewa. *China at the beginning of the 21st century*. Jagiellonian University Press, 2014.

430.* Gallagher, Kelly Sims. *The globalization of clean energy technology: lessons from China*. The MIT Press, 2014.

431. Gan, Li [et al.]. *Data you need to know about China: research report of China household finance survey*. Springer, 2014.

432. Garnaut, Ross [et al.]. *Deepening reform for China's long-term growth and development*. ANU Press, 2014.

433. Gillis, Paul L. *The big four and the development of the accounting profession in China*. Emerald, 2014.

434. Gong, Bo. *Understanding institutional shareholder activisim: a comparative study of the UK and China*. Routledge, 2014.

435. Gordon, Jeremy. *Risky business in China: a guide to due diligence*. Palgrave Macmillan, 2014

436. Greenspan, Anna. *Shanghai future: modernity remade*. Hurst & Company, 2014.

437.* Gupta, Anil K.; Pande, Girija; Wang, Haiyan. *The Silk Road rediscovered:*

how Indian and Chinese companies are becoming globally stronger by winning in each other's markets. Jossey-Bass, 2014.

438. Harris, Peter. *China at the crossroads: what the third plenum means for China, New Zealand and the world*. Victoria University Press, 2014.

439. Hartmann, Rudi; Wang, Jing'ai. *A comparative geography of China and the U. S.*. Springer, 2014.

440. He, Jinliao. *Creative industry districts: an analysis of dynamics, networks and implications on creative clusters in Shanghai*. Springer, 2014.

441. Heep, Sandra. *China in global finance: domestic financial repression and international financial power*. Springer, 2014.

442. Hong, Song. *China's imports: impact and evaluation*. Paths International, 2014.

443. Hu, Angang. *China: innovative green development*. Springer, 2014.

444. Hu, Angang [et al.]. *China 2030*. Springer, 2014.

445. Hu, Zhaoguang. *An exploration into China's economic development and electricity demand by the year 2050*. Elsevier, 2014.

446. Huang, Flora Xiao. *Chinese companies and the Hong Kong stock market*. Routledge, 2014.

447. Huang, Robin Hui. *Securities and capital markets law in China*. Oxford University Press, 2014.

448. Huang, Robin Hui; Schoenmaker, Dirk. *Institutional structure of financial regulation: international perspectives and local issues in Hong Kong and Mainland China*. Routledge, 2014.

449. Huang, Songshan. *Economy hotels in China: a glocalised innovative hospitality sector*. Routledge; Taylor & Francis Group, 2014.

450. Huang, Yiping; Cai, Fang. *Debating the Lewis turning point in China*. Routledge, 2014.

451. Hulme, Alison. *Changing landscape of China's consumerism*. Chandos Publishing, 2014.

452. Hutchins, Samantha. *Rise of China's auto industry & U. S. -Chinese motor vehicle trade*. Nova Science Publishers, 2014.

453. International Monetary Institute, Renmin University of China. *The internationalization of renminbi*. Routledge, 2014.

454. Jiang, Changyun. *Rural China in transition*. Paths International, 2014.

455. Jiang, Yanqing. *China: trade, foreign direct investment, and development strategies*.

Chandos, 2014.
456. Jiang, Yanqing. *Openness, economic growth and regional disparities: the case of China*. Springer, 2014.
457. Julian, Craig C.; Ahmed, Zafar U.; Xu, Junqian. *Research handbook on the globalization of Chinese firms*. Edward Elgar, 2014.
458. Keith, Michael. *China constructing capitalism: economic life and urban change*. Routledge, 2014.
459.* Kimura, Kōichirō. *The growth of Chinese electronics firms: globalization and organizations*. Palgrave Macmillan, 2014.
460. Kossof, Paul. *Chinese trademark law: the new Chinese trademark law of 2014*. Carolina Academic Press, 2014.
461. Lardy, Nicholas R. *Markets over Mao: the rise of private business in China*. Peterson Institute for International Economics, 2014.
462. Lee, Hong Yung. *A comparative study of East Asian capitalism*. Institute of East Asian Studies, University of California, Berkeley, 2014.
463. Lee, John. *China's economic engagement with Southeast Asia: Singapore*. Institute of Southeast Asian Studies, 2014.
464. Lee, Sam Yoonsuk [et al.]. *Green leadership in China: management strategies from China's most responsible companies*. Springer, 2014.
465. Lei, Kampeng [et al.]. *Ecological emergy accounting for a limited system: general principles and a case study of Macao*. Springer, 2014.
466. Leung, Chi-Cheung; Lo, Sonny Shiu-Hing. *Creativity and culture in greater China: the role of government, individuals, and groups*. Bridge21 Publications, 2014.
467. Leventhal, Den. *How to leap a Great Wall in China: the China adventures of a cross-cultural trouble-shooter*. MerwinAsia, 2014.
468. Li, Jun; Wang Liming. *China's economic dynamics: a Beijing consensus in the making?* Routledge, *2014*.
469.* Li, Minqi. *Peak oil, climate change, and the limits to China's economic growth*. Routledge, 2014.
470. Li, Rita Yi Man. *Law, economics and finance of the real estate market: a perspective of Hong Kong and Singapore*. Springer, 2014.
471. Li, Xiaoxi; Pan, Jiancheng. *China Green Development Index Report 2012: regional comparison*. Springer, 2014.

472. Liefner, Ingo; Wei, Yehua Dennis. *Innovation and regional development in China*. Routledge, 2014.

473. Li-Hua, Richard. *Competitiveness of Chinese firms: West meets East*. Palgrave Macmillan, 2014.

474. Lin, Justin Yifu. *New paradigm for interpreting the Chinese economy: theories, challenges and opportunities*. World Scientific Publishing Co. Pte. Ltd. , 2014.

475. Liu, Bing-lian [et al.]. *Contemporary logistics in China: assimilation and innovation*. Springer, 2014.

476. Liu, Lixian. *International cross-listing of Chinese firms*. Business Science Reference, 2014.

477. Liu, Shiguo. *The impact of foreign direct investment on income distribution in China*. Paths International, 2014.

478. Liu, Yuanchun. *Managing inflation in China: current trends and new strategies*. Enrich Professional Publishing, 2014.

479. Lou, Jiwei. *Chinese economists on economic reform: collected works of Lou Jiwei*. Routledge, 2014.

480. Lu, Yingjun. *Social and environmental disclosure by Chinese firms*. Routledge; Taylor & Francis Group, 2014.

481. Luo, Dongchuan. *Selected Chinese patent cases*. Wolters Kluwer, 2014.

482. Luo, Jiade. *Social networking and Chinese indigenous management*. Paths International, 2014.

483. Ma, Damien; Adams, William. *In line behind a billion people: how scarcity will define China's ascent in the next decade*. Financial Times Press, 2014.

484. Ma, Jingyuan. *Comparative analysis of merger control policy: lessons for China*. Intersentia, 2014.

485. Mazal, Wolfgang. *Austria and China, societies in change: demographic and economic challenges*. Neuer Wissenschaftlicher Verlag, 2014.

486. Meng, Junhong. *Chinese rural banking situation and the reform of the main rural financial supplier: Rural Credit Cooperatives*. Nomos, 2014.

487. Menkhoff, Thomas [et al.]. *Catalyst for change: Chinese business in Asia*. World Scientific, 2014.

488.* Minami, Ryōshin; Makino, Fumio; Kim, Kwan S. *Lewisian turning point in the Chinese economy: comparison with East Asian countries*. Palgrave Macmillan, 2014.

489.* Moe, Espen; Midford, Paul. *The political economy of renewable energy and energy security: common challenges and national responses in Japan, China and Northern Europe*. Palgrave Macmillan, 2014.

490. Nolan, Peter. *Chinese firms, global firms: industrial policy in the age of globalization*. Routledge, 2014.

491. Pál, Nyíri. *New Chinese migration and capital in Cambodia*. ISEAS Publishing, Institute of Southeast Asian Studies, 2014.

492. Patey, Luke. *The new kings of crude: China, India, and the global struggle for oil in Sudan and South Sudan*. Hurst & Company, 2014.

493. Pei, Changhong; Feng, Lei. *Foreign enterprises in China (Volume 1)*. Paths International, 2014.

494. Qiao, Gina; Conyers, Yolanda. *The Lenovo way: managing a diverse global company for optimal performance*. Mcgraw-Hill Education, 2014.

495.* Rambourg, Erwan. *The bling dynasty: why the reign of Chinese luxury shoppers has only just begun*. John Wiley, 2014.

496. Rea, Christopher G; Volland, Nicolai. *The business of culture: cultural entrepreneurs in China and Southeast Asia, 1900-65*. UBC Press, 2014.

497. Reimers, Kai [et al.]. *Innovating in a learning community: emergence of an open information infrastructure in China's pharmaceutical distribution industry*. Springer, 2014.

498.* Rein, Shaun. *The end of copycat China: the rise of creativity, innovation, and individualism in Asia*. John Wiley & Sons, Inc., 2014.

499.* Roach, Stephen. *Unbalanced: the codependency of America and China*. Yale University Press, 2014.

500. Rövekamp, Frank; Hilpert, Hanns Günther. *Currency cooperation in East Asia*. Springer, 2014.

501. Santoni, Arthur. *China and the U. S.: trade and commitment issues*. Novinka, 2014.

502. Saw, Swee-Hock; Wong, John. *Advancing Singapore-China economic relations*. ISEAS, 2014.

503. Sha, Yongjie [et al.]. *Shanghai urbanism at the medium scale*. Springer, 2014.

504.* Shao, Ken; Feng, Xiaoqing. *Innovation and intellectual property in China: strategies, contexts and challenges*. Edward Elgar, 2014.

505. Shi, Henry X. *Entrepreneurship in family business: cases from China*. Springer, 2014.

506. Shin, Kwang-Yong. *Corporate social responsibility reporting in China*. Springer, 2014.

507. Solorio, Lucas; Ragland, Leigh Ann; Krekel, Bryan A. *China's evolving IT capabilities: cloud computing, network operations and cyber espionage*. Nova Publishers, 2014.

508. Song, Pengcheng. *Private placement of public equity in China*. Springer, 2014.

509. Sun, Zhaodong. *Renminbi: the internationalization of China's currency*. Paths International, 2014.

510. Tam, Virginia; Yam, Christine. *Corporate acquisitions and mergers in Hong Kong*. Wolters Kluwer Law & Business, 2014.

511. Tan Khee Giap [et al.]. *Annual analysis of competitiveness, simulation studies and development perspective for 34 greater China economies: 2000-2010*. World Scientific Publishing, 2014.

512. Tan, Yong. *Performance, risk and competition in the Chinese banking industry*. Chandos Publishing, 2014.

513.* Taylor, Monique. *The Chinese state, oil and energy security*. Palgrave Macmillan, 2014.

514. Taylor, Robert. *The globalisation of Chinese business: implications for multinational investors*. Chandos Publishing, 2014.

515.* Tong, Chee Kiong. *Chinese business: rethinking guanxi and trust in Chinese business networks*. Springer, 2014.

516. Tsunekawa, Atsushi [et al.]. *Restoration and development of the degraded loess plateau, China*. Springer, 2014.

517. Urban, Frauke. *Low carbon transitions for developing countries*. Routledge, 2014.

518.* Wang, EurIng. Henry K. H. *Successful business dealings and management with China oil, gas and chemical giants*. Routledge, 2014.

519. Wang, Gungwu. *Another China cycle: committing to reform*. World Scientific, 2014.

520. Wang, Jiayuan [et al.]. *Proceedings of the 17th international symposium on advancement of construction management and real estate*. Springer, 2014.

521.* Wang, Jiangyu. *Company law in China: regulation of business organizations in a* *socialist market economy*. Edward Elgar, 2014.

522. Wang, Kangmao. *Capital war: how foreign companies fight their war in China*. Paths International, 2014.

523. Wang, Mark. *Old industrial cities seeking new road of industrialization: models of revitalizing Northeast China*. World Scientific, 2014.

524. Wang, Mengkui. *Chinese economists on economic reform: collected works of Wang Mengkui*. Routledge, 2014.

525. Wang, Ming; Lai, Kin Keung. *China's financial markets: issues and opportunities*. Routledge, 2014.

526. Wang, Shuguang. *China's new retail economy: a geographic perspective*. Routledge, 2014.

527. Wang, Xiaolin [et al.]. *Quality of growth and poverty reduction in China*. Springer, 2014.

528. Wang, Yongqin. *Demystifying the Chinese miracle: the rise and future of relational capitalism*. Routledge, 2014.

529. Warner, Malcolm. *Understanding management in China: past, present and future*. Routledge, 2014.

530. Watanabe, Mariko. *The Disintegration of production: firm strategy and industrial development in China*. Edward Elgar, 2014.

531. Wong, John. *The political economy of Deng's Nanxun: breakthrough in China's reform and development*. World Scientific Publishing Co. Pte Ltd., 2014.

532. Woo, Wing Thye. *Financial systems at the crossroads: lessons for China*. World Scientific, 2014.

533. World Tourism Organization. *Chinese outbound travel to the Middle East and North Africa*. World Tourism Org, 2014.

534. Wu, Lijuan. *Job placements and job shifts in China: the effects of education, family background and gender*. World Scientific, 2014.

535. Wu, Xiaoqiu. *Chinese securities companies: an analysis of economic growth, financial structure transformation, and future development*. John Wiley, 2014.

536. Xia, Xuncheng. *Lop Nor, China*. Alpha Science Intl Ltd, 2014.

537. Xu, Bing [et al.]. *Changes in production efficiency in China: identification and measuring*. Springer, 2014.

538. Yang, Li; Wall, Geoffrey. *Planning for ethnic tourism*. Routledge, 2014.

539. Yang, Donglang; Qian, Yanjun. *Proceedings of the 18th international symposium*

on advancement of construction management and real estate. Springer, 2014.

540. Yao, Shujie. *China's outward foreign direct investments and impact on the world economy*. Palgrave Macmillan, 2014.
541. Yao, Shujie; Herrerias, Maria Jesus. *Energy security and sustainable economic growth in China*. Palgrave Macmillan, 2014.
542. Ye, Min. *Diasporas and foreign direct investment in China and India*. Cambridge University Press, 2014.
543. Yu, Guangyuan. *Chinese economists on economic reform: collected works of Yu Guangyuan*. Routledge, 2014.
544. Yuan, Tao. *On China's trade surplus*. Springer, 2014.
545. Yuan, Yan. *A different place in the making: the everyday life practices of Chinese rural migrants in urban villages*. Peter Lang, 2014.
546. Yuan, Zhigang. *Economic transition in China: long-run growth and short-run fluctuations*. World Scientific, 2014.
547. Zhang, Fan. *China's urbanization and the world economy*. Edward Elgar, 2014.
548. Zhang, Hong [et al.]. *China's outward foreign direct investment: theories and strategies*. Enrich Professional Publishing, 2014.
549. Zhang, Joe. *Inside China's shadow banking: the next subprime crisis?* Enrich Professional Publishing, *2014*.
550. Zhang, Joe. *Party man, company man: is China's state capitalism doomed?* Enrich Professional Publishing, Inc., *2014*.
551. Zhang, Xianzhi. *Enterprise management control systems in China*. Springer, 2014.
552. Zhang, Xiaojian. *Development and reform of China's employment system*. Cengage Learning Asia Pte Ltd., 2014.
553. Zhang, Yu. *Collaboration in the Australian and Chinese mobile telecommunication markets*. Springer, 2014.
554. Zhang, Zhi-Xue; Zhang, Jianjun. *Understanding Chinese firms from multiple perspectives*. Springer, 2014.
555. Zhao, Suisheng. *China's search for energy security: domestic sources and international implications*. Routledge, 2014.
556. Zheng, Yongnian; Tong, Sarah Y. *China's evolving industrial policies and economic restructuring*. Routledge, 2014.
557. Zheng, Yu. *Governance and foreign investment in China, India, and Taiwan:*

credibility, flexibility, and international business. The University of Michigan Press, 2014.

558. Zhong, Xueping; Wang, Ban. *Debating the socialist legacy and capitalist globalization in China*. Palgrave Macmillan, 2014.

559. Zhou, Zhangyue [et al.]. *Food consumption in China: the revolution continues*. Edward Elgar, 2014.

560. Zhu, Jinzy. *China cloud rising: China's journey towards technology supremacy*. Springer, 2014.

历史 · 思想 · 文化

561. Adler, Joseph Alan. *Reconstructing the Confucian Dao: Zhu Xi's appropriation of Zhou Dunyi*. State University of New York Press, 2014.

562. Al-Sīrāfī, Abū Zayd; Faḍlān, Aḥmad ibn. *Two arabic travel books: accounts of China and India and Mission to the Volga*. New York University Press, 2014.

563. Allen, Sarah M. *Shifting stories: history, gossip, and lore in narratives from Tang dynasty China*. Harvard University Asia Center, 2014.

564. Anderson, E. N. *Food and environment in early and medieval China*. University of Pennsylvania Press, 2014.

565. Andrew, Mertha. *Brothers in arms: Chinese aid to the Khmer Rouge, 1975-1979*. Cornell University Press, 2014.

566. Andrews, Bridie. *The making of modern Chinese medicine, 1850-1960*. University of British Columbia Press, 2014.

567. Anne, Behnke Kinney. *Exemplary women of early China: the Lienü zhuan of Liu Xiang*. Columbia University Press, 2014.

568. April, Funeka Yazini; Shelton, Garth. *Perspectives on South Africa-China relations at 15 years*. Africa Institute of South Africa, 2014.

569. Árokay, Judit. *Divided languages?: diglossia, translation and the rise of modernity in Japan, China, and the Slavic world*. Springer, 2014.

570. Auyang, Sunny Y. *The dragon and the eagle: the rise and fall of the Chinese and Roman empires*. M. E. Sharpe, 2014.

571.* Bachner, Andrea. *Beyond sinology: Chinese writing and the scripts of culture*. Columbia University Press, 2014.

572. Batchelor, Robert K. *London: the Selden Map and the making of a global city*,

1549-1689. University of Chicago Press, 2014.

573. Bell, James. *Electric shadows: a century of Chinese cinema*. British Film Institute, 2014.

574.* Bellezza, John Vincent. *The dawn of Tibet: the ancient civilization on the roof of the world*. Rowman & Littlefield, 2014.

575. Ben-Canaan, Dan [et al.]. *Entangled histories: the transcultural past of Northeast China*. Springer, 2014.

576. Bernstein, Richard. *China 1945: Mao's revolution and America's fateful choice*. Alfred A. Knopf, 2014.

577. Berra, John; Ju, Wei. *World film locations: Shanghai*. Intellect Ltd, 2014.

578. Bertholet, Ferdinand M. *Among the celestials: China in early photographs*. Mercatorfonds, 2014.

579. Bhattacharya, Amitava. *Survey of Sino Indian artistic discourse: a twentieth century framework*. Maulana Abul Kalam Azad Institute of Asian Studies, 2014.

580. Bi, Lijun. *China's May Fourth poetry: educating the young*. Common Ground, 2014.

581. Bialobrzeski, Peter. *Nail houses or the destruction of lower Shanghai*. Hatje Cantz, 2014.

582. Birk, Lucas. *Polaroids from the middle kingdom: old and new world visions of China*. Glitterati Incorporated, 2014.

583. Bodden, Valerie. *Ancient civilizations: China*. Creative Education, 2014.

584. Bogin, Benjamin. *Himalayan passages: Tibetan and Newar studies in honor of Hubert Decleer*. Wisdom Publications, 2014.

585.* Brashier, K. E. *Public memory in early China*. Harvard University Asia Center, 2014.

586. Brown, Kerry. *Berkshire Dictionary of Chinese Biography*. Berkshire Publishing Group, 2014.

587.* Cai, Liang. *Witchcraft and the rise of the first Confucian empire*. State University of New York Press, 2014.

588. Campbell, Roderick. *Archaeology of the Chinese bronze age: from Erlitou to Anyang*. Cotsen Institute of Archaeology Press, 2014.

589. Cao, Qing. *China under western gaze: representing China in the British television documentaries, 1980-2000*. World Scientific, 2014.

590. Chan, Chung-Yan Joyce. *William Dean and the First Chinese Study Bible*.

Mercer University Press, 2014.

591. Chan, Joseph Cho Wai. *Confucian perfectionism: a political philosophy for modern times.* Princeton University Press, 2014.

592. Chan, Selina Ching; Lang, Graeme. *Building temples in China: memories, tourism, and identities.* Routledge, 2014.

593. Chang, Peter T. C. *Bishop Joseph Butler and Wang Yangming: a comparative study of their moral vision and view of conscience.* Peter Lang, 2014.

594. Chang, Sung-Sheng Yvonne [et al.]. *Columbia sourcebook of literary Taiwan.* Columbia University Press, 2014.

595. Chen, Baoliang. *The urban life of the Ming Dynasty.* Paths International, 2014.

596. Chen, Chuanfu; Larsen, Ronald. *Library and information sciences: trends and research.* Springer, 2014.

597. Chen, Guifu; Hamori, Shigeyuki. *Rural labor migration, discrimination, and the new dual labor market in China.* Springer, 2014.

598. Chen, Juan. *Regulating the takeover of Chinese listed companies: divergence from the West.* Springer, 2014.

599. Chen, Weigang. *Confucian Marxism: a reflection on religion and global justice.* Brill, 2014.

600. Chen, Xi [et al.]. *Reading development and difficulties in monolingual and bilingual Chinese children.* Springer, 2014.

601. Chen, Xiwen. *Chinese economists on economic reform: collected works of Chen Xiwen.* Routledge, 2014.

602. Chen, Ya-chen. *New modern Chinese women and gender politics: the centennial of the end of the Qing Dynasty.* Routledge; Taylor & Francis Group, 2014.

603. Chen, Yunxian. *Foresighted leading: theoretical thinking and practice of China's regional economic development.* Springer, 2014.

604. Chen, Zhengping. *A brief history of finance in China.* Paths International, 2014.

605. Chen, Zhengping. *A brief history of foreign debt in China.* Paths International, 2014.

606. Cheng, Wen-Chien. *The Forbidden City: inside the court of China's emperors.* Rom Press, 2014.

607. Cheng, Zhiming [et al.]. *Urban China in the new era: market reforms, current state, and the road forward.* Springer, 2014.

608.* Chin, Tamara T. *Savage exchange: Han imperialism, Chinese literary style, and* *the economic imagination*. Harvard University Asia Center, 2014.

609. Chiu, Bit-shing Abraham. *Heaven and humans are one: the witness of the Chinese Catholic ministry in a global context*. Peter Lang, 2014.

610. Chiu, Bit-shing Abraham. *Yin-Yang interplay: a renewed formation program for the Catholic seminary in China*. Peter Lang, 2014.

611. Cho, Joanne Miyang; Crowe, David. *Germany and China: transnational encounters since the eighteenth century*. Palgrave Macmillan, 2014.

612. Chu, Cindy Yik-yi. *Catholicism in China, 1900-present: the development of the Chinese Church*. Palgrave Macmillan, 2014.

613. Ciric, Biljana. *A history of exhibitions: Shanghai, 1979-2006*. Centre for Contemporary Chinese Art, 2014.

614. Clark, Anthony E. *A voluntary exile: Chinese Christianity and cultural confluence since 1552*. Lehigh University Press, 2014.

615. Clart, Philip; Scott, Gregory Adam. *Religious publishing and print culture in modern China, 1800-2012*. Walter De Gruyter, 2014.

616. Claver, Alexander. *Dutch commerce and Chinese merchants in Java: colonial relationships in trade and finance, 1800-1942*. Brill, 2014.

617. Clower, Jason. *Late works of Mou Zongsan: selected essays on Chinese philosophy*. Brill, 2014.

618. Clunas, Craig; Harrison-Hall, Jessica. *Ming: 50 years that changed China*. University of Washington Press, 2014.

619. Cochran, Sherman. *Capitalist dilemma in China's communist revolution*. Cornell University Press, 2014.

620. Coniam, David. *English language education and assessment: recent developments in Hong Kong and the Chinese mainland*. Springer, 2014.

621. Conner, Lois. *Beijing: contemporary and imperial*. Princeton Architectural Press, 2014.

622. Cook, Alexander C. *Mao's little red book: a global history*. Cambridge University Press, 2014.

623. Cook, James A. [et al.]. *Visualizing modern China: image, history, and memory, 1750-present*. Lexington Books, 2014.

624. Copp, Paul F. *The body incantatory: spells and the ritual imagination in medieval Chinese Buddhism*. Columbia University Press, 2014.

625. DeBevoise, Jane. *Between state and market: Chinese contemporary art in the post-*

Mao era. Brill, 2014.

626. Deiwiks, Shu-Jyuan Deiwiks; Führer, Bernhard; Geulen, Therese. *Europe meets China, China meets Europe: the beginnings of European-Chinese scientific exchange in the 17th century*. Institut Monumenta Serica, 2014.

627. Denison, Edward; Ren, Guang Yu. *Luke Him Sau, architect: China's missing modern*. Wiley, 2014.

628. Depeyrot, Georges. *China: the silver question (2nd half of the 19th century)*. Moneta, 2014.

629. Ding, Picus Sizhi. *A grammar of Primni: based on the central dialect of Northwest Yunnan, China*. Brill, 2014.

630. Doctor, Thomas H. *Reason and experience in Tibetan Buddhism: Mabja Jangchub Tsöndrü and the traditions of the Middle Way*. Routledge, 2014.

631. Dolezelova-Milena, Velingerova; Wagner, Rudolf G. *Chinese encyclopaedias of new global knowledge (1870-1930): changing ways of thought*. Germany: Springer, 2014.

632.* Dong, Hongyuan. *A history of the Chinese language*. Routledge, 2014.

633. Duindam, Jeroen; Dabringhaus, Sabine. *The dynastic centre and the provinces: agents and interactions*. Brill, 2014.

634. Duran, Angelica; Huang, Yuhan. *Mo Yan in context: Nobel laureate and global storyteller*. Purdue University Press, 2014.

635.* Ebrey, Patricia Buckley. *Emperor Huizong*. Harvard University Press, 2014.

636. Eifring, Halvor. *Hindu, Buddhist and Daoist meditation cultural histories*. Hermes, 2014.

637. Eldred-Grigg, Stevan. *White ghosts, yellow peril: China and New Zealand, 1790-1950*. Otago University Press, 2014.

638. Eller, Thomas [et al.]. *The 8 of paths: art in Beijing*. Nicholaische Verlagsbuchhandlung GmbH, 2014.

639. Erickson, Britta. *Zheng Chongbin: Impulse, matter, form*. Distributed Art Publishers, 2014.

640. Erickson, Britta; Yee, Craig L. *Modern ink: the art of Qi Baishi*. Univ of Hawai'i Press, 2014.

641. Esherick, Joseph; Wei, C. X. George. *China: how the empire fell*. Routledge, 2014.

642. Esposito, Monica. *Facets of Qing Daoism*. University Media, 2014.

643. Fan, Shuhua. *The Harvard-Yenching Institute and cultural engineering: remaking the humanities in China, 1924-1951*. Lexington Books, 2014.

644. Fang, Jun. *China's second capital: Nanjing under the Ming, 1368-1644*. Routledge, 2014.

645. Feng, Boyi; Tom Haartsen, Jr. *Focus Beijing: De Heus-Zomer collection*. Boijmans Van Beuningen, 2014.

646. Feng, Jun [et al.]. *Chinapedia: the first authoritative reference to understanding China*. Enrich Professional Pub., 2014.

647.* Fiaschetti, Francesca; Schneider, Julia. *Political strategies of identity building in non-Han empires in China*. Harrassowitz Verlag, 2014.

648. Filip, Sonja; Hilgner, Alexandra. *The lady with the phoenix crown: Tang-period grave goods of the noblewoman Li Chui (711-736)*. Schnell & Steiner, 2014.

649. Flacks, Marcus. *Custodians of the scholar's way: Chinese scholars' objects in precious woods*. Rasika, 2014.

650. Flanagan, Owen J. *Moral sprouts and natural teleologies: 21st century moral psychology meets classical Chinese philosophy*. Marquette University Press, 2014.

651. Fogel, Joshua A. *Shimada Kenji: scholar, thinker, reader: selected writings on the intellectual history of modern China*. MerwinAsia, 2014.

652. Fong, Wen C. *Art as history: calligraphy and painting as one*. Princeton University Press, 2014.

653. Frandsen, Johs. Nørregaard; Sun, Jian; Grøngaard Jeppesen. *Hans Christian Andersen in China*. University Press of Southern Denmark, 2014.

654. Frayling, Christopher. *The yellow peril: Dr. Fu Manchu and the rise of Chinaphobia*. Thames & Hudson, 2014.

655. French, Paul. *Badlands: decadent playground of old Peking*. Penguin Group (Australia), 2014.

656. Funnell, Lisa. *Warrior women: gender, race, and the transnational Chinese action star*. SUNY Press, 2014.

657.* Funnell, Lisa; Yip Man-Fung. *American and Chinese-language cinemas: examining cultural flows*. Routledge, 2014.

658. Gates, Jesse P. *Situ in Situ: towards a dialectology of Jiāróng (rGyalrong)*. Lincom Europa, 2014.

659. Giesen, Rolf. *Chinese animation: a history and filmography, 1922-2012*. McFarland & Company, Inc., Publishers, 2014.

660. Gladston, Paul. *Contemporary Chinese art: a critical history*. Reaktion Books, 2014.

661. Goldstein, Melvyn C. *A history of modern Tibet: The storm clouds descend, 1955-1957*. University of California Press, 2014.

662. Goodrow, Gérard A. *Crossing China: land of the rising art scene*. DAAB, 2014.

663. Grant, Frederick Delano, Jr. *The Chinese cornerstone of modern banking: the Canton guaranty system and the origins of bank deposit insurance 1780-1933*. Brill Nijhoff, 2014.

664. Gray, Ronald R. *Wandering between two worlds: the formative years of Cao Xueqin, 1715-1745*. Peter Lang, 2014.

665. Greene, Naomi. *From Fu Manchu to Kung Fu Panda: images of China in American film*. University of Hawai'i Press, 2014.

666. Gregor, A. James. *Marxism and the making of China: a doctrinal history*. Palgrave Macmillan, 2014.

667. Greiff, Susanne [et al.]. *The tomb of Li Chui: interdisciplinary studies into a Tang period finds assemblage*. Verlag Des Römisch-Germanischen Zentralmuseums, 2014.

668. Grieve, William G. *The American Military Mission to China, 1941-1942: Lend-Lease logistics, politics and the tangles of wartime cooperation*. McFarland & Company, Inc., Publishers, 2014.

669. Griffin, Nicholas. *Ping-pong diplomacy: the secret history behind the game that changed the world*. Scribner, 2014.

670. Gruzinski, Serge. *The eagle and the dragon: globalization and European dreams of conquest in China and America in the sixteenth century*. Polity Press, 2014.

671. Haar, B. J. ter. *Practicing scripture: a lay Buddhist movement in late imperial China*. University of Hawai'i Press, 2014.

672. Han, Xiaorong. *Red god: Wei Baqun and his peasant revolution in southern China, 1894-1932*. State University of New York Press, 2014.

673. Hardie, Alison. *Chinese garden pleasures: an appreciation*. Better Link Press, 2014.

674. Harrison-Hall, Jessica. *Ming: art, people and places*. British Museum Press, 2014.

675. Hatchell, Christopher. *Naked seeing: the great perfection, the wheel of time, and visionary Buddhism in renaissance Tibet*. Oxford University Press, 2014.

676. Hein, Anke. *The "crescent-shaped cultural-communication belt": Tong Enzheng's model in retrospect: an examination of methodological, theoretical and material concerns of long-distance interactions in East Asia*. Archaeopress, 2014.

677. Heine, Steven. *Zen Koans*. University of Hawaii Press, 2014.

678. Heller, Natasha. *Illusory abiding: the cultural construction of the Chan monk Zhongfeng Mingben*. Harvard University Asia Center, 2014.

679.* Hinner, Michael B. *Chinese culture in a cross-cultural comparison*. Peter Lang, 2014.

680. Hinton, David. *Chuang Tzu: the inner chapters*. Counterpoint, 2014.

681. Holmes-Tagchungdarpa, Amy. *The social life of Tibetan biography: textuality, community, and authority in the lineage of Tokden Shakya Shri*. Lexington Books, 2014.

682. Horesh, Niv. *Chinese money in global context: historic junctures between 600 BCE and 2012*. Stanford University Press, 2014.

683.* Horesh, Niv. *Shanghai, past and present: a concise socio-economic history, 1842-2012*. Sussex Academic Press, 2014.

684. Hou, Renzhi. *An historical geography of Peiping*. Springer, 2014.

685. Hou, Yu. *A corpus-based study of nominalization in translations of Chinese literary prose: three versions of Dream of the Red Chamber*. Peter Lang, 2014.

686. Howard, Angela Falco. *Archaeological and visual sources of meditation in the ancient monasteries of Kuča*. Brill, 2014.

687. Hsia, C. T. [et al.]. *The Columbia anthology of Yuan drama*. Columbia University Press, 2014.

688.* Hsiao, Kuo-Hung; Yan, Hong-Sen. *Mechanisms in Ancient Chinese Books with Illustrations*. Springer, 2014.

689. Hsiung, Yuwen. *Expressionism and its deformation in contemporary Chinese theatre*. Peter Lang, 2014.

690. Hua, Hsieh Bao. *Concubinage and servitude in late imperial China*. Lexington Books, 2014.

691. Huang, C.-T. James [et al.]. *The handbook of Chinese linguistics*. Wiley-Blackwell, 2014.

692. Huang, Michelle Ying-ling. *The reception of Chinese art across cultures*. Cambridge Scholars Publishing, 2014.

693. Huang, Philip, C.; Bernhardt, Kathryn. *The history and theory of legal practice*

in China: *Toward historical-social jurisprudence*. Brill, 2014.

694. Huang, Xuelei. *Shanghai filmmaking*: *crossing borders*, *connecting to the globe*, *1922-1938*. Brill, 2014.

695. Huang, Yong. *Why be moral?*: *learning from the neo-Confucian Cheng Brothers*. State University of New York Press, 2014.

696. Hudecček, Jiří. *Reviving ancient Chinese mathematics*: *mathematics*, *history*, *and politics in the work of Wu Wen-Tsun*. Routledge, 2014.

697. Hung, Hing Ming. *Ten states*, *five dynasties*, *one great emperor*: *how Emperor Taizu unified China in the Song Dynasty*. Algora Publishing, 2014.

698. Hutton, Eric L. *Xunzi*: *the complete text*. Princeton University Press, 2014.

699. Idema, W. L. *Chinese studies in the Netherlands*: *past*, *present and future*. Brill, 2014.

700. Idema, W. L. *The resurrected skeleto*: *from Zhuangzi to Lu Xun*. Columbia University Press, 2014.

701. Ingham, Michael; Aitken, Ian. *Hong Kong documentary film*. Edinburgh University Press 2014.

702. Iovene, Paola. *Tales of futures past*: *anticipation and the ends of literature in contemporary China*. Stanford University Press, 2014.

703. Israel, George Lawrence. *Doing good and ridding evil in Ming China*: *the political career of Wang Yangming*. Brill, 2014.

704. Jacoby, Sarah. *Love and liberation*: *autobiographical writings of the Tibetan Buddhist Visionary Sera Khandro*. Columbia University Press, 2014.

705. Jansen, Thomas. *Globalization and the making of religious modernity in China*: *transnational religions*, *local agents*, *and the study of religion*, *1800-present*. Brill, 2014.

706. Jersild, Austin. *The Sino-Soviet alliance*: *an international history*. The University of North Carolina Press, 2014.

707. Jiang, Nan. *Advances in Chinese as a second language*: *acquisition and processing*. Cambridge Scholars Publishing, 2014.

708. Jiao, Liwei. *500 common Chinese proverbs and colloquial expressions*: *an annotated frequency dictionary*. Routledge, 2014.

709. Jodidio, Philip. *Shenzhen Bao'an international airport terminal 3*. Skira Rizzoli, 2014.

710. Johnson, Eunice V. *Timothy Richard's vision*: *education and reform in China*,

1880-1910. Pickwick Publications, 2014.

711.* Johnson, Matthew D. [et al.]. *China's iGeneration: cinema and moving image culture for the twenty-first century*. Bloomsbury, 2014.

712. Jullien, François. *On the universal: the uniform, the common and dialogue between cultures*. Polity, 2014.

713. Kaldis, Nicholas. *The Chinese prose poem: a study of Lu Xun's Wild Grass (Yecao)*. Cambria Press, 2014.

714. Kang, Xuepei [et al.]. *Zhiqing: stories from China's special generation*. Texas Review Press, 2014.

715. Karetzky, Patricia Eichenbaum. *Chinese religious art*. Lexington Books, 2014.

716. Katz, Paul R. *Religion in China & its modern fate*. Brandeis University Press, 2014.

717. Keightley, David N. *These bones shall rise again: selected writings on early China*. State University of New York Press, 2014.

718. Keulemans, Paize. *Sound rising from the paper: nineteenth-century martial arts fiction and the Chinese acoustic imagination*. Harvard University Press, 2014.

719. Kiely, Jan. *The compelling ideal: thought reform and the prison in China, 1901-1956*. Yale University Press, 2014.

720.* Kieschnick, John; Shahar, Meir. *India in the Chinese imagination: myth, religion, and thought*. University of Pennsylvania Press, 2014.

721. King, Michelle Tien. *Between birth and death: female infanticide in nineteenth-century China*. Stanford University Press, 2014.

722. Kinkley, Jeffrey C. *Visions of dystopia in China's new historical novels*. Columbia University Press, 2014.

723. Kline, T. C.; Tiwald, Justin. *Ritual and religion in the Xunzi*. State University of New York Press, 2014.

724. Kohn, Livia. *Zhuangzi: text and context*. Three Pines, 2014.

725.* Kong, Shuyu. *Popular media, social emotion and public discourse in contemporary China*. Routledge, 2014.

726. Kumpusch, Christoph A. *Urban hopes: made in China by Steven Holl*. LARS Müller, 2014.

727. Kuo, Huei-Ying. *Networks beyond empires: Chinese business and nationalism in the Hong Kong-Singapore corridor, 1914-1941*. Brill, 2014.

728. Kwan, Man Bun. *Beyond market and hierarchy: patriotic capitalism and the*

Jiuda salt refinery, *1914-1953*. Palgrave Macmillan, 2014

729.* Lai, Benjamin. *Hong Kong*, *1941-45*: *first strike in the Pacific War*. Osprey Publishing, 2014.

730. Laliberté André. *The politics of Buddhist organizations in Taiwan*, *1989-2003*: *safeguard the faith*, *build a pure land*, *help the poor*. Routledge, 2014.

731. Lee, Jung H. *The ethical foundations of early Daoism*: *Zhuangzi's unique moral vision*. Palgrave Macmillan, 2014.

732. Lee, Kunshan Carolyn [et al.]. *The Routledge Advanced Chinese multimedia course*: *crossing cultural boundaries*. Routledge, 2014.

733. Lee, Lily Xiao Hong; Wiles, Sue. *Biographical dictionary of Chinese women*: *Tang through Ming*, *618-1644*. M. E. Sharpe, 2014.

734.* Lee, Sukhee. *Negotiated power*: *the state*, *elites*, *and local governance in twelfth- to fourteenth-century China*. Harvard University Asia Center, 2014.

735. Lei, Xianglin. *Neither donkey nor horse*: *medicine in the struggle over China's modernity*. The University of Chicago Press, 2014.

736. Lenfestey, James P. *Seeking the cave*: *a pilgrimage to Cold Mountain*. Milkweed Editions, 2014.

737. Leutner, Mechthild; Goikhman, Izabella. *State*, *society and governance in Republican China*. LIT Verlag, 2014.

738. Li, Audrey. *Chinese syntax in a cross-linguistic perspective*. Oxford University Press, 2014.

739. Li, Chenyang. *The Confucian philosophy of harmony*. Routledge, 2014.

740. Li, Chenyang; Ni, Peimin. *Moral cultivation and Confucian character*: *engaging Joel J. Kupperman*. State University of New York Press, 2014.

741. Li, Chuntang. *The urban life of the Song Dynasty*. Paths International, 2014.

742. Li, Deshun. *Value theory*: *a research into subjectivity*. Springer, 2014.

743. Li, Jian [et al.]. *Forbidden City*: *imperial treasures from the Palace Museum*, *Beijing*. Virginia Museum Fine Arts, 2014.

744. Li, Luke [et al.]. *The historical architectural map of Beijing*. HOMA & SEKEY Books, 2014.

745. Li, Shangyin. *Derangements of my contemporaries*: *miscellaneous notes*. New Directions, 2014.

746. Li, Sher-shiueh. *Jesuit chreia in late Ming China*: *two studies with an annotated translation of Alfonso Vagnone's Illustrations of the Grand Dao*. Peter

Lang, 2014.

747. Li, Wai-Yee. *Women and national trauma in Late Imperial Chinese literature*. Harvard University Asia Center, 2014.

748. Li, Xia [et al.]. *A grammar of Zoulei, Southwest China*. Peter Lang AG, Internationaler Verlag der Wissenschaften, 2014.

749. Li, Xiaobing. *China's battle for Korea: the 1951 spring offensive*. Indiana University Press, 2014.

750. Li, Xiaoting. *Multimodality, interaction and turn-taking in Mandarin conversation*. John Benjamins Publishing Company, 2014.

751. Li, Zonggui. *Between tradition and modernity: philosophical reflections on the modernization of Chinese culture*. Chartridge, 2014.

752. Lim, Song Hwee. *Tsai Ming-liang and a cinema of slowness*. University of Hawai'i Press, 2014.

753. Lim, William Siew Wai; Abbas, Nadim. *The no colours: William Lim. Living collection in Hong Kong*. Hatje Cantz, 2014.

754. Lin, Chen-kuo; Radich, Michael. *A distant mirror: articulating Indic ideas in sixth and seventh century Chinese Buddhism*. Hamburg University Press, 2014.

755. Lin, Cheng [et al.]. *The history of ancient Chinese economic thought*. Routledge, 2014.

756. Lin, Pei-yin; Tsai, Weipin. *Print, profit, and perception: ideas, information and knowledge in Chinese societies, 1895-1949*. Brill, 2014.

757. Lin, Wei-Cheng. *Building a sacred mountain: the Buddhist architecture of China's Mount Wutai*. University of Washington Press, 2014.

758. Lin, Zheng. *The history of ancient Chinese economic thought*. Routledge; Taylor & Francis Group, 2014.

759. Little, Stephen; Yu, Christina. *Chinese paintings from Japanese collections*. Prestel, 2014.

760. Liu, Cuirong. *Environmental history in East Asia: interdisciplinary perspectives*. Routledge, 2014.

761. Liu, Yang; Zhou, Ya. *Cast for eternity: ancient ritual bronzes from the Shanghai Museum*. the Sterling and Francine Clark Art Institute, 2014.

762. Liu, Ying; Chen, Zhongping; Blue, Gregory. *Zheng He's maritime voyages (1405-1433) and China's relations with the Indian Ocean world: a multilingual bibliography*. Brill, 2014.

763. López-Calvo, Ignacio. *Dragons in the land of the condor: writing tusán in Peru*. The University of Arizona Press, 2014.

764. Luo, Liang. *The avant-garde and the popular in modern China: Tian Han and the intersection of performance and politics*. University of Michigan Press, 2014.

765. Majia, Jidi. *Rhapsody in black: poems*. University of Oklahoma Press, 2014.

766.* Makeham, John. *Transforming consciousness: yogācāra thought in modern China*. Oxford University Press, 2014.

767. Man, John. *Marco Polo: the journey that changed the world*. William Morrow, 2014.

768. Man, John. *The Mongol Empire: Genghis Khan, his heirs and the founding of modern China*. Bantam Press, 2014.

769. Marinelli, Maurizio; Andornino, Giovanni B. *Italy's encounters with modern China: imperial dreams, strategic ambitions*. Palgrave Macmillan, 2014.

770.* McCord, Edward A. *Military force and elite power in the formation of modern China*. Routledge, 2014.

771. Mcguire, Beverley Foulks. *Living karma: the religious practices of Ouyi Zhixu*. Columbia University Press, 2014.

772.* Meyer, Kathryn. *Life and death in the garden: sex, drugs, cops, and robbers in wartime China*. Rowman & Littlefield Publishers, 2014.

773. Michaelson, Carol; Portal, Jane. *Chinese art close-up*. The British Museum, 2014.

774. Minford, John. *I Ching: the essential translation of the ancient Chinese oracle and book of wisdom*. Viking, 2014.

775. Nedilsky, Lida V. *Converts to civil society: Christianity and political culture in contemporary Hong Kong*. Baylor University Press, 2014.

776. Nelson, Claudia; Morris, Rebecca. *Representing children in Chinese and US children's literature*. Routledge, 2014.

777. Nelson, Sarah M. *The Hongshan papers: collected studies on the archaeology of Northern China*. Archaeopress, 2014.

778. Ng, Chin-Keong. *Trade and society: the Amoy network on the China Coast, 1683-1735*. NUS Press, 2014.

779.* Ng, Michael H. K. *Legal transplantation in early twentieth-century China: practicing law in Republican Beijing (1910s-1930s)*. Routledge, 2014.

780. Nittve, Lars; Olsson, Hans. *Right is wrong: four decades of Chinese art from the*

M⁺ Sigg Collection. Bildmuseet, 2014.
781. Olberding, Amy. *Dao companion to the analects*. Springer, 2014.
782. Parr, Martin. *Hong Kong Parr*. Blindspot Gallery and Gost Books, 2014.
783. Peake, Ernest Cromwell. *Peake in China: memoirs of Ernest Cromwell Peake*. The British Library, 2014.
784. Pedersen, Bent Lerbæk. *Catalogue of Chinese manuscripts and rare books*. Nias Press, 2014.
785. Pellatt, Valerie [et al.]. *Translating Chinese culture: the process of Chinese-English translation*. Routledge, 2014.
786. Peng, Hsiao-Yen; Dilley, Whitney Crothers. *From Eileen Chang to Ang Lee: lust, caution*. Routledge, 2014.
787. Peng, Jian-E. *Willingness to communicate in the Chinese EFL university classroom: an ecological perspective*. Multilingual Matters, 2014.
788. Peng, Xiaoyan; Rabut, Isabelle. *Modern China and the West: translation and cultural mediation*. Brill, 2014.
789. Perkins, Franklin. *Heaven and earth are not humane: the problem of evil in classical Chinese philosophy*. Indiana Univ Press, 2014.
790. Poceski, Mario. *The Wiley Blackwell companion to East and Inner Asian Buddhism*. Wiley Blackwell, 2014.
791. Pollack, Barbara; Li, Zhenhua. *My generation: young Chinese artists*. GILES, 2014.
792. Popov, Vladimir. *Mixed fortunes: an economic history of China, Russia, and the West*. Oxford University Press, 2014.
793. Primary Source, Inc. *China since 1644: a history through primary sources*. Cheng & Tsui Company, 2014.
794. Pu, Chengzhong. *Ethical treatment of animals in early Chinese Buddhism: beliefs and practices*. Cambridge Scholars, 2014.
795. Qian, Zhongshu. *Patchwork: seven essays on art and literature*. Brill, 2014.
796. Qinggong; Red Pine. *The Mountain poems of Stonehouse*. Copper Canyon Press, 2014.
797. Qiu, Peipei; Su, Zhiliang; Chen, Lifei. *Chinese comfort women: testimonies from imperial Japan's sex slaves*. Oxford University Press, 2014.
798. Queen, Sarah A.; Puett, Michael J. *The Huainanzi and textual production in early China*. Brill, 2014.

799. Quintman, Andrew. *The yogin and the madman: reading the biographical corpus of Tibet's Great Saint Milarepa*. Columbia University Press, 2014.

800. Rascaroli, Laura; Monahan, Barry; Young, Gwenda. *Amateur filmmaking: the home movie, the archive, the Web*. Bloomsbury Academic, 2014.

801. Redmond, Geoffrey P.; Hon, Tze-Ki. *Teaching the I Ching (Book of Changes)*. Oxford University Press, 2014.

802. Reilly, Thomas H. *The Taiping Heavenly Kingdom: rebellion and the blasphemy of empire*. University of Washington Press, 2014.

803. Reiter, Florian C. *The beginning of the subtle school of Taoism: an official perception of Taoism in the early T'ang period*. Harrassowitz, 2014.

804. Remick, Elizabeth J. *Regulating prostitution in China: gender and local statebuilding, 1900-1937*. Stanford University Press, 2014.

805. Ribeiro, Roberto M.; O'Malley, John W. *Jesuit mapmaking in China: D'anville's nouvelle atlas de la chine (1737)*. St Joseph's University Press, 2014.

806. Rogaski, Ruth. *Hygienic modernity: meanings of health and disease in treaty-port China*. University of California Press, 2014.

807. Ross, Claudia. *Modern Mandarin Chinese grammar: a practical guide*. Routledge, 2014.

808. Rossabi, Morris. *A history of China*. Wiley Blackwell, 2014.

809. Rossabi, Morris. *From Yuan to modern China and Mongolia: the writings of Morris Rossabi*. Brill, 2014.

810. Salguero, C. Pierce. *Translating Buddhist medicine in medieval China*. University of Pennsylvania Press, 2014.

811. Salmon, Claudine. *Ming loyalists in Southeast Asia: as perceived through various Asian and European records*. Harrassowitz Verlag, 2014.

812. Sanft, Charles. *Communication and cooperation in early Imperial China: publicizing the Qin dynasty*. State University of New York Press, 2014.

813. Schaffer, Kay; Song, Xianlin. *Women writers in postsocialist China*. Routledge, 2014.

814. Scharff, David E.; Varvin, Sverre. *Psychoanalysis in China*. Karnac Books, 2014.

815. Schottenhammer, Angela. *Tribute, trade and smuggling: commercial, scientific and human interaction in the middle period and early modern world*. Harrassowitz Verlag, 2014.

816. Schwarcz, Vera. *Colors of veracity: a quest for truth in China, and beyond*. University of Hawaii Press, 2014.

817. Scobell, Andrew; Mantas, Marylena. *China's great leap outward: hard and soft dimensions of a rising power*. Academy of Political Science, 2014.

818. Scott, Llyn. *Scenes from Dutch Formosa: staging Taiwan's colonial past*. MerwinAsia, 2014.

819. Sfiligoi, Andrea. *A fistful of kung fu: Hong Kong movie wargame rules*. Osprey Publishing, 2014.

820. Shan, Patrick Fuliang. *Taming China's wilderness: immigration, settlement and the shaping of the Heilongjiang frontier, 1900-1931*. Ashgate, 2014.

821. Shaughnessy, Edward L. *Unearthing the changes: recently discovered manuscripts of the Yi Jing (I Ching) and related texts*. Columbia University Press, 2014.

822. Shen, Grace Yen. *Unearthing the nation: modern geology and nationalism in republican China*. University of Chicago Press, 2014.

823. Shen, Qinna; Rosenstock, Martin. *Beyond alterity: German encounters with modern East Asia*. Berghahn Books, 2014.

824. Shi, Xu. *Chinese discourse studies*. Palgrave Macmillan, 2014.

825. Shogaito, Masahiro. *The Uighur Abhidharmakosabhasya: preserved at the Museum of ethnography in Stockholm*. Harrassowitz, 2014.

826. Singer, Jonathan M. *Spirit stones: the ancient art of scholar's rock*. Abbeville Press, 2014.

827. Slingerland, Edward G. *Trying not to try: ancient China, modern science, and the power of spontaneity*. Crown Publishers, 2014.

828. Solé-Farràs, Jesús. *New Confucianism in twenty-first century China: the construction of a discourse*. Routledge, 2014.

829. Solomon, David; Lo, P. C. *The common good: Chinese and American perspectives*. Springer, 2014.

830. Song, Dong; Yin, Xiuzhen. *The way of chopsticks: Song Dong & Yin Xiuzhen*. Phildelphia Art Alliance, 2014.

831. Souza, George Bryan. *Portuguese, Dutch and Chinese in maritime Asia, c. 1585-1800: merchants, commodities and commerce*. Ashgate, 2014.

832. Steinhardt, Nancy Shatzman. *Chinese architecture in an age of turmoil, 200-600*. University of Hawaii Press, 2014.

833. Steinke, Kyle; Ching, Dora C. Y. *Art and archaeology of the Erligang*

civilization. Princeton University Press, 2014.

834. Steuber, Jason; Lai, Guolong. *Collectors, collections & collecting the arts of China: histories & challenges*. University Press of Florida, 2014.

835. Storch, Tanya. *The history of the Chinese Buddhist bibliography: censorship and transformation of the Tripitaka*. Cambria Press, 2014.

836. Stuart, Jan. *The Admonitions scroll*. British Museum, 2014.

837. Su, Xinchun; He, Tingting. *Chinese lexical semantics: 15th Workshop, CLSW 2014, Macao, China, June 9-12, 2014, revised selected papers*. Springer, 2014.

838. Suchenski, Richard I. *Hou Hsiao-hsien*. Austrian Film Museum, 2014.

839. Swartz, Wendy; Lu, Yang; Choo, Jessey J. C. *Early medieval China: a sourcebook*. Columbia University Press, 2014.

840. Swope, Kenneth M. *The military collapse of China's Ming Dynasty, 1618-44*. Routledge; Taylor & Francis Group, 2014.

841.* Tackett, Nicolas. *The destruction of the medieval Chinese aristocracy*. Harvard University Asia Center, 2014.

842. Tam, King-fai; Tsu, Timothy Y.; Wilson, Sandra. *Chinese and Japanese films on the Second World War*. Routledge, 2014.

843. Tan, Koon San. *Dynastic China: an elementary history*. The Other Press, 2014.

844. Tan, Tian Yuan; Santangelo, Paolo. *Passion, romance, and Qing: the world of emotions and states of mind in Peony Pavilion* [*v. 1-3*]. Brill, 2014.

845. Taylor, Insup; Taylor, M. Martin. *Writing and literacy in Chinese, Korean and Japanese* [*rev ed*]. John Benjamins Publishing Company, 2014.

846. Theodor, Ithamar; Yao, Zhihua. *Brahman and Dao: comparative studies of Indian and Chinese philosophy and religion*. Lexington Books, 2014.

847. Thurgood Graham; Thurgood, Ela; Li, Fengxiang. *A grammatical sketch of Hainan Cham: history, contact, and phonology*. De Gruyter/Mouton, 2014.

848. Tiwald, Justin; Van Norden, Bryan W. *Readings in later Chinese philosophy: Han dynasty to the 20th century*. Hackett, 2014.

849. Toyka, Ursula. *The splendours of paradise: murals and epigraphic documents at the early Ming Buddhist monastery Fahai Si*. Routledge, 2014.

850. Trent, John [et al.]. *Language teacher education in a multilingual context: experiences from Hong Kong*. Springer, 2014.

851. Tsu, Jing; Ellman, Benjamin A. *Science and technology in modern China*,

1880s-1940s. Brill, 2014.

852. Valenstein, Suzanne G. *Cosmopolitanism in the Tang Dynasty: a Chinese ceramic figure of a Sogdian wine-merchant*. Bridge21Publications, 2014.

853.* Van de ven, Hans. *Breaking with the past: the Maritime Customs Service and the global origins of modernity in China*. Columbia University Press, 2014.

854. Vanderstappen, Harrie A. *The landscape painting of China: musings of a journeyman*. University Press of Florida, 2014.

855. Wang, Eugene Y. [et al.] *Secrets of the fallen pagoda: the Famen temple and Tang court culture*. Asian Civilizations Mus, 2014.

856. Wang, Gongxin. *Wang Gongxin: video artist*. National Gallery of Victoria, 2014.

857. Wang, Haicheng. *Writing and the ancient state: early China in comparative perspective*. Cambridge University Press, 2014.

858. Wang, Hui. *China from empire to nation-state*. Harvard University Press, 2014.

859. Wang, Jianwei. *Wang Jianwei: time temple*. Guggenheim Museum Publications, 2014.

860. Wang, Qi. *Memory, subjectivity and independent Chinese cinema*. Edinburgh University Press, 2014.

861.* Wang, Wensheng. *White Lotus Rebels and South China Pirates: Crisis and Reform in the Qing Empire*. Harvard University Press, 2014.

862. Wang, Xiaoni. *Something crosses my mind*. Zephyr Press (Az), 2014.

863. Wang, Zhuoyi. *Revolutionary cycles in Chinese cinema, 1951-1979*. Palgrave Macmillan, 2014.

864. Warner, Ding Xiang. *Transmitting authority: Wang Tong (ca. 584-617) and the Zhongshuo in medieval China's manuscript culture*. Brill, 2014.

865. Watt, John R. *Saving lives in wartime China: how medical reformers built modern healthcare systems amid war and epidemics, 1928-1945*. Brill, 2014.

866. Weinstein, Jodi L. *Empire and identity in Guizhou: local resistance to Qing expansion*. University of Washington Press, 2014.

867. Weisskopf, Alison Ruth. *Millets, rice and farmers: phytoliths as indicators of agricultural, social and ecological change in neolithic and bronze age central China*. Archaeopress, 2014.

868. Wen, Huike. *Television and the modernization ideal in 1980s China: dazzling the eyes*. Lexington Books, 2014.

869. Wen, Yiduo. *Stagnant water & other poems*. Brightcity Books, 2014.
870. Wilson, Flannery. *New Taiwanese cinema in focus: moving within and beyond the frame*. Edinburgh University Press, 2014.
871. Wolf, Michael. *Hong Kong informal seating arrangements*. Peperoni Books, 2014.
872. Wolf, Michael. *Hong Kong trilogy*. Peperoni Books, 2014.
873. Wong, Dorothy C.; Heldt, Gustav. *China and beyond in the mediaeval period: cultural crossings and inter-regional connections*. Manohar & Cambria Press, 2014.
874. Wong, Katrine K.; Wei, C. X. George; Wu, Zhiliang. *Macao: cultural interaction and literary representations*. Routledge, 2014.
875. Wong, Laurence Kwok Pun. *Dreaming across languages and cultures: a study of the literary translations of the Hong Lou Meng*. Cambridge Scholars Publishing, 2014.
876. Woo, X. L. *Two republics in China: how imperial China became the PRC*. Algora Publishing, 2014.
877. Wu, Guanjun. *The great dragon fantasy: a Lacanian analysis of contemporary Chinese thought*. World Scientific Publishing Co. Pte. Ltd., 2014.
878. Wu, Hung. *Contemporary Chinese art*. Thames & Hudson Ltd., 2014.
879. Wu, Yenna [et al.]. *Li Ang's visionary challenges to gender, sex, and politics*. Lexington Books, 2014.
880. Wu, Zhongxian; Wu, Kariin Taylor. *Heavenly stems and earthly branches - TianGan DiZhi: the heart of Chinese wisdom traditions*. Singing Dragon, 2014.
881. Wue, Roberta. *Art worlds: artists, images, and audiences in late nineteenth-century Shanghai*. University of Hawaii Press, 2014.
882. Xia, Yun. *Normalization in translation: corpus-based diachronic research into twentieth-century English-Chinese fictional translation*. Cambridge Scholars, 2014.
883. Xiao, Hui Faye. *Family revolution: marital strife in contemporary Chinese literature and visual culture*. University of Washington Press, 2014.
884. Xiao, Richard; Hu, Xianyao. *Corpus-based studies of translational Chinese in English-Chinese translation*. Springer, 2014.
885. Xiao, Yang; Huang, Yong. *Moral relativism and Chinese philosophy: David Wong and his critics*. State University of New York Press, 2014.

886. Xing, Wen. *Hiding the tip: gateway to Chinese calligraphy*. MerwinAsia, 2014.
887. Xu, Xiaoqun. *Cosmopolitanism, nationalism, and individualism in modern China: the Chenbao fukan and the new cultural era, 1918-1928*. Lexington Books, 2014.
888. Yang, Huilin. *China, Christianity, and the question of culture*. Baylor University Press, 2014.
889. Yang, Mei. *Carrying a torch: the Beijing Olympic torch relay in the British and Chinese media*. Peter Lang, 2014.
890. Ye, Yunshan. *The ALA guide to researching modern China*. American Library Association, 2014.
891. Yin, Zhiguang. *Politics of art: the creation society and the practice of theoretical struggle in Revolutionary China*. Brill, 2014.
892. Yiu, Carine Yuk-Man. *The typology of motion events: an empirical study of Chinese dialects*. De Gruyter Mouton, 2014.
893. Yiu, Josh. *A fuller view of China: Chinese art in the Seattle Art Museum*. Samara Museum of History Regional Studies, 2014.
894. Yu, Taishan. *China and the Mediterranean world in ancient times*. Editura Academiei Române, 2014.
895. Yü, Hsia. *Salsa*. Zephyr Press, 2014.
896. Yue, Audrey; Khoo, Olivia. *Sinophone cinemas*. Palgrave Macmillan, 2014.
897. Yuen, Derek M. C. *Deciphering Sun Tzu: how to read "The art of war"*. Oxford University Press, *2014*.
898. Zeitlin, Judith T; Li, Yuhang. *Performing image: opera in Chinese visual culture*. Smart Museum of Art, the University of Chicago, 2014.
899. Zemanek, Adina. *Media in China, China in the media: processes strategies images identities*. Jagiellonian Univ Press, 2014.
900. Zhang, Huan. *Zhang Huan: spring poppy fields*. Pace London, 2014.
901. Zhang, Jiayan. *Coping with calamity: environmental change and peasant response in central China, 1736-1949*. UBC Press, 2014.
902. Zhang, Jinghong. *Puer tea: ancient caravans and urban chic*. University of Washington Press, 2014.
903. Zhang, Qi. *Investigating Hong Kong English: globalization and identity*. Peter Lang, 2014.
904. Zhang, Shu Guang. *Beijing's economic statecraft during the Cold War, 1949-*

1991. Woodrow Wilson Center Press; Johns Hopkins University Press, 2014.

905. Zhang, Zhenjun. *Buddhism and tales of the supernatural in early medieval China: a study of Liu Yiqing's (403-444) Youming lu*. Brill, 2014.

906. Zhang, Zheyi. *The art of Chinese Kong Fu*. Gingko Press, 2014.

907. Zhao, Shiyu. *The urban life of the Qing Dynasty*. Paths International, 2014.

908. Zheng, Yi. *Contemporary Chinese print media: cultivating middle-class taste*. Routledge, 2014.

909. Zhu, Hua; Jin, Lixian. *Development of pragmatic and discourse skills in Chinese-speaking children*. John Benjamins Publishing Company, 2014.

910. Zivkovic, Tanya. *Death and reincarnation in Tibetan Buddhism: in-between bodies*. Routledge, 2014.

日文著作目录

外交・国防・安全

1. ベイツ・ギル. 巨龍・中国の新外交戦略：日本はどう向き合うべきか. 柏書房, 2014.
2.* 愛知大学国際中国学研究センター. 中国社会の基層変化と日中関係の変容. 日本評論社, 2014.
3. 安全保障貿易情報センター. 対中国輸出管理「軍事転用・拡散顧客情報分析ガイド」：中国の軍及び軍需産業の構造と軍事四証制度. 安全保障貿易情報センター, 2014.
4. 兵頭二十八. 北京が太平洋の覇権を握れない理由. 草思社, 2014.
5.* 布施哲. 米軍と人民解放軍：米国防総省の対中戦略. 講談社, 2014.
6. 産経新聞「新帝国時代」取材班. 貶める韓国脅す中国：新帝国時代試される日本. 産経新聞出版；日本工業新聞社（発売）, 2014.
7. 長尾敬. マスコミと政治家が隠蔽する中国：保守政治家が警告するその崩壊と、親中派の売国. 出版共同流通（発売）, 2014.
8. 陳激. 民間漁業協定と日中関係. 汲古書院, 2014.
9. 初田宗久.「中国人の9 割が日本が嫌い」の真実. トランスワールドジャパン, 2014.
10. 読売新聞政治部.「日中韓」外交戦争：日本が直面する「いまそこにある危機」. 新潮社, 2014.
11. 防衛省防衛研究所. 中国安全保障レポート. 2013. 防衛省防衛研究所, 2014.
12. 副島隆彦. 靖国問題と中国包囲網. ビジネス社, 2014.
13.* 高原明生［ほか］. 共同討議　日中関係なにが問題か：1972 年体制の再検証. 岩波書店, 2014.
14.* 高原明生, 前田宏子. 開発主義の時代へ：1972 –2014. 岩波書店, 2014.
15.* 宮田敦司. 中国の海洋戦略：アジアの安全保障体制. 批評社, 2014.
16. 宮越秀雄. 言いがかり国家「中国」を黙らせる本. 彩図社, 2014.
17. 古森義久. 迫りくる「米中新冷戦」：日本と世界は大動乱の時代を迎える. PHP 研究所, 2014.
18. 古森義久, 矢板明夫. 2014 年の「米中」を読む!：アメリカと中国を知らなければ世界は分からない!. 海竜社, 2014.
19. 関西日中関係学会, 神戸社会人大学, 桜美林大学北東アジア総合研究所.

現代中国の諸問題と日中関係: 兵庫県大学連携講座. 桜美林大学北東アジア総合研究所, 2014.

20. 河津幸英. 図説米中軍事対決: 超大国の空軍力が沖縄・台湾・グァムで激突! 中国 A2AD 戦略と米エアシーバトル構想. アリアドネ企画; 三修社(発売), 2014.

21. 荒木信子. なぜ韓国は中国についていくのか: 日本人が知らない中韓連携の深層. 草思社, 2014.

22. 惠隆之介. いま沖縄で起きている大変なこと: 中国による「沖縄のクリミア化」が始まる. PHP 研究所, 2014.

23. 加藤嘉一. たった独りの外交録: 中国・アメリカの狭間で、日本人として生きる. 晶文社, 2014.

24. 江暉. 中国人の「日本イメージ」の形成過程: その構造化の背景と変遷. 桜美林大学北東アジア総合研究所, 2014.

25.* 江藤名保子. 中国ナショナリズムのなかの日本:「愛国主義」の変容と歴史認識問題. 勁草書房, 2014.

26. 金谷俊一郎.「米中韓」と日本の歴史: 今の日本がここから見える!. 朝日新聞出版, 2014.

27. 科学技術振興機構中国総合研究交流センター. 日中科学技術交流の40 年. 科学技術振興機構中国総合研究交流センター, 2014.

28. 孔健. マスコミより確かな習近平の言い分: 日中戦争はどうなったのか?. 三五館, 2014.

29. 李東雷. 中日対話か? 対抗か?: 日本の「軍国主義化」と中国の「対日外交」を斬る. 日本僑報社, 2014.

30.* 平野聡.「反日」中国の文明史. 筑摩書房, 2014.

31.* 浅野亮, 山内敏秀. 中国の海上権力: 海軍・商船隊・造船 ~ その戦略と発展状況. 創土社, 2014.

32. 日本国際問題研究所. 主要国の対中認識・政策の分析. 日本国際問題研究所, 2014.

33. 日高義樹. 中国、敗れたり: アメリカと日本がアジアの新しい秩序をつくる. PHP 研究所, 2014.

34. 日中経済発信力プロジェクト. 日中関係は本当に最悪なのか: 政治対立下の経済発信力. 日本僑報社, 2014.

35.* 石井明. 中国国境熱戦の跡を歩く. 岩波書店, 2014.

36. 松本忠之. 中国人は「反日」なのか: 中国在住日本人が見た市井の人び

と．コモンズ，2014．
37．田母神俊雄．中国にNOと言える日本．徳間書店，2014．
38.* 西川博史．戦中戦後の中国とアメリカ・日本：「東アジア統合構想」の歴史的検証．HINAS（北海学園北東アジア研究交流センター）；東出版（発売），2014．
39．西尾幹二．アメリカと中国はどう日本を「侵略」するのか：「第二次大戦」前夜にだんだん似てきている、今．ベストセラーズ，2014．
40.* 相沢幸悦．軍事力が中国経済を殺す．講談社，2014．
41．小川聡，大木聖馬．領土喪失の悪夢：尖閣・沖縄を売り渡すのは誰か．新潮社，2014．
42.* 小川和久，西恭之．中国の戦争力：台頭する新たな海洋覇権の実態．中央公論新社，2014．
43．小原凡司．中国の軍事戦略．東洋経済新報社，2014．
44．新聞通信調査会．日中関係の針路とメディアの役割：公益財団法人新聞通信調査会主催シンポジウム．新聞通信調査会，2014．
45．桜美林大学・北京大学学術交流論集編集委員会．教育・環境・文化から考える日本と中国．はる書房，2014．
46．櫻井よしこ，国家基本問題研究所．日本とインドいま結ばれる民主主義国家：中国「封じ込め」は可能か．文藝春秋，2014．
47．園田茂人．日中関係史 1972－2012．4．．東京大学出版会，2014．
48．中京大学社会科学研究所，檜山幸夫．歴史のなかの日本と台湾：東アジアの国際政治と台湾史研究．中国書店，2014．

政治・社会・环境

49．21 世紀中国総研．中国情報ハンドブック．2014 年版．蒼蒼社，2014．
50．ウラジミール．チャイナハッカーズ．扶桑社，2014．
51．マルチメディア振興センター．中印におけるICT 利活用による社会的課題の解決に関する調査研究．マルチメディア振興センター，2014．
52．阿古智子．貧者を喰らう国：中国格差社会からの警告．新潮社，2014．
53.* 愛知大学現代中国学部台湾現地研究調査委員会．学生が見た台湾社会：都市生活・企業活動・農村社会．愛知大学；あるむ（発売），2014．
54.* 安田峰俊．知中論：理不尽な国の7つの論理．星海社；講談社，2014．
55．坂東忠信．怖ろしすぎる中国に優しすぎる日本人．徳間書店，2014．

56. 大﨑正治，杉浦孝昌，時雨彰. 森とともに生きる中国雲南の少数民族：その文化と権利. 明石書店，2014.
57. 濱下武志，李培德. 香港都市案内集成. 第10卷. ゆまに書房，2014.
58. 濱下武志，李培德. 香港都市案内集成. 第11卷（香港関係日本語論文集）. ゆまに書房，2014.
59. 濱下武志，李培德. 香港都市案内集成. 第12卷（香港関係日本外交文書及び領事報告資料）. ゆまに書房，2014.
60. 濱下武志，李培德. 香港都市案内集成. 第13卷（解説・年表）. ゆまに書房，2014.
61. 濱下武志，李培德. 香港都市案内集成. 第7卷. ゆまに書房，2014.
62. 濱下武志，李培德. 香港都市案内集成. 第8卷. ゆまに書房，2014.
63. 濱下武志，李培德. 香港都市案内集成. 第9卷. ゆまに書房，2014.
64. 丹羽宇一郎. 中国の大問題. PHP研究所，2014.
65. 福島香織. 中国食品工場のブラックホール. 扶桑社，2014.
66. 福島香織，奥窪優木，飯塚竜二ほか. 世界で嫌われる中国. 宝島社，2014.
67. 岡田英弘. 岡田英弘著作集. 5（現代中国の見方）. 藤原書店，2014.
68. 港千尋. 革命のつくり方：台湾ひまわり運動—対抗運動の創造性. インスクリプト，2014.
69.* 高原明生，丸川知雄，伊藤亜聖. 社会人のための現代中国講義：東大塾. 東京大学出版会，2014.
70. 宮崎聖子. 現代台湾における子育てをめぐる言説の諸相とジェンダー. アジア女性交流・研究フォーラム，2014.
71. 宮田律. イスラム中国への抵抗論理. イースト・プレス，2014.
72. 谷崎光. 中国人の裏ルール. KADOKAWA，2014.
73. 郭芳. 中国農村地域における高齢者福祉サービス：小規模多機能ケアの構築に向けて. 明石書店，2014.
74. 韓燕麗. ナショナル・シネマの彼方にて：中国系移民の映画とナショナル・アイデンティティ. 晃洋書房，2014.
75. 黒古一夫. 葦の髄より中国を覗く：「反日感情」見ると聞くとは大違い. アーツアンドクラフツ，2014.
76. 加藤直人. 巨龍の目撃者：中国特派員2500日. 中日新聞社，2014.
77. 金文静. 中国動産抵当制度. 信山社，2014.
78. 金文学. あの「中国の狂気」は、どこから来るのか. ワック，2014.
79. 金文学. 進化できない中国人：経済は発展しても国民性は「道徳砂漠」.

祥伝社, 2014.
80. 近藤大介. 中国人の常識は世界の非常識. ベストセラーズ, 2014.
81. 久保麻紀子, 内田忠宏, 渡邉裕樹, 白井大輔. 中国の物流制度に関する調査研究. 国土交通省国土交通政策研究所, 2014.
82.* 久保英也. 中国における医療保障改革: 皆保険実現後のリスクと提言. ミネルヴァ書房, 2014.
83.* 久保英也. 中国の公的医療保険など保険制度にかかわる計量分析: 滋賀大学リスク研究センター東アジア保険プロジェクト報告. 滋賀大学経済学部附属リスク研究センター; サンライズ出版（発売）, 2014.
84. 科学技術振興機構中国総合研究交流センター. 中国の大学における産学研連携の現状と動向. 科学技術振興機構中国総合研究交流センター, 2014.
85. 科学技術振興機構中国総合研究交流センター. 中国の大学国際化の発展と変革. 科学技術振興機構中国総合研究交流センター, 2014.
86. 栗原純, 鍾淑敏. 近代台湾都市案内集成. 第10巻. ゆまに書房, 2014.
87. 栗原純, 鍾淑敏. 近代台湾都市案内集成. 第11巻. ゆまに書房, 2014.
88. 栗原純, 鍾淑敏. 近代台湾都市案内集成. 第12巻. ゆまに書房, 2014.
89. 栗原純, 鍾淑敏. 近代台湾都市案内集成. 第8巻. ゆまに書房, 2014.
90. 栗原純, 鍾淑敏. 近代台湾都市案内集成. 第9巻. ゆまに書房, 2014.
91.* 林良嗣［ほか］. 中国都市化の診断と処方: 開発・成長のパラダイム転換. 明石書店, 2014.
92. 林梅. 中国朝鮮族村落の社会学的研究: 自治と権力の相克. 御茶の水書房, 2014.
93. 鈴木規夫. イメージング・チャイナ: 印象中国の政治学. 国際書院, 2014.
94. 麻生晴一郎. 変わる中国:「草の根」の現場を訪ねて. 潮出版社, 2014.
95. 木山三佳［ほか］. 中国・台湾における日本語教育をめぐる研究と実践. 東方書店, 2014.
96. 鳥居民. 現代中国を読み解く: 鳥居民評論集. 草思社, 2014.
97. 齊藤哲郎. チャイナ・イデオロギー. 彩流社, 2014.
98. 浅野和生著. 中華民国の台湾化と中国: 台湾は中国なのか?. 展転社, 2014.
99.* 若林正丈. 現代台湾政治を読み解く. 研文出版, 2014.
100. 山本須美子. EUにおける中国系移民の教育エスノグラフィ. 東信堂, 2014.
101. 山口厚, 甲斐克則. 21世紀日中刑事法の重要課題: 日中刑事法シンポジウム報告書. 成文堂, 2014.

102. 山下清海著. 改革開放後の中国僑郷: 在日老華僑・新華僑の出身地の変容. 明石書店, 2014.

103. 沈潔. 中国の社会福祉改革は何を目指そうとしているのか: 社会主義・資本主義の調和. ミネルヴァ書房, 2014.

104.* 辻中豊, 李景鵬, 小嶋華津子. 現代中国の市民社会・利益団体: 比較の中の中国. 木鐸社, 2014.

105. 矢吹晋, 高橋博. 中共政権の爛熟・腐敗: 習近平「虎退治」の闇を切り裂く. 蒼蒼社, 2014.

106.* 松本ますみ. 中国・朝鮮族と回族の過去と現在: 民族としてのアイデンティティの形成をめぐって. 創土社, 2014.

107. 藤井泰一. 熟年日本語教師の中国体あたり記. 文芸社, 2014.

108. 田島夏与［ほか］. 再生する都市空間と市民参画: 日中韓の比較研究から. クオン, 2014.

109. 王文亮. GDP2 位の中国が抱えるジレンマとは何か: 習近平政権と調和社会の行方. ミネルヴァ書房, 2014.

110. 呉茂松. 現代中国の維権運動と国家. 慶應義塾大学出版会, 2014.

111. 西谷格. 中国人は雑巾と布巾の区別ができない. 宝島社, 2014.

112. 夏扎提古丽沙吾提. マスコミ理論とライフスタイル: 新疆ウィグル自治区における調査研究. 学文社, 2014.

113.* 新保敦子. 中国エスニック・マイノリティの家族: 変容と文化継承をめぐって. 国際書院, 2014.

114. 熊達雲. 法制度からみる現代中国の統治機構: その支配の実態と課題. 明石書店, 2014.

115. 野田仁. 中国新疆のムスリム史: 教育、民族、言語. 早稲田大学重点領域研究機構プロジェクト研究所早稲田大学アジア・ムスリム研究所, 2014.

116. 遠藤誠, 紀鈞涵. 台湾ビジネス法務の基本がよ~くわかる本: 台湾ビジネスの実際から司法制度まで完全図解. 秀和システム, 2014.

117. 張揚. 現代中国の「大学における教員養成」への改革に関する研究. 学文社, 2014.

118. 沼崎一郎. 台湾社会の形成と変容: 二元・二層構造から多元・多層構造へ. 東北大学出版会, 2014.

119.* 仲田陽一. 知られざる中国の教育改革: 超格差社会の子ども・学校の実像. かもがわ出版, 2014.

120. 諸星清佳. チベットの現在：遥かなるラサ. 日中出版, 2014.
121. 椎名玲, 別冊宝島取材班. 日本人を脅かす中国毒食品：汚染食材・食品の流入実態と対策マニュアル. 宝島社, 2014.

经济・资源・发展

122. 21世紀政策研究所. 中国の政治経済体制の現在：「中国モデル」はあるか：第92回シンポジウム. 21世紀政策研究所, 2014.
123. 21世紀中国総研. 中国都市市場情報：106都市と企業戦略. 蒼蒼社, 2014.
124. 21世紀中国総研. 一目でわかる中国の省・市・自治区経済. 蒼蒼社, 2014.
125. ARC国別情勢研究会集. 台湾. 2014/15年版. ARC国別情勢研究会, 2014.
126.* アジア太平洋研究所. 日米中新体制と環太平洋経済協力のゆくえ：環太平洋経済協力をめぐる日・米・中の役割研究会2013年度報告書. アジア太平洋研究所, 2014.
127. ジェトロ. 中国データ・ファイル. 2014年版. ジェトロ, 2014.
128. 北蕾. 中国中小企業の起業・経営・人材管理：民営化企業の多様化に迫る. 勁草書房, 2014.
129. 長内厚, 神吉直人. 台湾エレクトロニクス産業のものづくり：台湾ハイテク産業の組織的特徴から考える日本の針路. 白桃書房, 2014.
130.* 大木博巳, 清水顕司. 中国企業の国際化戦略. 続. ジェトロ, 2014.
131.* 大森拓磨. 米中経済と世界変動. 岩波書店, 2014.
132. 丹沢安治著. 日中オフショアビジネスの展開. 同友館, 2014.
133. 東福大輔, 市川紘司. 中国的建築処世術. 彰国社, 2014.
134. 渡辺幸男, 植田浩史, 駒形哲哉. 中国産業論の帰納法的展開. 同友館, 2014.
135. 方飛卡. 中国自動車流通のダイナミックス：自動車「ディーラー・システム」の実証分析. 八千代出版, 2014.
136. 高橋五郎. 日中食品汚染. 文藝春秋, 2014.
137. 高杉裕二. 中国で会社をつくったら、ひどい目に遭いました. 彩図社, 2014.
138.* 谷崎光. 日本人の値段：中国に買われたエリート技術者たち. 小学

館, 2014.
139. 国際環境技術移転研究センター.「日本モデル環境対策技術等の国際展開」等に基づく中国での窒素酸化物対策支援業務報告書. 平成25年度. 国際環境技術移転センター, 2014.
140. 河合清博. 中国オフショア開発: ソフトウェア品質保証と事業OEM. 日科技連出版社, 2014.
141. 津上俊哉. 中国停滞の核心. 文藝春秋, 2014.
142. 李瑞雪. 中国物流産業論: 高度化の軌跡とメカニズム. 白桃書房, 2014.
143. 李雪. 中国消費財メーカーの成長戦略. 文眞堂, 2014.
144. 日本舶用工業会. 中国船舶工業の企業再編に関する調査報告書. 日本舶用工業会, 2014.
145. 日中経済協会. 日中経済産業白書. 2013/2014 (速まる中国の構造変化と日中ビジネス再構築). 日中経済協会, 2014.
146. 澁谷司. 人が死滅する中国汚染大陸: 超複合汚染の恐怖. 経済界, 2014.
147. 射手矢好雄集代表. 中国経済六法. 2014 年版. 日本国際貿易促進協会, 2014.
148. 沈才彬. PM2. 5「越境汚染」: 中国の汚染物質が日本を襲う. KADOKAWA, 2014.
149. 税所哲郎. 中国とベトナムのイノベーション・システム: 産業クラスターによるイノベーション創出戦略. 白桃書房, 2014.
150. 藪内正樹著. ビジネスのための中国経済論. ジェトロ, 2014.
151. 藤本豪. 中国ビジネス法体系: 部門別・場面別. 日本評論社, 2014.
152. 藤澤亨. 覚悟: 失敗しない中小企業の中国進出. 中部経済新聞社, 2014.
153. 尾高煌之助, 斎藤修, 深尾京司. アジア長期経済統計 3. 東洋経済新報社, 2014.
154. 小林善文. 中国の環境政策〈南水北調〉: 水危機を克服できるのか. 昭和堂, 2014.
155. 徐航明. リバース・イノベーション2. 0: 世界を牽引する中国企業の「創造力」. CCCメディアハウス, 2014.
156.* 徐涛. 中国の資本主義をどうみるのか: 国有・私有・外資企業の実証分析. 日本経済評論社, 2014.
157.* 徐一睿. 中国の経済成長と土地・債務問題: 政府間財政システムにおける「競争」と「調整」. 慶應義塾大学出版会, 2014.
158. 伊藤嘉基. チャイナリスク・チャイナドリーム: 日本人だから、中国で勝てる!. 同友館, 2014.
159.* 苑志佳. 中国企業対外直接投資のフロンティア:「後発国型多国籍企業」の対アジア進出と展開. 創成社, 2014.
160. 張兵. 進化する中国の改革開放と日本. 時潮社, 2014.
161.* 朝元照雄. 台湾の企業戦略: 経済発展の担い手と多国籍企業化への道. 勁草書房, 2014.
162. 真壁昭夫. 日本経済がなければ中国・韓国は成り立たない. 海竜社, 2014.
163. 真家陽一著. 中国改革の深化と日本企業の事業展開. ジェトロ, 2014.
164.* 中兼和津次. 中国経済はどう変わったか: 改革開放以後の経済制度と政策を評価する. 国際書院, 2014.

历史・思想・文化

165. はらだおさむ. 徒然中国: みてきた半世紀の中国. 桜美林大学北東アジア総合研究所, 2014.
166.* 阿部幹雄. 中国現代文学の言語的展開と魯迅. 汲古書院, 2014.
167. 板垣明, 山元貴尚. 張家山二四七号漢墓竹簡『二年律令』・『奏書』釈文文字異同考証. 中国の歴史と地理研究会, 2014.
168.* 北岡伸一, 歩平.「日中歴史共同研究」報告書. 第 1 巻（古代・中近世史篇）. 勉誠出版, 2014.
169.* 北岡伸一, 歩平.「日中歴史共同研究」報告書. 第 2 巻（近現代史篇）. 勉誠出版, 2014.
170. 本庄比佐子, 内山雅生, 久保亨. 華北の発見. 汲古書院, 2014.
171. 濱久雄. 中国思想論攷: 公羊学とその周辺. 明德出版社, 2014.
172. 倉田明子. 中国近代開港場とキリスト教: 洪仁がみた「洋」社会. 東京大学出版会, 2014.
173. 長谷千代子. シャンムーン: 雲南省・徳宏タイ劇の世界. 府中（東京都）: 東京外国語大学アジア・アフリカ言語文化研究所, 2014.
174. 陳慈玉. 近代台湾における貿易と産業: 連続と断絶. 御茶の水書房, 2014.
175. 陳捷. 甲骨文字と商代の信仰: 神権・王権と文化. 京都大学学術出版会, 2014.
176. 陳凌虹. 日中演劇交流の諸相: 中国近代演劇の成立. 思文閣出版, 2014.

177. 陳怡禎. 台湾ジャニーズファン研究. 青弓社, 2014.
178.* 城山拓也. 中国モダニズム文学の世界: 一九二〇、三〇年代上海のリアリティ. 勉誠出版, 2014.
179.* 池田温. 唐史論攷: 氏族制と均田制. 汲古書院, 2014.
180.* 池田秀三. 中国古典学のかたち. 研文出版（山本書店出版部）, 2014.
181. 池田智恵. 近代中国における探偵小説の誕生と変遷. 早稲田大学出版部, 2014.
182. 赤松紀彦. 中国の伝統文芸・演劇・音楽. 京都造形芸術大学東北芸術工科大学出版局藝術学舎; 幻冬舎（発売）, 2014.
183. 川村邦夫. 旧満州で日本人小学生が学んだ中国語: 20 年間正課授業として行われた教育とその背景. 丸善プラネット; 丸善出版（発売）, 2014.
184. 川瀬健一. 植民地台湾で上映された映画: 1899 – 1934. 東洋思想研究所, 2014.
185. 川瀬健一. 植民地台湾で上映された映画: 1935 – 1945. 東洋思想研究所, 2014.
186. 船橋晴雄. 中国経済の故郷を歩く. 日経 BP 社; 日経 BPマーケティング（発売）, 2014.
187. 村上正和. 清代中国における演劇と社会. 山川出版社, 2014.
188. 大東文化大学人文科学研究所東アジアの美学研究班. 中国美学範疇研究論集. 第 2 集. 大東文化大学人文科学研究所, 2014.
189. 大野裕司. 戦国秦漢出土術数文献の基礎的研究. 北海道大学出版会, 2014.
190. 大澤真幸. 〈世界史〉の哲学. 東洋篇. 講談社, 2014.
191. 島崎晋. 図説よくわかる日本・中国・韓国の歴史と紛争. PHPエディターズ・グループ; PHP 研究所（発売）, 2014.
192. 島田正郎. 契丹国: 遊牧の民キタイの王朝. 東方書店, 2014.
193. 東京大学史料編纂所. 描かれた倭寇:「倭寇図巻」と「抗倭図巻」. 吉川弘文館, 2014.
194. 東洋文庫中国古代地域史研究. 張家山漢簡『二年律令』の研究. 東洋文庫, 2014.
195.* 渡邉将智. 後漢政治制度の研究. 早稲田大学出版部, 2014.
196.* 楯身智志. 漢代二十等爵制の研究. 早稲田大学出版部, 2014.
197. 多田狷介. 中国逍遥:『中論』・『人物志』訳註他. 汲古書院, 2014.
198.* 繁原央. 対偶文学論. 汲古書院, 2014.

199. 飯島武次. 中華文明の考古学. 同成社, 2014.
200. 飯塚容. 中国の「新劇」と日本:「文明戯」の研究. 中央大学出版部, 2014.
201. 福井佳夫. 六朝文体論. 汲古書院, 2014.
202. 福田晃市. 人の上に立つ前に読んでおきたい! 中国古典. 彩図社, 2014.
203. 冨谷至. 木簡・竹簡の語る中国古代: 書記の文化史. 岩波書店, 2014.
204. 冨田昌宏. 日本の「仕事の鬼」と中国の〈酒鬼〉: 漢字を介してみる日本と中国の文化. 日本僑報社, 2014.
205.* 岡本隆司, 箱田恵子, 青山治世. 出使日記の時代: 清末の中国と外交. 名古屋大学出版会, 2014.
206. 岡田英弘. 岡田英弘著作集. 4（シナ〈チャイナ〉とは何か）. 藤原書店, 2014.
207.* 高橋和之. 日中における西欧立憲主義の継受と変容. 岩波書店, 2014.
208. 高畑常信. 中国思想の理想と現実. 木耳社, 2014.
209. 宮脇淳子. かわいそうな歴史の国の中国人. 徳間書店, 2014.
210. 古谷経衡. 知られざる台湾の「反韓」: 台湾と韓国が辿った数奇な戦後史. PHP 研究所, 2014.
211. 古賀勝次郎. 鑑の近代:「法の支配」をめぐる日本と中国. 春秋社, 2014.
212. 谷垣真理子, 塩出浩和, 容應萸. 変容する華南と華人ネットワークの現在. 風響社, 2014.
213. 関西中国女性史研究会. 中国女性史入門: 女たちの今と昔. 人文書院, 2014.
214. 亀井明德. 中国陶瓷史の研究. 六一書房, 2014.
215. 貴志俊彦［ほか］. 中国占領地の社会調査. 2－28（都市インフラ調査1）. 近現代資料刊行会, 2014.
216. 貴志俊彦［ほか］. 中国占領地の社会調査. 2－29（都市インフラ調査2）. 近現代資料刊行会, 2014.
217. 貴志俊彦［ほか］. 中国占領地の社会調査. 2－30（都市インフラ調査3）. 近現代資料刊行会, 2014.
218. 貴志俊彦［ほか］. 中国占領地の社会調査. 2－31（都市インフラ調査4）. 近現代資料刊行会, 2014.
219. 貴志俊彦［ほか］. 中国占領地の社会調査. 2－32（都市インフラ調査5）. 近現代資料刊行会, 2014.
220. 貴志俊彦［ほか］. 中国占領地の社会調査. 2－33（都市インフラ調査

6）. 近現代資料刊行会, 2014.
221. 貴志俊彦［ほか］. 中国占領地の社会調査. 2－34（都市インフラ調査7）. 近現代資料刊行会, 2014.
222. 貴志俊彦［ほか］. 中国占領地の社会調査. 2－35（都市インフラ調査8）. 近現代資料刊行会, 2014.
223. 貴志俊彦［ほか］. 中国占領地の社会調査. 2－36（都市インフラ調査9）. 近現代資料刊行会, 2014.
224. 貴志俊彦［ほか］. 中国占領地の社会調査. 2－37（占領地の統治と支配1（占領地行政1））. 近現代資料刊行会, 2014.
225. 貴志俊彦［ほか］. 中国占領地の社会調査. 2－38（占領地の統治と支配2（占領地行政2））. 近現代資料刊行会, 2014.
226. 貴志俊彦［ほか］. 中国占領地の社会調査. 2－39（占領地の統治と支配3（占領地経済））. 近現代資料刊行会, 2014.
227. 貴志俊彦［ほか］. 中国占領地の社会調査. 2－41（占領地の統治と支配5（中国共産党））. 近現代資料刊行会, 2014.
228. 貴志俊彦［ほか］. 中国占領地の社会調査. 2－42（占領地の統治と支配6（宗教・民族調査））. 近現代資料刊行会, 2014.
229. 貴志俊彦［ほか］. 中国占領地の社会調査. 2－43（占領地の統治と支配7（対外情報1））. 近現代資料刊行会, 2014.
230. 貴志俊彦［ほか］. 中国占領地の社会調査. 2－44（占領地の統治と支配8（対外情報2））. 近現代資料刊行会, 2014.
231. 貴志俊彦［ほか］. 中国占領地の社会調査. 2－45（占領地の統治と支配9（対外情報3））. 近現代資料刊行会, 2014.
232. 貴志俊彦［ほか］. 中国占領地の社会調査. 2別冊（解説）. 近現代資料刊行会, 2014.
233. 郭茵. 呂太后期の権力構造：前漢初期「諸呂の乱」を手がかりに. 九州大学出版会, 2014.
234. 何義麟. 台湾現代史：二・二八事件をめぐる歴史の再記憶. 平凡社, 2014.
235. 和田博文［ほか］. 上海の日本人社会とメディア：1870－1945：共同研究. 岩波書店, 2014.
236. 河田悌一. 書に想い時代を読む. 東信堂, 2014.
237.* 荷見守義. 明代遼東と朝鮮. 汲古書院, 2014.
238. 戸川芳郎. 古代中国の思想. 岩波書店, 2014.

239. 黄斌. 近代中国知識人のネーション像: 章炳麟・梁啓超・孫文のナショナリズム. 御茶の水書房, 2014.
240. 磯部彰. 清朝宮廷演劇文化の研究. 勉誠出版, 2014.
241. 吉田亮太. 春秋戦国政治外交史: 国際関係論の視座より. 三恵社, 2014.
242. 煎本孝. ラダック仏教僧院と祭礼. 法藏館, 2014.
243. 角道亮介. 西周王朝とその青銅器. 六一書房, 2014.
244. 金山泰志. 明治期日本における民衆の中国観: 教科書・雑誌・地方新聞・講談・演劇に注目して. 芙蓉書房出版, 2014.
245.* 近藤正己, 北村嘉恵. 内海忠司日記: 1940 – 1945: 総力戦体制下の台湾と植民地官僚. 京都大学学術出版会, 2014.
246.* 久保亨, 波多野澄雄, 西村成雄. 戦時期中国の経済発展と社会変容. 慶應義塾大学出版会, 2014.
247. 鷲尾惟子. シルクロード・ウイグル族の音楽: その歴史と現在. アルテスパブリッシング, 2014.
248. 堀池信夫. 知のユーラシア. 4. 明治書院, 2014.
249. 李潤沢. 1931 年以前の遼東半島における中国人教育の研究: 日本支配下の教育事業の真相を問う. 日本僑報社, 2014.
250.* 笠原十九司. 第一次世界大戦期の中国民族運動: 東アジア国際関係に位置づけて. 汲古書院, 2014.
251. 林怡蓤. 台湾のエスニシティとメディア: 統合の受容と拒絶のポリティクス. 立教大学出版会; 有斐閣 (発売), 2014.
252. 鈴木道代. 大伴家持と中国文学. 笠間書院, 2014.
253.* 鈴木靖民, 金子修一. 梁職貢図と東部ユーラシア世界. 勉誠出版, 2014.
254. 鈴木正夫. 日中間戦争と中国人文学者: 郁達夫、柯霊、陸蠡らをめぐって. 横浜市立大学学術研究会; 春風社 (発売), 2014.
255. 牧田諦亮. 牧田諦亮著作集. 第 7 巻 (宋代仏教から現代仏教). 臨川書店, 2014.
256. 内藤理佳. ポルトガルがマカオに残した記憶と遺産:「マカエンセ」という人々. SophiaUniversityPress 上智大学出版; ぎょうせい (発売), 2014.
257. 内藤民治著. 写真記録 100 年前の世界. 12 (中国・タイ). 大空社, 2014.
258. 内田稔, 張鴻鵬. 諺で考える日本人と中国人: 日本の諺にならなかった中国の諺. ブックショップマイタウン, 2014.
259. 籾山明, 佐藤信. 文献と遺物の境界: 中国出土簡牘史料の生態的研究. 2.

府中（東京都）：東京外国語大学アジア・アフリカ言語文化研究所, 2014.

260. 裴亮. 中国“嶺南”現代文学の新地平：文学研究会広州分会および留学生草野心平を中心に. 花書院, 2014.
261. 平勢隆郎. あらすじとイラストでわかる秦の始皇帝. 宝島社, 2014.
262. 平勢隆郎［ほか］. 東方文化学院旧蔵建築写真目録. 東京大学東洋文化研究所附属東洋学研究情報センター, 2014.
263. 浅野和生. 親台論：日本と台湾をむすぶ心の絆：この世界一の「親日国」を日本はもっと大切にしませんか!. ごま書房新社, 2014.
264.* 青木敦. 宋代民事法の世界. 慶應義塾大学出版会, 2014.
265. 青木洋司. 宋代における『尚書』解釈の基礎的研究. 明出版社, 2014.
266.* 青山治世. 近代中国の在外領事とアジア. 名古屋大学出版会, 2014.
267. 桑野淳一. 中国、景教の故地を歩く：消えた十字架の謎を追う旅. 彩流社, 2014.
268. 山本進. 大清帝国と朝鮮経済：開発・貨幣・信用. 九州大学出版会, 2014.
269.* 山本英史. 中国近世の規範と秩序. 研文出版, 2014.
270. 山田陽一. 日中労働組合交流史：60年の軌跡. 平原社, 2014.
271. 深澤秀男. 西太后：清末動乱期の政治家群像. 山川出版社, 2014.
272. 石川忠久. 陶淵明とその時代. 研文出版, 2014.
273. 石島紀之. 中国民衆にとっての日中戦争：飢え、社会改革、ナショナリズム. 研文出版, 2014.
274. 矢野一成. 驚きの人生とその絵：中国絵画史の陰で. 仙台：創栄出版, 2014.
275. 水口幹記. 古代日本と中国文化：受容と選択. 塙書房, 2014.
276. 松岡肇. 日中歴史和解への道：戦後補償裁判からみた「中国人強制連行・強制労働事件」. 高文研, 2014.
277. 松田京子. 帝国の思考：日本「帝国」と台湾原住民. 有志舎, 2014.
278. 松原朗. 漢詩の流儀：その真髄を味わう. 大修館書店, 2014.
279. 孫江. 中国の「近代」を問う：歴史・記憶・アイデンティティ. 汲古書院, 2014.
280. 湯浅邦弘. 竹簡学：中国古代思想の探究. 大阪大学出版会, 2014.
281. 藤本猛. 風流天子と「君主独裁制」：北宋徽宗朝政治史の研究. 京都大学学術出版会, 2014.

282. 藤井康隆. 中国江南六朝の考古学研究. 六一書房, 2014.
283. 田代正廣. なぜ中国は覇権主義なのか: それは中華思想があるからだ!. MMIマーケティング (発売), 2014.
284. 田原洋. 関東大震災と中国人: 王希天事件を追跡する. 岩波書店, 2014.
285. 田中良昭, 程正. 敦煌禪宗文獻分類目錄. 大東出版社, 2014.
286. 田中有紀. 中国の音楽論と平均律: 儒教における楽の思想. 風響社, 2014.
287. 桐藤薫. 天主教の原像: 明末清初期中国天主教史研究. かんよう出版, 2014.
288. 王凱. 中国絵画の源流. 秀作社出版, 2014.
289. 王小林. 日中比較神話学. 汲古書院, 2014.
290. 武内房司, 塚田誠之. 中国の民族文化資源: 南部地域の分析から. 風響社, 2014.
291. 西山猛. 漢語史における指示詞と人称詞. 好文出版, 2014.
292. 西尾幹二 [ほか]. 中国人国家ニッポンの誕生: 移民栄えて国滅ぶ. ビジネス社, 2014.
293. 西信康. 郭店楚簡『五行』と伝世文献. 北海道大学出版会, 2014.
294. 下定雅弘. 精選漢詩集: 生きる喜びの歌. 筑摩書房, 2014.
295. 夏井春喜. 中華民国期江南地主制研究. 汲古書院, 2014.
296. 小島敬裕. 国境と仏教実践: 中国・ミャンマー境域における上座仏教徒社会の民族誌. 京都大学学術出版会, 2014.
297. 小笠原強. 日中戦争期における汪精衛政権の政策展開と実態: 水利政策の展開を中心に. 専修大学出版局, 2014.
298.* 小南一郎. 学問のかたち: もう一つの中国思想史. 汲古書院, 2014.
299. 小山三郎 [ほか]. 新編台湾映画: 社会の変貌を告げる〈台湾ニューシネマからの〉30 年. 晃洋書房, 2014.
300. 小沼孝博. 清と中央アジア草原: 遊牧民の世界から帝国の辺境へ. 東京大学出版会, 2014.
301. 興膳宏. 杜甫のユーモアずっこけ孔子. 岩波書店, 2014.
302. 徐興慶. 東アジアの覚醒: 近代日中知識人の自他認識. 研文出版 (山本書店出版部), 2014.
303. 緒方賢一. 中国の庭、台湾の庭: 拙政園・留園・林家花園. 中国文庫, 2014.
304. 岩谷薫. 新釈中国古典怪談: なんという悟り方!: 禅、生まれ変わり、占い、宇宙人、幽霊、すべて「あるがまま」. ヒカルランド, 2014.

305. 岩間俊卓. 懐かしの台湾：三職記. ブイツーソリューション；星雲社（発売）, 2014.

306. 野村朋弘. 伝統を読みなおす. 3（風月、庭園、香りとはなにか）. 京都造形芸術大学東北芸術工科大学出版局藝術学舎；幻冬舎（発売）, 2014.

307. 野嶋剛. ラスト・バタリオン：蔣介石と日本軍人たち. 講談社, 2014.

308. 野林厚志. タイワンイノシシを追う：民族学と考古学の出会い. 臨川書店, 2014.

309. 野崎歓. 映画、希望のイマージュ：香港とフランスの挑戦. 弦書房, 2014.

310. 伊藤博文. 伊藤博文文書. 第118巻. ゆまに書房, 2014.

311. 與那覇潤. 中国化する日本：日中「文明の衝突」一千年史. 文藝春秋, 2014.

312. 御牧克己. 西蔵仏教宗義研究. 第10巻. 東洋文庫, 2014.

313. 園部道香. 心の音：漢詩、漢字との美響. せせらぎ出版, 2014.

314. 遠藤美幸.「戦場体験」を受け継ぐということ：ビルマルートの拉孟全滅戦の生存者を尋ね歩いて. 高文研, 2014.

315. 遠藤祐介. 六朝期における仏教受容の研究. 白帝社, 2014.

316. 澤浩一. 近出殷周金文考釈. 第3集（北京市・遼寧省・山東省・安徽省・江蘇省・浙江省・湖北省・湖南省・広州市）. 研文出版, 2014.

317. 斎藤道彦. 中国への多角的アプローチ. 3. 中央大学出版部, 2014.

318.* 齋藤忠和. 宋代募兵制の研究：近世職業兵士の実相. 勉誠出版, 2014.

319. 張文宏. 佐藤春夫と中国古典：美意識の受容と展開. 和泉書院, 2014.

320.* 朝倉友海.「東アジアに哲学はない」のか：京都学派と新儒家. 岩波書店, 2014.

321. 真柳誠. 黄帝医籍研究. 汲古書院, 2014.

322. 植民地文化学会. 近代日本と「満州国」. 不二出版, 2014.

323.* 中村裕一. 大唐六典の唐令研究：「開元七年令」説の検討. 汲古書院, 2014.

324. 中島利郎, 河原功, 下村作次郎. 台湾近現代文学史. 研文出版, 2014.

325. 中国モダニズム研究会. 中国現代文化14講. 関西学院大学出版会, 2014.

326. 中国出土資料学会. 地下からの贈り物：新出土資料が語るいにしえの中国. 東方書店, 2014.

327. 塚瀬進. マンチュリア史研究：「満洲」六〇〇年の社会変容. 吉川弘文

館, 2014.
328. 仲山茂, 飯田祥子, 柴田昇. 両漢交替期研究. 名古屋中国古代史研究会, 2014.
329. 竹大和男. 龍泉青磁の起源を追って. 創樹社美術出版, 2014.
330. 佐藤武敏.「詩経」国風の詩歌と地域社会. 研文出版（山本書店出版部）, 2014.
331. 佐藤信弥. 西周期における祭祀儀礼の研究. 朋友書店, 2014.

法文著作目录

1. Alary, Pierre; Lafaye de Micheaux, Elsa. *Capitalismes asiatiques et puissance chinoise: diversité et recomposition des trajectoires nationales*. Presses de Sciences Po, 2014.

2. André, Paul. *La Chine aujourd'hui: dynamiques domestiques et internationales*. Presses universitaires du Septentrion, 2014.

3. Avarello, Vito. *L'œuvre italienne de Matteo Ricci: anatomie d'une rencontre chinoise*. Classiques Garnier, 2014.

4. Baba-Ahmed, Mustapha. *Hymne à l'intérêt dévastateur*. l'Harmattan, 2014.

5. Balme, Richard. *Administration et action publique en Chine contemporaine*. ENA, 2014.

6. Bazin, Nathalie. *L'art bouddhique du Tibet*. Nouvelles éditions Scala; Musée national des arts asiatiques-Guimet, DL. 2014.

7. Becker, Catherine. *La marque rouge: Shanghai, luxe, art et mémoire*. Cherche midi, 2014.

8. Bensacq-Tixier, Nicole. *La France en Chine de Sun Yat-sen à Mao Zedong, 1918-1953*. Presses universitaires de Rennes, 2014.

9. Berthier, Serge. *La Chine en marche.* [*Tome I*], *Le choc*. Mettis éd., 2014.

10.* Beydon, Olivier. *Introduction à la pensée juridique chinoise*. Éd. Larcier, 2014.

11. Bianco, Lucien. *La récidive: révolution russe, révolution chinoise*. Gallimard, 2014.

12. Billioud, Sébastien; Thoraval, Joël. *Le Sage et le peuple: le renouveau confucéen en Chine*. CNRS éd., 2014.

13. Blanchet, Jacques. *La Chine et nous: l'ascension de la Chine et le déclin de l'Occident*. Éd. Velours, 2014.

14.* Bonjean, Alain [etc.]. *Nourrir 1,5 milliard de Chinois en 2030: les mutations des agricultures chinoises et leurs conséquences sur les marchés agricoles et agro-alimentaires*. De Boeck, 2014.

15. Cabestan, Jean-Pierre. *Le système politique chinois: un nouvel équilibre autoritaire*. Presses de Sciences po, 2014.

16.* Carfantan, Jean-Yves. *Le défi chinois: les nouvelles stratégies d'un géant*. Seuil, 2014.

17. Casella, Roberto. *Le siècle des géants de l'Asie. I, La Chine (1995-2012)*. Science marxiste, 2014.

18.* Chen, Camille-Yihua. *Investissements chinois en France: mythes et réalités*.

Éditions Pacifica, 2014.

19. Collombet, Catherine. *La Chine des questions sociales*. Caisse nationale des Allocations familiales, 2014.

20.* Courmont, Barthélémy. *Une guerre pacifique: la confrontation Pékin-Washington*. Éd. Eska, 2014.

21.* Delaunay, Quynh. *Naissance de la Chine moderne: l'Empire du Milieu dans la mondialisation*. Éditions ouvrières, 2014.

22. Deloire, Christophe. *L'homme qui ne se retourne pas*. Flammarion, 2014.

23. Depierre, Roland. *La place de l'autre, wai, dans la philosophie chinoise*. Éd. M-editer, 2014.

24. Dhomps, Pierre. *Réussir en Chine?: l'expérience d'une "longue marche" de 30 ans*. l'Harmattan, 2014.

25. Didier, Béatrice; Meng, Hua; Planchon, Cécile. *Miroirs croisés Chine-France, XVIIe-XXIe siècles*. H. Champion, 2014.

26. Dollé, Marie. *Idées de la Chine au XIXe siècle: entre France et Allemagne*. Indes savantes, 2014.

27.* Doyon, Jérôme. *Négocier la place de l'islam chinois: les associations islamiques de Nankin à l'ère des réformes*. l'Harmattan, 2014.

28. Drège, Jean-Pierre; Moretti, Costantino. *La fabrique du lisible: la mise en texte des manuscrits de la Chine ancienne et médiévale*. Collège de France, Institut des hautes études chinoises, 2014.

29. Drémeaux, François. *Les messageries maritimes à Hong Kong, 1918-1941*. Gope, 2014.

30.* Dumasy, Jacques. *La France & la Chine, 1248-2014: de la méconnaissance à la reconnaissance*. N. Chaudun, 2014.

31. El Fadil, Jalal. *La gestion des risques de sous-traitance manufacturière en Chine*. Presses de l'Université du Québec, 2014.

32.* Elisseeff, Danielle. *Puyi: le dernier empereur de Chine*. Perrin, 2014.

33.* Falin, Christophe. *Shanghai, Hong Kong: villes de cinéma*. A. Colin, 2014.

34. Frenkiel, Emilie. *Parler politique en Chine: les intellectuels chinois pour ou contre la démocratie*. Presses universitaires de France, 2014.

35. Galvany, Albert; Graziani, Romain. *La guerre en perspective: histoire et culture militaire en Chine*. Presses universitaires de Vincennes, 2014.

36. Garrigue, Anne. *50 ans, 50 entrepreneurs français en Chine*. Pearson France, 2014.

37.* Gaulard, Mylène. *Karl Marx à Pékin: les racines de la crise en Chine capitaliste*. Démopolis, 2014.

38.* Ged, Françoise. *Shanghai: l'ordinaire et l'exceptionnel*. Buchet Chastel, 2014.

39. Gossart, Jacques. *Aux origines de la Chine: entre mythe et histoire*. Kadath; Oxus, 2014.

40. Guichard, Jean-Paul. *L'État-parti chinois et les multinationales: l'inquiétante alliance*. L'Harmattan, 2014.

41. Ha Thuc, Caroline. *L'art contemporain en Chine: depuis 2000*. Nouvelles éditions Scala, 2014.

42. Han, Dongfang. *Mon combat pour les ouvriers chinois*. Michel Lafon, 2014.

43. Hubert, Michel; Lewis, Paul; Raynaud, Michel. *Les grands projets urbains: territoires, acteurs et stratégies*. Presses de l'Université de Montréal, 2014.

44. Jan, Michel. *Cruelle est la terre des frontières: rencontre insolite en Extrême-Orient*. Éd. Points, 2014.

45.* Javary, Cyrille. *La souplesse du dragon: les fondamentaux de la culture chinoise*. A. Michel, 2014.

46. Javary, Cyrille. *Sagesses chinoises: morceaux choisis*. Télérama, 2014.

47. Jolly, Dominique. *Chine: colosse aux pieds d'argile*. Maxima, 2014.

48. Jullien, François. *Vivre de paysage ou L'impensé de la raison*. NRF Gallimard, 2014.

49. Kauffer, Rémi. *Le siècle des quatre empereurs: Sun Yat-sen, Chiang Kai-Shek, Mao Zedong, Deng Xiaoping*. Perrin, 2014.

50. Kernen, Antoine. *China, Ltd: un business africain*. Karthala, 2014.

51. Li, Chunyan. *Réussir sur le marché chinois: 100 dirigeants révèlent les secrets du casse-tête chinois*. Eyrolles, 2014.

52. Li, Yinghua. *Étude technologique de l'industrie lithique du site de Guanyindong dans la province du Guizhou, Sud-Ouest de la Chine*. rchéo-éditions. com, 2014.

53. Liu, Zeting. *La Chine innove: politiques publiques et stratégies d'entreprise*. l'Harmattan, 2014.

54. Meyer, Claude. *La Chine, banquier du monde*. Fayard, 2014.

55.* Nathan-Ebrard, Isabelle; Perroud, Romain. *La Chine: une passion française: archives de la diplomatie française, XVIIIe-XXIe siècle*. Loubatières, 2014.

56. Pachet, Pierre. *L' Âme bridée: Essai sur la Chine aujourd'hui*. Le Bruit du temps, 2014.

57. Painbéni, Sandra. *La Chine aime les vins de France*: *marché émergent ou marché concurrent*?. Éd. Kawa, 2014.

58. Pairault, Thierry; Talahite, Fatiha. *Chine-Algérie*: *une relation singulière en Afrique*. Riveneuve, 2014.

59. Pinot, Virgile. *Documents inédits relatifs à la connaissance de la Chine en France de* 1685 *à* 1740. Slatkine Reprints, 2014.

60. Prazan, Michaël. *Le massacre de Nankin*: *1937*, *le crime contre l'humanité de l'armée japonaise*. Éd. Tallandier, 2014.

61. Qu-Rousseau, Xiaoling. *Etude anthropologique de Chroniques de l'Etrange*: *La Chine du XVIIeme siècle*: *Une monographie anthropologique de la société campagnarde chinoise au XVIIe siècle à travers l'oeuvre majeure de Pu Songling*. Librairie You-Feng, 2014.

62. Ragueneau, Sylvie. *La léproserie de Losheng*: *témoin de la construction identitaire de Taiwan*. Academia-l'Harmattan, 2014.

63. Ratte, Philippe; Simon, Jean-Charles. *L'opportunité française*, *c'est maintenant*!. Ginkgo éd. , 2014.

64. Roulleau-Berger, Laurence; Liu, Shiding. *Sociologies économiques française et chinoise*: *regards croisés*. ENS éd. , 2014.

65. Ségéric, Jean-José. *La Chine et le traité de Versailles* (*1919*): *une trahison occidentale*. L'Harmattan, 2014.

66. Shi, Lu. *Les voix de migrants*: *récits de vie des migrants paysans en Chine*. Presses universitaires du Mirail, 2014.

67. Spens, Renaud de; Augier, Jean-Jacques. *Dictionnaire impertinent de la Chine*. Books éd. , 2014.

68. Tedié, Joachim. *Coopération Chine-Afrique*: *impact sur les infrastructures du Cameroun*. l'Harmattan, 2014.

69. Tison, Brigitte. *Comprendre la culture chinoise*. Chronique sociale, 2014.

70. Urio, Paolo; Ying, Yuan. *L'émergence des ONG en Chine*: *le changement du rôle de l'État-Parti*. P. Lang, 2014.

71. Vandal, Gilles; Granger, Serge. *Chine-États-Unis*: *quels défis*?. Outremont, Athéna éditions, 2014

72. Vergnaud, Jean-François. *La vie publique de Sima Guang*: *homme d'Etat et historien chinois du XIe siècle*. Presses universitaires de la Méditerranée, 2014.

73. Wagner, Julien. *Chine-Afrique*: *le grand pillage*. Eyrolles, 2014.

74. Wang, Wei. *Le contrôle de constitutionnalité en Chine au regard de l'expérience française*. Presses universitaires d'Aix-Marseille, 2014.

75. Wintrebert, Yves; Han, Huai-Yuan. *Chine, une certaine vision de l'Histoire: anecdotes et curiosités de la Chineancienne et moderne*. Éd. de l'Aube, 2014.

76. Yang, Zibao. *Soft power et diplomatie culturelle: le cas de Taiwan*. Academia-l'Harmattan, 2014.

77. Yorbana, Seign-Goura. *Les investissements directs chinois en Afrique: la China national petroleum corporation international Chad, CNPCIC*. l'Harmattan, 2014.

78. Zhang, Xiao Bei. *50 ans d'amitiés: France-Chine, 1964-2014*. Éd. Horizon oriental; Vitry-sur-Seine: [diff.] "Nouvelles d'Europe", 2014.

79. Zhang-Fernandez, Rong. *Précis de civilisation chinoise: de ses origines à nos jours*. l'Harmattan, 2014.

韩文著作目录

1. 강민호 . 두보 배율 (排律) 연구 . 서울대학교출판문화원，2014.
2. 거자오꾸앙 지음；이종미 옮김 . 고대 중국 사회와 문화 10 강 . 동국대학교 출판부，2014.
3. 거타오 [등]. 현대중국 로컬지식 네트워크：상하이시를 사례로 . 學古房，2014.
4. 계환 . 중국불교 . 민족사，2014.
5. 공봉진 [등]. 시진핑 시대의 중국몽：부강중국과 G1. 한국학술정보，2014.
6. 곽복선 [등]. 중국경제론 = China economy. 박영사，2014.
7. 구문규 . 20 세기 중국문학의 시대정신 . 글로벌콘텐츠，2014.
8. 구성희 . 중국의 전통문화와 대중문화：중국문화 한 권으로 끝내기 . 지음이담 Books：한국학술정보，2014.
9. 권중달 . 중국분열：새로운 시각으로 본 중국사 . 지음삼화，2014.
10. 글：이수연；그림：이지선 . 중국어로 떠나는 고사성어 여행 . 지식과감성 #，2014.
11. 글：정현철；삽화：김회룡 . 중국에서 中國을 보다：중국 · 중국인 · 중국문화 새롭게 읽기 . 나눔사，2014.
12. 글쓴이：임춘성 [등]. 상하이학파 문화연구：비판과 개입 . 문화과학사，2014.
13. 김기수 . 대출 (貸出) 의존형 중국 경제발전의 구조적 문제점：고속성장의 후유증과 경제위기설 . 지음세종연구소，2014.
14. 김남희 . 중국회화 특강：대표적인 작품으로 본 중국 회화사 . 계명대학교 출판부，2014.
15. 김도연 . 북경 예술 견문록：중국 현대미술을 탐하다 . 생각을담는집，2014.
16. 김동하 . 중화경제권의 이해 . 부산외국어대학교 출판부，2014.
17. 김동하 [등]. 차이나 인사이트 = China insight：현대 중국 경제를 말하다 . 산지니，2014.
18. 김명신 . 상하이 비즈니스 산책：14 억 중국시장의 등용문：상하이를 걸으며 중국시장의 미래를 읽는다 . 한빛비즈，2014.
19. 김부용 [등]. 중국 신흥도시의 소비시장 특성과 기업의 진출전략 = Characteristics of emerging cities in China and corporate strategy to enter the market. 대외경제정책연구원，2014.
20. 김영미 . 현대 중국의 새로운 이미지 언어：미술과 영화 = (A) study on new ‘image-language’ of contemporary China：art & film. 이담 Books：한국학술정보，2014.

21. 김영옥，이봉우 . 중국 신문의 현실 . 커뮤니케이션북스，2014.
22. 김용준 [등]. 중국의 상업관행과 제도적 환경변화 . 한국학술정보，2014.
23. 김익수 . 중국 내 지적재산권：침해 실태，원인 · 배경 및 대응전략 = Infringement of intellectual property rights in China：realities，sources，and protective counter-measures. 아연출판부：고려대학교 아세아문제연구소，2014.
24. 김장환，이영섭 . 중국문학의 숨결 = Breath of Chinese literature：중국문학 정선 작품 감상 . 學古房，2014.
25. 김지수 . 선진（先秦，先進）법사상사：천하태평을 위한 유묵도법（儒墨道法）의 사랑과 슬기 . 전남대학교출판부，2014.
26. 김택규 . 중국출판과 인터넷문학：중국출판산업의변화와 인터넷문학 . 차이나하우스，2014.
27. 김한권 [등]. 차이나 콤플렉스 = China complex：시진핑 시대，강한 중국이 온다 . 아산정책연구원，2014.
28. 남덕현 . 삼국지，역사를 가다：삼국지 연구 전문가 남덕현 교수의 삼국지 역사 · 문화 답사기 . 현자의마을，2014.
29. 許宏 지음；김용성 옮김 . 중국 고대 성시의 발생과 전개 . 진인진，2014.
30. 姜昌求 . 初唐 沈佺期 詩의 理解 . 에세이퍼블리싱，2014.
31. 李啓命 . 中國史學史要綱 . 전남대학교 출판부，2014.
32. 李運富，安熙珍 . 중국 고전 읽는 법：고전 문헌을 읽고 이해하기 위한 고전 문언문 풀이집 . 박이정，2014.
33. 閔寬東，劉承炫 . 中國戲曲（彈詞 · 鼓詞）의 유입과 수용 . 學古房，2014.
34. 閔寬東 [등]. 中國通俗小說의 유입과 수용 . 學古房，2014.
35. 레이쓰하이 지음；허유영 옮김 . G2 전쟁：2015-2016 슈퍼 달러의 대반격 . 부키，2014.
36. 루홍스 지음；김정욱 옮김 . 중국영화의 서술과 기억：중국영화사 1905-1949. 전남대학교출판부，2014.
37. 뤄위밍 지음；나진희 옮김 . 잠시라도 내려놓아라 . 아날로그，2014.
38. 류재기 .（한눈에 알아보는）중국의 문화산업 시장 . 대가，2014.
39. 마테오 리치 지음；신진호，전미경 옮김 . 마테오 리치 중국 선교사 .1-2. 지식을만드는지식，2014.
40. 모리스 프리드먼 지음；양영균 옮김 . 중국 동남부의 종족 조직 . 지식을만드는지식，2014.
41. 문유근 . 시진핑의 차이나드림：21 세기 중국의 대국굴기（大國堀起）전략 .

Bookstar（북스타），2014.
42. 문익준 [등]. 중국 국유기업의 개혁에 대한 평가 및 시사점 = A study on state-owned enterprises reform in China. 대외경제정책연구원，2014.
43. 박병구，우진훈 . 중국의 현대화：역사와 과제 . 차이나하우스，2014.
44. 박현정，이효진 . 중국의 지식산업화 분석과 시사점：대학과 중국과학원의 특허 라이선싱을 중심으로 = Analysis of Chinese knowledge industrialization and its implication：focus on patent licensing of the university and Chinese academy of sciences. 대외경제정책연구원，2014.
45. 배득렬，조현국 . 중국문화 이해하기：충북대학교 교양문고 . 충북대학교 출판부，2014.
46. 백양 지음；김영수 옮김 . 백양 중국사 . 역사의아침：위즈덤하우스，2014.
47. 서인범 . 연행사의 길을 가다：압록강 넘은 조선 사신，역사의 풍경을 그리 다 = Yeonhaengsa，missions to the Ming-Qing court revisited：the journey of Chosun envoys through the Yalu river in the mirror of historical records. 한길사 .2014.
48. 서흥일 . 이우에 없으면 세상에 없다：중국 소호 무역 창업 . 앨북스，2014.
49. 선정규 . 중국문학사：고대 『시경』에서 근대 신문학의 태동까지 . 사회평론아카데미，2014.
50. 설동훈 [등]. 재중 조선족 동포 사회 조사연구 . 동덕여대 한중미래연구소：다해，2014.
51. 성시일 . 중국경제：1949-1995. 한림대학교 출판부，2014 .
52. 송영배 . 고대중국 철학사상 . 성균관대학교 출판부，2014.
53. 송용준 . 중국 한시：漢代부터 清代까지 . 서울대학교출판문화원，2014.
54. 스위안춘 저；지성태，양철 역 . 중국의 바이오에너지 산업：삼농（三農）문제의 새로운 해법 . 차이나하우스，2014.
55. 신규환 . 북경 똥장수：어느 중국인 노동자의 일상과 혁명 . 푸른역사，2014 .
56. 아산정책연구원 중국연구센터，김한권，김민정，한국경제신문사 특별기획팀，노경목，남윤선 지음 . 차이나 콤플렉스 = China complex：시진핑 시대，강한 중국이 온다 . 아산정책연구원，2014.
57. 얀샨핑 지음；백계문 옮김 . 중국의 도시화와 농민공：1 억 3,000 만 인구의 대이동 . 한울아카데미，2014.
58. 연구기관：동북아평화연대 [등]. 중국 동북 3 성 조선족마을 현황연구 . 재외동포재단，2014.
59. 연구기관：한국보건사회연구원 [등]. 중국 방문요양서비스（Home-help

service）정책의 현황과 시사점：북경지역을 중심으로 . 대외경제정책연구원，2014.

60. 연구책임：김수한；연구원：김현수 . 중국 중부 지역발전에 관한 연구 = An analysis of development strategies for rise of central province in China：권역 거점도시 육성과 역량분석을 중심으로 . 인천발전연구원，2014.
61. 연구책임자：구자억 [등]. 중국의 외국 유학생 유치정책 및 사례연구：대학을 중심으로 . 대외경제정책연구원，2014.
62. 연구책임자：김명아 [등]. 한 - 중 경협 강화를 위한 중국의 경제특구성 시범지역 현황과 관련 법제에 관한 연구 . 대외경제정책연구원，2014.
63. 왕국유 지음；오수경 옮김 . 송원희곡고：역주 = （A）study on drama of Song and Yuan dynasty. 소명출판，2014.
64. 왕부지 [등]. 왕부지，中庸을 논하다 . 소나무，2014.
65. 왕후이 지음；송인재 옮김 . 절망에 반항하라：왕후이의 루쉰 읽기 . 글항아리，2014.
66. 우샤오보어 지음；박찬철，조갑제 옮김 . 격탕 30 년：현대 중국의 탄생 드라마와 역사 · 미래：1978~2008. 새물결，2014.
67. 우춘춘 지음；이월영 옮김 . 명청시대 성애풍조 . 소리내，2014.
68. 원매 지음；최일의，왕잉즈 옮김 . 원매의 강남 산수 유람시 . 지식을만드는지식，2014.
69. 유검화 編著；김대원 註釋 . 중국화론집성 주석본 . 인물편 . 學古房，2014.
70. 유검화 編著；김대원 註釋 . 중국화론집성 주석본 . 품평편 · 감장 표구 공구 설색편 . 學古房，2014.
71. 유홍준，김지훈 . 현대중국사회：역사와 사회변동 = Modern Chinese society：history and social change. 그린，2014.
72. 이강인 . 중국 현대문학 작가 열전 . 한국학술정보，2014.
73. 이건일 . 모택동 vs 장개석：중국국공혁명사 . 삼화，2014.
74. 이경규 . 중국교회사 연구：경교와 천주교의 전파를 중심으로 . 대구가톨릭대학교출판부，2014.
75. 이계지 지음；나영남，조복현 옮김 . 요 · 금의 역사：정복 왕조의 출현 . 신서원，2014.
76. 이기현，김애경，이영학 . 중국의 주변외교 전략 연구：중국의 대북정책 결정에 대한 함의 . 통일연구원，2014.
77. 이대우 . 남중국해 해양영토분쟁과 미중 갈등 . 세종연구소，2014.
78. 이동민 . 중국 고대 미술사 . 수필과비평사，2014.

79. 이민우 . 현대 중국어 문법론 . 신아사，2014.
80. 이병석 . 비단길에 흐드러진 애기꽃：중화누리 가로질러 . 두손컴，2014.
81. 이상우 . 중국 미학의 근대 . 아카넷，2014.
82. 이은상 . 정화의 보물선：중국의 대유럽 무역사 500 년으로의 항해 . 한국학술정보，2014.
83. 이이지마 와타루，사와다 유카리 지음；이용빈 옮김 . 중국의 사회보장과 의료：변화하는 사회와 증가하는 리스크 . 한울아카데미，2014.
84. 이정재 . 중국 구비연행의 전통과 변화：고사계강창 연구（1644~1937）. 일조각，2014.
85. 이제우 . 晚明小品論：중국 산문전통의 ' 이단 ' 인가，혁신인가 ?. 제이앤씨，2014.
86. 이청조 지음；이지운 옮김 . 이청조 사선 . 지식을만드는지식，2014.
87. 이택용 . 중국 고대의 운명론：삶의 우연성에 대한 대응 . 문사철，2014.
88. 이희옥 . 중국의 새로운 민주주의 탐색 . 성균관대학교 출판부，2014.
89. 임우경 . 근대 중국의 민족서사와 젠더：혁명의 천사가 된 노라 . 창비，2014.
90. 장개충 편저；주훈 그림 . 손자병법：지혜로운 강자만이 살아남는 영웅들의 병법과 전략 !. 너도밤나무：범한，2014.
91. 장범성 . 신조어와 유행어로 이해하는 중국 사회 . 차이나하우스，2014 .
92. 장자 지음；조현숙 엮고 옮김 . 마음으로 읽는 장자：길 잃은 세상에서 죽어가는 마음을 살리다 . 책세상，2014.
93. 장진취옌 지음；김택경 옮김 . 중국의 경제발전 유형 연구：중국이 경제발전을 위해 걸어온 길에 대한 해석 . 경혜，2014.
94. 저자：구기보 . 중국경제론 = China economy. 三英社，2014.
95. 저자：김지환 . 철도로 보는 중국역사 . 學古房，2014.
96. 저자：성시일 . 중국 내수기반 발전전략 . 미래출판，2014.
97. 저자：오드 아르네 베스타；역자：문명기 . 잠 못 이루는 제국：1750 년 이후의 중국과 세계 . 까치：까치글방，2014.
98. 저자：정병조 [등]. 남북조 시대의 불교사상 . 민족사，2014.
99. 저자：조대우 .（중국의）기업가정신：원류와 사상 . 이화，2014.
100. 전기정 . 알기 쉬운 중국어 문법 . 선문대학교 출판부，2014.
101. 전재홍 . 중국비즈니스문화 . 탑북스，2014.
102. 정지현，김홍원 . 중국 지역경제 변화와 새로운 한 · 중 협력방안 . 대외경제정책연구원，2014.

103. 정진배 . 중국 현대문학 신론：전통으로 현대 읽기 . 박문사，2014.
104. 조준현 . 중국경제：개혁 · 개방에서 지속가능한 발전으로 . 부산대학교 출판부，2014 .
105. 주쉬펑 저；박철현，이광수 공역 . 중국 정책변화와 전문가 참여 . 學古房，2014.
106. 주잉，웨이원샹 지음；김승일 옮김 . 중국 역사와 문화 . 경혜，2014.
107. 지은이：권응상 . 멀티 엔터테이너로서의 중국 고대 기녀：당 · 송 · 원 기녀의 문학 예술적 역할에 관하여 = The courtesan of ancient China as a multi-faceted entertainer：the role of courtesan in literature and art of Tang，Song and Yuan dynasty. 소명출판，2014.
108. 지은이：김수한 [등]. 전환기 중국 심화개혁：정책동향 · 도시정보 · 한중교류 . 인천발전연구원 엮음인천발전연구원，2014.
109. 지은이：두염빙 . 현대중국어 명사 주어의 조응 방식 연구 . 역락，2014.
110. 지은이：리징즈，푸핑 외；옮긴이：김도훈；감수자：김승일 . 중국의 선택：평화발전과 조화세계의 건설 = The choice of China：peaceful development and construction of a harmonious world. 경혜，2014.
111. 지은이：박응수 . 중국사상문화개론 . 인쇄마을，2014.
112. 지은이：박응수 . 영화로 보는 중국 근현대 . 인쇄마을，2014.
113. 지은이：박희성 . 중국 · 홍콩 · 타이완영화 . 커뮤니케이션북스，2014.
114. 지은이：샤오홍；옮긴이：원종례 . 생사의 마당：샤오홍 단편소설 . 글누림，2014.
115. 지은이：야부우치 기요시；옮긴이：전상운 . 중국의 과학문명 . 사이언스북스，2014.
116. 지은이：오태석 . 중국시의 문예심미적 지형 . 글누림，2014.
117. 지은이：이양자 . 역사를 움직인 중국 여성들 . 살림출판사，2014.
118. 지은이：이현국 . 중국고탑의 조형과 예술 . 황매희，2014.
119. 지은이：이홍욱 . 중국 상사법의 발전과 과제 . 동방문화사，2014.
120. 지은이：조관희 . 유림외사 (儒林外史) 연구：시대와의 불화 . 보고사，2014.
121. 지은이：주민욱 . 중국인의 체면 . 커뮤니케이션북스，2014.
122. 지은이：주민욱 . 중국인의 체면 . 커뮤니케이션북스，2014.
123. 지은이：최병규 . 중국고전문학 속의 情과 欲 . 한국문화사，2014.
124. 지은이：탁양현 . 노자 철학 . 퍼플，2014.
125. 지은이：탁양현 . 장자 철학 . 퍼플，2014.

126. 지은이：황효순 . 사마천이 찾아낸 사람들 . 글마당，2014.
127. 집필진：지만수 . 중국 은행시장의 지역별 특성과 진출환경 . 한국금융연구원，2014.
128. 천구이디，우춘타오 지음；박영철 옮김 . 중국 농민 르포 . 길，2014.
129. 최준오 . 칭다오（青島）근대건축 = Old architectures in Qingdao. 서우，2014.
130. 최환，남민수，박운석 공저 . 현대중국의 이해 . 영남대학교 출판부，2014.
131. 탄판 지음；조관희 옮김 . 중국 고대소설평점 간론 = A brief compendium of Chinese fiction commentary. 學古房，2014.
132. 탕융동 지음；장순용 옮김 . 한위양진남북조 불교사 = Han·Wei·Qin North and South dynasties buddhist history.1-4. 學古房，2014.
133. 통칭빙 저；배득렬 역 . 중국 고전 문학이론의 이해 . 충북대학교 출판부，2014.
134. 티모시 브룩 지음；조영헌 옮김 . 곤경에 빠진 제국：하버드 중국사 원 · 명 . 너머북스，2014.
135. 파오춘옌，둥추이 지음；김순진 옮김 . 한눈에 보는 중국문화 . 한신대학교 출판부，2014.
136. 편저：이스위；옮김：구린；기획：장원 . 중국기호 사전 . 토담미디어，2014.
137. 풍연사 지음；김수희 옮김 . 풍연사 사선 . 지식을만드는지식，2014.
138. 필립 A. 큔 지음；이영옥 옮김 . 타인들 사이의 중국인：근대 중국인의 동남아 이민 . 심산，2014.
139. 하효흔 지음；태극풍수지리연구회，이윤석 옮김 . 중국 풍수사 . 논형，2014.
140. 허궈핑 지음；김일억 옮김 . 중국 대외보도 연구 . 커뮤니케이션북스，2014.
141. 허옌 지음；정호운，정세경 옮김 . 샤오미 insight：기획에서 마케팅까지，샤오미의 모든 것 . 예문，2014.
142. 헨리 키신저 [등]. 어둠 속 중국：다가올 위기에 대처하라 !. 다산출판사，2014.
143. 홍승현 . 禮儀之國：고대 중국의 예제와 예학 . 혜안，2014.
144. 홍승현 [등]. 중국 역대 장성의 연구 = A study of fortifications throughout Chinese history. 동북아역사재단，2014.
145. 후지 쇼조 지음；백계문 옮김 . 루쉰：동아시아에 살아 있는 문학 . 한울아

카데미, 2014.
146. 히라마쓰 시게오 저; 이용빈 편역. 마오쩌둥과 덩샤오핑의 백년대계: 중국군의 핵·해양·우주 전략을 독해한다. 한국해양전략연구소, 2014.
147. 히이즈미 카쓰오 저; 정원지 역. 경극과 중국인. 신아사, 2014.

（韩文著作目录部分由中国传媒大学刘安彤同学帮助收集整理）

俄文著作目录

1. Абрамов, В. А.. Трансграничье России и Китая: региональные практики соразвития. Забайкальский гос. ун-т, 2014.

2. Абрамова, Наталья Андреевна. Актуальные проблемы развития КНР в процессе ее регионализации и глобализации: VI Международная научно-практическая конференция (12-14 марта 2014 г.). ЗабГУ, 2014.

3. Алдабек, Нуржамал Абдразаковна.. Модернизация Китая и Казахстан. Казак университетi, 2014.

4. Алимов, Игорь Александрович. Сад удивительного: краткая история китайской прозы сяошо I-VI вв. Петербургское востоковедение, 2014.

5. Алимов, Игорь Александрович; Кравцова, Марина Евгеньевна. История китайской классической литературы с древности и до XIII в.: поэзия, проза: [в 2 ч.]. Петербургское Востоковедение, 2014.

6. Алимов, Рашид Кутбиддинович. Таджикистан и Китай. Курсом стратегического партнерства: международно-политические, экономические и гуманитарные измерения сотрудничества. Весь мир, 2014.

7. Анисимова, И. В. и др.. Политика России и Китая в Центральной Азии во второй половине XIX-начале XXI в.. Азбука, 2014.

8. Аристова, Л. Б. и др.. Потенциал и перспектива сотрудничества КНР и РФ в области традиционной и нетрадиционной энергии. Центр стратегической конъюнктуры, 2014.

9. Аристова, Л. Б.; Семенова, Н. К.. Энергетические (углеводородные) проекты в Центральной Азии: потенциальные риски и возможности усиления конкуренции России и Китая. Центр стратегической конъюнктуры, 2014.

10. Бадмаев, Петр Александрович (1851-1919). Главное руководство по врачебной науке Тибета "Жуд-Ши". ЛИБРОКОМ, 2014.

11. Баконина, Светлана Николаевна. Церковная жизнь русской эмиграции на Дальнем Востоке в 1920-1931 гг.: на материалах Харбинской епархии. Изд-во ПСТГУ, 2014.

12. Бальчиндоржиева, Оюна Баировна. Концепция модернизации Китая: трансформация системы ценностей. Изд-во Буряцкого госуниверситета, 2014.

13. Бао Миндэ. Развитие традиционной монгольской музыки в современном Китае = The development of mongolian music in modern China. Изд.-

полиграфический комплекс ФГБОУ ВПО ВСГАКИ, 2014.
14. Бао Оу. Философия науки и техники в Китае: история и современность. Изд-во ИИЕТ РАН, 2014.
15. Бекуров, Р. В. и др.. Век информации: СМИ и внешняя политика Китая: сборник научных статей. 2014. № 4 (S1). Санкт-Петербургский государственный университет, Институт "Высшая школа журналистики и массовых коммуникаций", 2014.
16. Беликов, Игорь Вячеславович. Китай известный и незнакомый. Алетейя, 2014.
17. Белый, Н.. Евразийский экспресс: Россия-Китай: 25 лет новой стратегии партнерства. Амур, 2014.
18. Би Фэйюй (毕飞宇); [пер. с кит. Алексея Родионова, Ольги Родионовой]. Лунная опера = 青衣. Азбука, 2014.
19. Бир, Роберт; [пер. с англ. Л. Бубенковой]. Тибетские символы и орнаменты: энциклопедия. Ориенталия, 2014.
20. Блохинская, Алена Владимировна. Языковая ситуация на Дальнем Востоке России и приграничной территории: (на материале российского Приамурья и провинции Хэйлунцзян, Китай). Изд-во АмГУ, 2014.
21. Богаевский, Борис Леонидович. Раковины в расписной керамике Китая, Крита и Триполья. Книга по Требованию, 2014.
22. Бодоева, Александра Александровна. Поэзия Гу Чэна (1956-1993). Изд-во БГУ, 2014.
23. Браун, Джанет Д.; [пер. с англ. А. Гарькавый]. Пекин: путеводитель. ФАИР, 2014.
24. Бугров, Дмитрий Витальевич и др.. Китай: история и современность: материалы VII международной научно-практической конференции, Екатеринбург, 17-19 октября 2013 г.. Изд-во Уральского ун-та, 2014.
25. Бутромеев, Владимир Петрович; Бутромеев, В. В.. Мудрость Конфуция. ОЛМА Медиа Групп, 2014.
26. Буяров, Дмитрий Владимирович. Россия и Китай: история и перспективы сотрудничества: материалы IV Международной научно-практической конференции (Благовещенск-Хэйхэ-Харбин, 14-19 мая 2014 г.). Вып. 4. Изд-во БГПУ, 2014.
27. Ван Мэн(王蒙); [пер. с кит., предисл. и сост. Д. Н. Воскресенского].

Метаморфозы, или игра в складные картинки = 活动变人形. ИВЛ, 2014.

28. Василенко, Виктория Александровна. На пути к протекторату: (отношения правительства имперской России с Китаем и Монголией по вопросам установления политического влияния в Туве во второй половине XIX в. - 1914 г.). Изд-во ИГУ, 2014.

29. Вестад, Одд Арне; [пер. с англ. С. А. Белоусова]. Беспокойная империя: Китай и мир с 1750 года. Центрполиграф, 2014.

30. Виноградов, А. В.. 3-й пленум ЦК КПК 18-го созыва: новое руководство и стратегия реформ: (материалы ежегодной научной конференции Центра политических исследований и прогнозов Китая ИДВ РАН, Москва, 12, 14 марта 2014 г.). Ин-т Дальнего Востока РАН, 2014.

31. Виногродский, Бронислав Брониславович. Искусство управления миром. Тысячелетний опыт китайских мудрецов и правителей. Эксмо, 2014.

32. Винокуров, Михаил Алексеевич. Развитие сотрудничества приграничных регионов России и Китая: материалы Международной научно-практической конференции, Маньчжурия, 24-25 сентября 2013 года = = 中俄毗邻地区合作发展: 国际科学论坛资料, 满洲里, 2013 年 9 月 24 日-25 日. Изд-во БГУЭП, 2014.

33. Галенович, Юрий Михайлович. "Плач" по "безвременно усопшим": исчезновение СССР и КПСС, трактовка в Китае. Восточная книга, 2014.

34. Галенович, Юрий Михайлович. Исторический счет к России и к СССР в "Истории Китайской Народной Республики". Восточная книга, 2014.

35. Глазырина, И. П.; Фалейчик, Л. М.. Природный капитал региона и российско-китайские трансграничные отношения: песпективы и риски. Забайкальский гос. ун-т, 2014.

36. Головачёв, Валентин Цуньлиевич. Российское китаеведение-устная история: сборник интервью с ведущими российскими китаеведами XX-XXI вв. Т. 1. ИВ РАН: Крафт +, 2014.

37. Горбунова, Светлана Алексеевна. XIX Всероссийская конференция "Философии Восточно-Азиатского региона и современная цивилизация": (Москва, 20 мая 2013 г.). Институт Дальнего Востока РАН, 2014.

38. Горбунова, Светлана Алексеевна. Зарубежные ученые о внутренних и международных вызовах современного Китая: специальный выпуск. ИДВ РАН, 2014.

39. Горбунова, Светлана Алексеевна. Современные проблемы КНР（Аналитика ученых Университета Цинхуа）. Ч. 2. ИДВ РАН, 2014.

40. Гордиенко, Дмитрий Владимирович; Степанов, А. С.. Северо-Восточная Азия: региональные измерения безопасности и российско-китайское сотрудничество. ИДВ РАН, 2014.

41. Горшков, Михаил Константинович; Менг, Лей и др. Россия и Китай: молодежь XXI века. Новый хронограф, 2014.

42. Готлиб, Олег Маркович; Кремнёв, Евгений Владимирович; Шишмарева, Татьяна Евгеньевна. Отечественные труды в области грамматологии китайской письменности второй половины XIX-первой половины XX вв.: В. П. Васильев, С. М. Георгиевский, Ю. В. Бунаков, И. М. Ошанин. МГЛУ ЕАЛИ, 2014.

43. Гроховский, Павел Леонович. Тибетская литература в современном литературном процессе Китайской Народной Республики. Филол. фак. СПбГУ, 2014.

44. Гу Хао; Романенко, М. В.; Каширин, В. В.. Социально-экономические проблемы борьбы с бедностью в современном Китае. Университетская книга, 2014.

45. Гумилёв, Лев Николаевич. Три китайских царства. Эксмо, 2014.

46. Гумилёв, Лев Николаевич. Хунну; Троецарствие в Китае; Хунны в Китае. Айрис-пресс, 2014.

47. Дейч, Татьяна Лазаревна. Китай "завоевывает" Африку = China 'wins' Africa. ИАфр РАН, 2014.

48. Дмитриев, С. В.. В пути за китайскую стену: к 60-летию А. И. Кобзева: собрание трудов. Ин-т Востоковедения РАН, 2014.

49. Добель, Петр Васильевич（1775-1852）. Путешествия и новейшие наблюдения в Китае, Манилле и Индо-Китайском архипелаге. Ч. 2. Книга по Требованию, 2014.

50. Дорохов, В. Ж.; Зинятова, М. Н.; Дальневосточный юридический институт（Хабаровск）. Россия и страны Дальневосточного региона（Китай, Корея, Япония）: история, культура, политика: сборник научных статей. ФГКОУ ВПО ДВЮИ МВД РФ, 2014.

51. Дудин, Павел Николаевич. Полититческая история Мэнцзяна. Изд-во Бурятского госуниверситета, 2014.

52. Дьякова, Ольга Васильевна. Государство Бохай: археология, история, политика. Наука-Восточная литература, 2014.

53. Егоров, Игорь Александрович. Лауреат Нобелевской премии писатель Мо Янь и современная китайская литература. СПбГУП, 2014.

54. Еремеев, Владимир Евстегнеевич. Наука и техника Китая в древности и средневековье: статьи из энциклопедии "Духовная культура Китая". Наука-Вост. Культура, 2014.

55. Жуков, Артем Вадимович. Образы Китая и китайцев в сознании населения Байкальского региона. Забайкальский гос. ун-т, 2014.

56. Зазыкин, Владимир Георгиевич; Грузов, Юрий Владимирович; Смирнов, Евгений Александрович. Мудрость Конфуция: истоки психологии и акмеологии управления. Ивановский филиал РАНХиГС, 2014.

57. Зарифи, Хамрохон; Сатторов, А. С.. Таджикистан-Китай: становление государственной границы. История и современность. Ирфон, 2014.

58. Засухина В. Н. и др. Культурное наследие и модернизация профессионального образования в Китае. ЗабГу, 2014.

59. Зорин, Александр Валерьевич и др.; Институт восточных рукописей (Санкт-Петербург). Тибетология в Санкт-Петербурге: сборник статей. Вып. 1. Петербургское Востоковедение, 2014.

60. Иакинф (Бичурин, Никита Яковлевич, 1777-1853). Китай, его жители, нравы, обычаи, просвещение. Книга по Требованию, 2014.

61. Иакинф (Бичурин, Никита Яковлевич, 1777-1853). Ответы на вопросы, которые г. Вирст предложил г. Крузенштерну, относительно Китая. Книга по Требованию, 2014.

62. Иванова, Алина Павловна. Иностранные влияния в архитектуре Китая и Индокитая, 1860-1960: учебное пособие. ТОГУ, 2014.

63. Иванова, Елена Владимировна; Дубровин, А. Ф.; Музей антропологии и этнографии имени Петра Великого (Санкт-Петербург). Будда 108 образов Будды: исследование коллекции № 5942 из собрания Музея антропологии и этнографии (Кунсткамеры) РАН. МАЭ РАН, 2014.

64. Ивик, Олег; Ключников, Владимир. Сюнну, предки гуннов, создатели первой степной империи. Ломоносовъ, 2014.

65. Иляхин, Юрий Михайлович. Китай кусочками. Буки Веди, 2014.

66. Казанин, Максим Владимирович. Национальная безопасность КНР: теоре-

тическая основа и практика обеспечения. Макс Пресс, 2014.

67. Карасёва, Ксения Владимировна. Принципы декодирования китайских логограмм и реконструкция их семантики. РИВШ, 2014.

68. Карпов, Михаил Владимирович. Замкнутый круг "Китайского чуда": рыночные преобразования и проблема реформируемости партийного государства ленинского типа в Китайской Народной Республике. Нестор-История, 2014.

69. Киреев, Александр Александрович и др.; Буяров, Дмитрий Владимирович. Современный Китай в системе международных отношений. ЛЕНАНД, 2014.

70. Киселёв, Станислав Владимирович. Письма из Поднебесной: [в 2 ч.]. Гощицкий, 2014.

71. Кишкина, Елизавета Павловна. Из России в Китай-путь длиною в сто лет: [мемуары]. Издательский проект, 2014.

72. Клименко, Татьяна Константиновна и др. Модернизация профессионального образования в России, Китае и Монголии: сборник материалов Международного образовательного форума, Чита, 23-25 апреля 2013 г.: [в 2 ч.]. Забайкальский гос. ун-т, 2014.

73. Кобзев, Артем Игоревич. Каноны конфуцианства и школы имен. "Великое учение (Да-Сюэ) и мудрец Дэн Си" (Дэн Си-Цзы): [в 2 кн]. Наука-Восточная литература, 2014.

74. Кобзев, Артем Игоревич. Общество и государство в Китае. Том XLIV: 44-я научная конференция: [в 2 ч.]. Ин-т Востоковедения РАН, 2014.

75. Кожанов, Серикбек Тлепбаевич. Пять прогулок по Пекину: материалы к лекциям. РИЦ НГУ, 2014.

76. Кокарев, Константин Анатольевич; Волхонский, Б. М.. Российско-китайские отношения: состояние и перспективы развития: сборник докладов. РИСИ, 2014.

77. Коновалова, Юлия Олеговна и др.. Россия-Китай: этнокультурная специфика речевого общения. Изд-во ВГУЭС, 2014.

78. Коробеев, Александр Иванович. Уголовный кодекс Китайской Народной Республики: (по состоянию на 1 сентября 2014 г.). Юридический центр, 2014.

79. Коростовец, Иван Яковлевич (1862-1933). Китайцы и их цивилизация:

Китай и Европа, государственное устройство Китая. URSS, 2014.
80. Костенко, Андрей. Талисманы и амулеты фэн-шуй. София, 2014.
81. Крадин, Николай Николаевич; Ивлиев, Александр Львович. История киданьской империи Ляо (907-1125). Восточная литература, 2014.
82. Куан Цзэнцзюнь. Международный коммерческий арбитраж в Китае. Материковый Китай, Гонконг, Макао и Тайвань = International commercial arbitration in China. Mainland China, Hong Kong, Macau and Taiwan. Юриспруденция, 2014.
83. Кузнецов, Д. В.; Буяров, Д. В.. Современный Китай и его окружение. URSS: КРАСАНД, 2014.
84. Кургузов, Владимир Лукич; Чэ Тунбо. Таинства, обряды и ритуалы в религиозной культуре России и Китая. Изд-во ВСГУТУ, 2014.
85. Лао Шэ (老舍); Воскресенский, Дмитрий Николаевич. Записки о Кошачьем городе = 猫城记: избранное. Изд-во Восточной лит., 2014.
86. Лао-Цзы (老子); Виногродский, Бронислав Брониславович. Книга об истине и силе. Эксмо, 2014.
87. Ларин, Виктор Лаврентьевич и др.. Россия и Китай: опыт и потенциал регионального и приграничного взаимодействия. Дальнаука, 2014.
88. Ли Лиминь; Хуан Чуньжуй. Повышение конкурентоспособности услуг высшего учебного заведения на основе управления знаниями (на примере КНР). Ваш полиграфический партнер, 2014.
89. Линдси, Уильям; [пер. с кит. А. С. Жмак]. Великая Китайская стена-часть моей жизни = 我的长城生活. Восток-Бук, 2014.
90. Лобанова, Татьяна Николаевна. Политический медиадискурс КНР: теория и методология анализа. Изд-во ТОГУ, 2014.
91. Лободюк, Николай Леонтьевич. Остров Даманский: дополнительные штрихи к событиям в марте 1969 года: интервью, воспоминания, фотографии. Граница, 2014.
92. Лузянин, Сергей Геннадьевич. Китай на пути к возрождению: к 80-летию академика М. Л. Титаренко: [сборник]. ИДВ РАН, 2014.
93. Лузянин, Сергей Геннадьевич; Институт Дальнего Востока (Москва). Китай на пути к возрождению: к 80-летию академика М. Л. Титаренко: [сборник]. ФОРУМ, 2014.
94. Лукьянов, Анатолий Евгеньевич. Годяньские рукописи: новое слово о

конфуцианстве. ИДВ РАН, 2014.

95. Лукьянов, Анатолий Евгеньевич. Древняя китайская история Н. Я. Бичурина: транскрипция и факсимиле рукописи 1822 года с переводом "Шу цзина", древнекитайский текст оригинала. ИДВ РАН, 2014.

96. Лю Минвэй. Региональные особенности Цзяннаньской музыки Сычжу. Энциклопедикс, 2014.

97. Лян Сяонань; Ду Хунцзюнь. Система приставочных глаголов движения в русском языке в сопоставлении с китайским языком. МАКС Пресс, 2014.

98. Лян Цичао(梁启超); Вознесенский, А. Н. Лихунчжан или Политическая история Китая: за последние 40 лет = 李鸿章传. Книга по Требованию, 2014.

99. Максимцев, Игорь Анатольевич; Чэнь Юйлу. VI Форум ведущих экономистов России и Китая, [22-25 мая 2014 года]: сборник материалов. Издательство Санкт-Петербургского государственного экономического университета, 2014.

100. Малявин, Владимир Вячеславович. Пространство в китайской цивилизации. Центр Владимира Малявина "Средоточие": Феория, 2014.

101. Мамаева, Наталья Леонидовна. Основные направления и проблемы российского китаеведения. Памятники ист. мысли, 2014.

102. Маслов, Алексей Александрович. Китай и китайцы: о чем молчат путеводители. РИПОЛ классик, 2014.

103. Мо Янь(莫言); [пер. с кит. Н. Власовой]. Перемены = 变. Эксмо, 2014.

104. Мыльникова, Юлия Сергеевна. Правовое положение женщин в истории средневекового Китая (VII-XIII века) = Legal status of women in the history of medieval China (VII-XIII century). Восточный фак. Санкт-Петербургского гос. ун-та, 2014.

105. Мышлаевский, А. З.. Военные действия в Китае: 1900-1901 г.: [приложение к первому тому]. Книга по Требованию, 2014.

106. Мясников, Владимир Степанович. Кастальский ключ китаеведа: сочинения в 7 т. Т. 1, Империя Цин и Русское государство в XVII веке; Вдохновение. Наука, 2014.

107. Мясников, Владимир Степанович. Кастальский ключ китаеведа: сочинения в 7 т. Т. 2, Краткий очерк истории дипломатии КНР 1949-1980-е годы. Наука, 2014.

108. Мясников, Владимир Степанович. Кастальский ключ китаеведа: сочинения в 7 т. Т. 3, Договорными статьями утвердили. Россия и Китай: 400 лет межгосударственных отношений. Наука, 2014.

109. Не Ци. Традиционная живопись Китая в контексте развития национального и европейского искусства XX-начала XXI века. Энциклопедикс, 2014.

110. Обухов, Вадим Геннадьевич. Беловодье в огне: схватка за Синьцзян. КРАФТ +, 2014.

111. Овчинников, Всеволод Владимирович. Два лица Востока: впечатления и размышления от одиннадцати лет работы в Китае и семи лет в Японии. АСТ, 2014.

112. Осмоналиев, К. М.. Кыргызстан-Китай: вчера, сегодня, завтра: (материалы презентации и научно-практической конференции). Дипломатическая акад. МИД КР им. К. Дикамбаева, 2014.

113. Островский, Александр Владимирович. 3-й Пленум ЦК КПК 18-го созыва: горизонты реформ: [в 2 ч.]. ИДВ РАН, 2014.

114. Островский, Александр Владимирович; Каменнов, П. Б.. Экономика КНР в свете решений XVIII съезда КПК: [в 2 ч.]. ИДВ РАН, 2014.

115. Павлодин, П. Л.. Китай и современная китайско-европейская борьба. Книга по Требованию, 2014.

116. Пожилов, Игорь Евгеньевич. Стальной воитель: из жизни юньнаньского генерала Чжу Дэ = The steel warrior: from the yunnan general's life Zhu De. Изд-во ТГУ им. Г. Р. Державина, 2014.

117. Понкратова, Л. А.. Россия и Китай: новый вектор развития социально-экономического сотрудничества = Russia and China: a new vector of development of social and economic cooperation: [материалы II Международной научно-практической конференции]. Изд-во АмГУ, 2014.

118. Потанин, Григорий Николаевич (1835-1920). Сибирь. Монголия. Китай. Тибет.: путешествия длиною в жизнь. Эксмо, 2014.

119. Правдина, Наталия Борисовна. Места силы Непала и Тибета. ОЛМА Медиа Групп, 2014.

120. Раднаева, К. А.. Гендерные отношения в семейной культуре Китая = Gender relationships in the family culture of China. Изд.-полиграфический комплекс ФГБОУ ВПО ВСГАКИ, 2014.

121. Резников, Сергей Николаевич Цепочки накопления стоимости Китая в

условиях трансформации модели роста экономики: диалектика противоречий развития. Профессор, 2014.

122. Родионов, А. А.; Власова, Н. Н.; Егоров, И. А.. Красные туфельки: сборник произведений молодых китайских писателей. Институт Конфуция в СПбГУ, 2014.

123. Садовская, Елена Юрьевна. Китайская миграция в Республику Казахстан: традиции Шелкового пути и новые векторы сотрудничества. Раритет, 2014.

124. Самойлов, Николай Анатольевич. Россия и Китай в XVII-начале XX века: тенденции, формы и стадии социокультурного взаимодействия. Изд-во С.-Петерб. ун-та. 2014.

125. Сафронова, Е. И.; Муфаззалова, О. У.. Китай в мировой и региональной политике: история и современность. Вып. 19. ИДВ РАН, 2014.

126. Семененко, Иван Иванович. Конфуций. Луньюй: изречения и афоризмы. Эксмо, 2014.

127. Скуратов, Юрий Ильич; Бурятский государственный университет (Улан-Удэ). Государственно-правовые институты стран Азиатско-ТКонихоокеанского региона (Китай): библиографический указатель. Изд-во БГУ, 2014.

128. Смирнов, Илья Сергеевич. Китайская поэзия: в исследованиях, заметках, переводах, толкованиях. Российский гос. гум. ун-т, 2014.

129. Степанская, Т. М.; Ворсина, О. А.; Песчанская, Е. В.. Иероглиф в мировоззрении китайцев. Издательство Алтайского государственного университета, 2014.

130. Сунь Цзы (孙子); Виногродский, Бронислав Брониславович. Искусство побеждать. Эксмо, 2014.

131. Сунь Цзы (孙子); Конрад, Николай Иосифович. Трактат о военном искусстве. Азбука-Аттикус, 2014.

132. Сыроежкин, Константин Львович. Нужно ли Казахстану бояться Китая: мифы и фобии двусторонних отношений. ИМЭП при Фонде Первого Президента, 2014.

133. Сычев, Вадим Львович. Классическая живопись Китая в собрании Государственного музея Востока = Chinese classical painting in tne collection of the State Museum of Oriental Art. Государственный музей Востока, 2014.

134. Сюй-юнь(虚云大师, 1840-1959); Кравчук, Константин. Облако Пустоты =虚雲: жизнеописание и наставления великого чаньского учителя Сюй-Юня. Ганга, 2014.

135. Тавровский, Юрий Вадимович. Чудесный Китай: недавние путешествия в Поднебесную: география и история. Вост. кн., 2014.

136. Те Нин(铁凝); [пер. с кит. и предисл. Н. Н. Власовой]. Цветы хлопка =笨花. Изд-во вост. лит., 2014.

137. Тимковский, Е. А.. Путешествие в Китай через Монголию в 1820 и 1821 годах. Ч. 3, Возвращение в Россию и взгляд на Монголию. Книга по Требованию, 2014.

138. Титаренко, Михаил Леонтьевич. Россия и Китай: стратегическое партнерство и вызовы времени. Форум, 2014.

139. Титаренко, Михаил Леонтьевиче и др.. Стратегический партнерский диалог между Россией и Китаем: современное состояние, проблемы и предложения: [в 2 кн.]. ИДВ РАН: ФОРУМ, 2014.

140. Тихвинский, Сергей Леонидович; Непомнин, О. Е.. История Китая с древнейших времен до начала XXI века =中国通史: в десяти томах. Том 6, Династия Цин (1644-1911). Наука: Восточная литература, 2014.

141. Тихвинский, Сергей Леонидович; Попова, Ирина Федоровна; Кравцова, Марина Евгеньевна. История Китая с древнейших времен до начала XXI века =中国通史: в десяти томах. Том 3, Троецарствие, Цзинь, Южные и Северные династии, Суй, Тан (220-907). Наука: Восточная литература, 2014.

142. Тихомиров, В. А.. Культура и производство чая на цейлоне и в Китае. Книга по Требованию, 2014.

143. Ткаченко, Борис Иванович. Граница между Россией и Китаем в договорах и соглашениях XVII-XXI веков. Морской гос. ун-т, 2014.

144. Торопцев, Сергей Аркадьевич. Ли Бо: земная судьба небожителя. Молодая гвардия, 2014.

145. Троекурова, Ирина Степановна; Пелевина, Ксения Александровна. Тенденции развития торгово-экономического сотрудничества стран БРИКС (Бразилия, Россия, Индия, Китай, ЮАР). СГЮА, 2014.

146. Трусевич, Х.. Посольские и торговые сношения России с Китаем (до XIX века). Книга по Требованию, 2014.

147. У Цзин-цзы(吴承恩). [пер. с кит. Д. Воскресенского, С. Северцева]. Неофициальная история конфуцианцев = 儒林外史. Наука, 2014.

148. Ульяненко, Виктор Васильевич. Китай: версия 2.0: разрушение легенды. Вектор, 2014.

149. Урбанаева, Ирина Сафроновна. Буддийская философия и медитация в компаративистском контексте: на основе индо-тибетских текстов и живой традиции тибетского буддизма. ИМБТ СО РАН, 2014.

150. Урбанаева, Ирина Сафроновна; Янгутов, Леонид Евграфович. Становление тибетской и китайской махаяны: в контексте проблемы аутентичного буддизма. Изд.-во БНЦ СО РАН, 2014.

151. Усов, Виктор Николаевич. В гареме Сына Неба: жены и наложницы Поднебесной. Алгоритм, 2014.

152. У-Цзы. Трактат о войне. Центрполиграф, 2014.

153. Франке, О.. Земельные правоотношения в Китае. Книга по Требованию, 2014.

154. Фролова, Маргарита Геннадьевна; Барабошкин, Константин Евгеньевич. Китайский язык: большой справочник по грамматике. Живой язык, 2014.

155. Хазин, Андрей и др.. Книга о Китае. Key Group, 2014.

156. Халатов, Сергей А.; [пер. с китайского П. В. Бажанова]. Гражданский процессуальный кодекс КНР. Инфотропик Медиа, 2014.

157. Хорос, Владимир Георгиевич; Институт мировой экономики и международных отношений (Москва). Китайская цивилизация в глобализирующемся мире: по материалам конференции: [в 2 т.]. ИМЭМО РАН, 2014.

158. Хэ Цзяньмин (何建明); [пер. с кит. А. Н. Коробовой, М. М. Ишкова]. Слезы-золото = 落泪是金. Изд-во вост. лит., 2014.

159. Цао Сюэцинь(曹雪芹); [пер. с кит. В. А. Панасюка]. Сон в красном тереме = 红楼梦: [в 2 т.]. Наука, 2014.

160. Чжоу, Шаохуа. Симфония человека и Небес: живопись Чжоу Шаохуа = 天人交响: 周韶华作品集. Государственный музей Востока, 2014.

161. Чудодеев, Юрий Владимирович. Советский стажер в Китае: дневниковые записи о стажировке в университете Фудань (Шанхай) в 1985-1986 гг.. ИВ РАН, 2014.

162. Ши, Найань(施耐庵); [пер. с кит. А. П. Рогачева]. Речные заводи = 水浒传: [в 2 т.]. НАУКА, 2014.

163. Шэн Хайтао; Ян Ли. Проблемы восприятия и перевода драматургии А. П. Чехова в Китае. Бурятский госуниверситет, 2014.

164. Шэнь, Чжихуа(沈志华); Горбунова, Светлана Алексеевна; [пер. с кит. Г. Д. Бессарабова и Б. Я. Надточенко]. Шэнь Чжихуа о китайско-советских отношениях (1950-1960-е гг.). Ин-т Дальнего Востока, 2014.

165. Эрдынеева, Клавдия Гомбожаповна; Науменко, Сергей Владимирович. Становление саморегуляции российских и китайских студентов: социокультурный анализ: монография. Забайкальский гос. ун-т, 2014.

166. Юй Хуа(余华); [пер. с кит. Романа Шапиро]. Жить = 活着. Текст, 2014.

167. Яковлев, Андрей Александрович. Стимулы в системе государственного управления и экономический рост: опыт СССР, Китая и России. Изд. дом Высш. шк. Экономики, 2014.

168. Янгутов, Леонид Евграфович; Институт монголоведения, буддологии и тибетологии (Улан-Удэ). Буддийские тексты в Китае, Тибете, Монголии и Бурятии: [сборник статей]. Изд-во Бурятского науч. центра СО РАН, 2014.

意大利文著作目录

1. AA. VV. a cura di Alberto Clementi, Umberto Cao, Giancarlo Carnevale. Scoprire il fiume: recovering the Jiu Qu river: urban renewal project in Zhongshan. Trento: LISt, 2014.
2. AA. VV. a cura di Ambra Collino, Mario Biggeri, Lorenzo Murgia. Processi industriali e parti sociali: una riflessione sulle imprese italiane in Cina (Jiangsu) e sulle imprese cinesi in Italia (Prato). Firenze: Firenze University Press, 2014.
3. AA. VV. a cura di Carla Meneguzzi Rostagni e Guido Samarani. La Cina di Mao, l'Italia e l'Europa negli anni della Guerra Fredda. Bologna: Società editrice Il mulino, 2014.
4. AA. VV. a cura di Clara Bulfoni, Silvia Pozzi. Associazione italiana per gli studi cinesi. Convegno nazionale (13th: 2011 Atti del XIII Convegno dell'Associazione italiana studi cinesi: Milano, 22-24 settembre 2011. Milano: Franco Angeli, c2014.
5. AA. VV. a cura di Daniela Porro, Giorgio Leone. verso il barocco. Roma: Gangemi editore, [2014]
6. AA. VV. a cura di Elisa Gagliardi Mangilli e Barbara Gianinazzi. Jingju: il teatro cinese nella collezione Pilone. Cinisello Balsamo, Milano: Silvana, 2014.
7. AA. VV. a cura di Giovanna Di Vincenzo, Fabio Marcelli, M. Francesca Staiano. Sulle orme di Marco Polo: Italiani in Cina. Todi (PG): Tau editrice, 2014.
8. AA. VV. a cura di Marco Guglielminotti Trivel. Cavalli celesti: raffigurazioni equestri nella Cina antica. Cinisello Balsamo, Milano: Silvana editorial, 2014.
9. AA. VV. a cura di Michelguglielmo Torri e Nicola Mocci. Il drago cinese e l'aquila americana sullo scacchiere asiatico. Bologna: I libri di Emil, 2014.
10. AA. VV. a cura di Nicoletta Ferro. Sviluppo sostenibile e Cina: le sfide sociali e ambientali nel XXI secolo. Roma: L'asino d'oro edizioni, c2014.
11. Chai, Ch'u. Vie spirituali e filosofiche della Cina. Milano: Jouvence, 2014.
12. Cinque secoli di Italiani a Hong Kong e Macao (1513-2013). Milano: Francesco Brioschi editore, 2014.
13. Comito, Vincenzo. La Cina è vicina? Roma: Ediesse, 2014.
14. Dossi, Simone. Rotte cinesi: teatri marittimi e dottrina militare. Milano: EGEA S. p. a.: Università Bocconi editore, 2014.
15. Fazzari, Nazarena. Tre uomini fanno una tigre: viaggio nella cultura e nella lingua cinese. Torino: Instar libri, 2014.
16. Kuo, Kaiser. Rete e social media in Cina. Milano: Egea, 2014.

17. Malighetti, Roberto. Antropologie dalla Cina. Firenze: SEID, 2014.
18. Mazzei, Franco. Asia al centro. Milano: Università Bocconi, 2014.
19. Nicolini-Zani, Matteo. Monaci cristiani in terra cinese: storia della missione monastica in Cina. Magnano (BI): Edizioni Qiqajon, Comunità di Bose, 2014.
20. Panerai, Paolo. Il nuovo Milione: Italia & Cina. Milano: Class, 2014.
21. Ricca, Laura. Dalla città ideale alla città virtuale: estetica urbana in Cina e in Giappone. Roma: Carocci editore, 2014.
22. Santangelo, Paolo. L'impero del Mandato Celeste: la Cina nei secoli XIV-XIX. Roma: GLF editori Laterza, 2014.
23. Segalen, Victor. Equipée: da Pechino al Tibet: viaggio nei paesi del reale. Roma: Elliot, 2014.
24. Vogelsang, Kai. Cina: una storia millenaria. Torino: Einaudi, c2014.
25. Zuccari, Marco. BicinCina: pedalando da Pechino a Shangai. Firenze: Polaris, 2014.

德文著作目录

1. Bedner Oliveira, Rafaela. *Brasilien und China zwischen Kooperation und Konkurrenz-die Herausforderungen einer strategischen Partnerschaft*. Hamburg: Bedey Media GmbH, 2014.
2. Benedikter, Roland; Nowotny, Verena. *China: Situation und Perspektiven des neuen weltpolitischen Akteurs*. Wiesbaden: Springer Fachmedien Wiesbaden, 2014.
3. Bertholet, Ferdinand M. *Frühe Fotografie aus China*. Berlin: Frölich & Kaufmann, 2014.
4. Blepp, Christoph. *China für den Mittelstand*. Saarbrücken: AV Akademikerverlag, 2014.
5. Coni-Zimmer, Melanie. *Corporate Social Responsibility zwischen globaler Diffusion und Lokalisierung: Britische und chinesische Ölindustrie im Vergleich*. Baden-Baden: Nomos, 2014.
6. Darga, Martina. *Tao: Wege der taoistischen Lebenskunst*. München: O. W. Barth eBook, 2014.
7. Deloitte & Touche Wirtschaftsprüfungsgesellschaft. *China kompakt: Finanzen, Recht und Steuern*. München: Logopublix-Fachbuch-Verl., 2014.
8. Dröge, Susanne. *China und die internationale Klimapolitik: der Wandel kommt von innen*. Berlin: SWP- Deutsches Institut für Internationale Politik und Sicherheit, 2014.
9. Eichberg, Arne. *Erkenntnistheoretisches im Zhuangzi*. Hamburg: Diplom. de, 2014.
10. Eidemüller, Timo. *Mauern aus Harmonie: China zwischen traditionellen Harmoniezwängen und modernem Kapitalismus am Beispiel von "Woju"*. Marburg: Tectum Wissenschaftsverlag, 2014.
11. Engdahl, F. William. *China in Gefahr*. Rottenburg: Kopp-Verl., 2014.
12. Engel, Denise. *Umweltpolitik in China*. München: GRIN Verlag GmbH, 2014.
13. Ess, Hans van. *Politik und Geschichtsschreibung im alten China: Pan-Ma I-t'Ung*. Wiesbaden: Harrassowitz, 2014.
14. Ewen, Caroline. *Großbritannien und China 1793-1842*. Saarbrücken: AV Akademikerverlag, 2014.
15. Frick, Patricia Christine. *Gewand und Ritual: Die Bekleidung der Song-Dynastie im Spiegel des Sanli tu*. Würzburg: Universität Würzburg, 2014.
16. Fröhlich, Thomas. *Taiwans unvergänglicher Antikolonialismus*. Bielefeld: transcript Verlag, 2014.

17. Fülling, Oliver. *China- der Osten mit Beijing und Shanghai*. Bielefeld: Reise-Know-How-Verl. Rump, 2014.

18. Godehardt, Nadine. *Chinas "neue" Seidenstraßeninitiative*. Berlin: SWP, 2014.

19. Gruzinski, Serge. *Drache und Federschlange: Europas Griff nach Amerika und China 1519/20*. Frankfurt, M.: Campus-Verl., 2014.

20. Hauser, Françoise. *China 151: das riesige Reich der Mitte in 151 Momentaufnahmen*. Meerbusch: Conbook Medien, 2014.

21. Heinelt, Hubert. *Modernes Regieren in China*. Baden-Baden: Nomos Verlagsgesellschaft mbH & Co. KG, 2014.

22. Hopfener, Birgit. *Installationskunst in China: Transkulturelle Reflexionsräume einer Genealogie des Performativen*. Bielefeld: transcript Verlag, 2014.

23. Hütz-Adams, Friedel. *Partnerschaft auf Augenhöhe?: die Rolle Chinas in Afrika*. Bonn: Südwind-Institut für Ökonomie und Ökumene, 2014.

24. Jacot, Olivier. *Die Beziehungen zwischen Taiwan und China*. Saarbrücken: AV Akademikerverlag, 2014.

25. Kaiser, Frank. *Chinas Afrikapolitik als Entwicklungsmotor?* Marburg: Tectum Wissenschaftsverlag, 2014.

26. Kravanja, Maria Valentina. *Qipao und Dirndl: traditionelle Kleidung in China und Österreich*. Graz: Ed. Keiper, 2014.

27. Kreuzer, Peter. *Konfliktherd Südchinesisches Meer*. Frankfurt, M.: HSFK, 2014.

28. Leutner, Mechthild [et al.]. *Preußen, Deutschland und China: Entwicklungslinien und Akteure (1842-1911)*. Berlin: LIT, 2014.

29. Matten, Marc A.. *Die Grenzen des Chinesischen*. Wiesbaden: Harrassowitz, O, 2014.

30. Milbrat, Gerhard. *Himmel-Erde-Mensch: Einführung in die Alchemie des Qigong*. Vachendorf: Lotus-Press, 2014.

31. Oelkers, Annette. *Das DAO leben: Das Daodejing heute*. Saarbrücken: Neue Erde, 2014.

32. Papafragkou, Laura. *Chancen und Risiken einer ausländischen Direktinvestition in der Volksrepublik China*. München: Grin Verlag GmbH, 2014.

33. Pape, Walter. *China und Europa: Sprache und Kultur, Werte und Recht*. Berlin: De Gruyter, 2014.

34. Philipps, Vera. *Die Politik der Volksrepublik China in Lateinamerika von 1990 bis 2010*. Frankfurt, M.: PL Acad. Research, 2014.

35. Preyer, Gerhard. *Chinas Power-Tuning: Modernisierung des Reichs der Mitte*.

Wiesbaden: Springer VS, 2014.

36. Psarris, Dimitrios. *China in den Medien: Rhetorik und Topoi in der deutschen Qualitätspresse*. Berlin: Technische Universität Berlin, 2014.

37. Roes, Michael. *Die Legende von der weißen Schlange*. Berlin: Matthes & Seitz Berlin Verlag, 2014.

38. Schmidt, Christian Y.. *Allein unter 1,3 Milliarden*. Dresden: Kahl, 2014.

39. Schmidt-Glintzer, Helwig. *Das neue China*. München: C. H. Beck, 2014.

40. Schneider, Gerd. *Geschäftskultur China kompakt*. Meerbusch: Conbook Verlag, 2014.

41. Schottenhammer, Angela. *Yang Liangyaos Reise von 785 n. Chr. zum Kalifen von Bagdād: Eine Mission im Zeichen einer frühen sino-arabischen Mächteallianz?* Gossenberg: Ostasien-Verl., 2014.

42. Schwarz, Jo. *Der Chinese an sich und im Allgemeinen*. Meerbusch: Conbook Verlag, 2014.

43. Soffel, Christian. *Harmonie und Konflikt in China*. Wiesbaden: Harrassowitz, 2014.

44. Spöri, Kolja Christoph. *Transformation: China als Entwicklungsmodell für Russland*. Berlin: epubli GmbH, 2014.

45. Steinberg, Johanna. *Sozialer Wohnungsbau im städtischen Raum Chinas*. Hamburg: Diplom. de, 2014.

46. Stocklassa, Klara. *Corporate Social Responsibilty in China: Beeinflussung durch Staatskapitalismus und Konfuzianismus?* München: Grin Verlag GmbH, 2014.

47. Stolte, Anselm. *Gesellschaftsunternehmen und Gesellschaftsrecht in China und Europa*. Wiesbaden: Harrassowitz, 2014.

48. Teuffel, Friedhard. *Timo Boll: Mein China: Eine Reise ins Wunderland des Tischtennis*. Berlin: Schwarzkopf & Schwarzkopf, 2014.

49. Tischer, Jacob. *Mazus neue Heimat: Interpretationen und Institutionen einer chinesischen Göttin in Taiwan*. Berlin: Regiospectra, 2014.

50. Vogelsang, Kai. *Kleine Geschichte Chinas*. Ditzingen: Reclam Verlag, 2014.

51. Werner, Florian. *Der Börsengang in China: Rechtliche Grundlagen der Aktienemission und des Marktzutritts an börsenmäßig organisierten und außerbörslichen Handelsplätzen*. Baden-Baden: Nomos Verlagsgesellschaft MBH & Co. KG, 2014.

（德文著作目录部分由南京师范大学李雯同学帮助收集整理）

匈牙利文著作目录

1. Ágnes Szunomár; Katalin Völgyi; Tamás Matura. *Chinese investments and financial engagement in Hungary*. Budapest: CERS HAS Inst. of World Economics, 2014.
2. Hideg János. *Kínai népdalok*. Budapest: Lot-Consulting Kft. , 2014.
3. Krajcsír Lukács; Veszprémi Humán Tudományokért Alapítvány. *A kínai-orosz kooperáció a XXI. század elején: Kína, Oroszország és a Sanghaji Együttmüködési Szervezet*. Veszprém: Veszprémi Humán Tudományokért Alapítvány, 2014.
4. Mihai Croitor; Sanda Borşa. *Moscova, 1963: eşecul negocierilor sovieto-chineze*. Cluj-Napoca: Eikon: Mega, 2014.
5. Sarkadi Péter. *Pekingi magyar rapszódia: emlékek a magyar-kínai kapcsolatok 65 évéből*. Budapest: M. -Kínai Baráti Társ. , 2014.
6. Tápi Mária. *Kínai kalandozásaim*. Székesfehérvár: Holnap Magazin, 2014.
7. Vörös Zoltán. *Kínai sakkjátszma: tengeri kereskedelmi útvonalak és az energiabiztonság geopolitikája*. Pécs: IDResearch Kft. : Publikon, 2014.